本书受武汉纺织大学资助出版
国家社会科学基金项目优秀成果

高校专业课与
思政课协同机制研究

朱丽霞　孙文礼　著

WUHAN UNIVERSITY PRESS
武汉大学出版社

图书在版编目(CIP)数据

高校专业课与思政课协同机制研究/朱丽霞,孙文礼著.—武汉:武汉大学出版社,2024.12
ISBN 978-7-307-24393-4

Ⅰ.高…　Ⅱ.①朱…　②孙…　Ⅲ.高等学校—思想政治教育—研究—中国　Ⅳ.G641

中国国家版本馆 CIP 数据核字(2024)第 095164 号

责任编辑:胡国民　　　责任校对:鄢春梅　　　版式设计:马　佳

出版发行:**武汉大学出版社**　　(430072　武昌　珞珈山)
(电子邮箱:cbs22@whu.edu.cn　网址:www.wdp.com.cn)
印刷:武汉邮科印务有限公司
开本:720×1000　1/16　印张:13.75　字数:216 千字　插页:2
版次:2024 年 12 月第 1 版　　2024 年 12 月第 1 次印刷
ISBN 978-7-307-24393-4　　定价:58.00 元

作者简介

朱丽霞

朱丽霞，中共党员，武汉纺织大学二级教授、硕士生导师。曾任武汉科技学院（现武汉纺织大学）人文社科学院副院长、科技处副处长、人文社科学院院长，武汉纺织大学马克思主义学院院长、书记。湖北省"享受省政府专项津贴专家"，全国"高校思想政治理论课教师2015年度影响力提名人物"，湖北省高等学校马克思主义中青年理论家。兼任湖北省大别山精神研究会副会长、湖北省廉政文化建设研究会常务理事、湖北省哲学学会常务理事。长期从事大学生思想政治教育和中共党建理论研究，在《思想理论教育导刊》《江汉论坛》《江西社会科学》等CSSCI期刊上发表多篇学术论文，出版专著有《反腐倡廉制度文化研究》（中国社会科学出版社，2019）等。曾获湖北省社会科学优秀成果奖三等奖两项，武汉市社会科学优秀成果奖二等奖、三等奖各一项，湖北省高校教学成果奖一等奖、二等奖各一项，湖北省社科基金等省级项目10余项。2019年度教育部高校示范马克思主义学院和优秀教学科研团队建设项目负责人，国家社科基金项目"高校专业课与思政课协同机制研究"负责人。

孙文礼

孙文礼，中共党员，哲学博士，武汉纺织大学马克思主义学院副教授、硕士生导师。湖北省哲学学会理事，湖北省东汉文化研究会理事。曾获湖北省高校思想政治教育先进工作者称号，主持及参与项目多项，出版著作2部，主要研究方向为马克思主义与中国传统文化现代化。

目　　录

绪　　论

思想政治教育是高校课程体系中的一项重要内容，肩负着启迪心灵、铸魂育人的重任。新时代，面对世情、国情、党情的变化，大学生的成长环境和以前相比发生了很大的变化，如何有效推进高校思想政治教育的深入发展是广大教育工作者思考的重要问题。

2016 年 12 月，习近平总书记在全国高校思想政治工作会议上指出："所有课堂都有育人功能，不能把思想政治工作只当作思想政治理论课的事，其他各门课程都要守好一段渠、种好责任田，要把做人做事的基本道理，把社会主义核心价值观的要求，把实现民族复兴的理想和责任融入各类课程教学之中，使各类课程与思想政治理论课相向而行，形成协同效应。"①这里的协同效应，是指高校不同教学学院、管理部门及不同课程围绕立德树人根本任务，各负其责、协同配合，构建全员、全过程、全方位的"大思政"育人格局，形成"1+1>2"的整体效应。

2017 年 2 月，中共中央、国务院印发《关于加强和改进新形势下高校思想政治工作的意见》（中发〔2016〕31 号），明确提出"建立部门协作常态机制，形成党委统一领导、党政齐抓共管、职能部门组织协调、社会各方积极参与的工作格局"。教育部党组于 2017 年 12 月印发了《高校思想政治工作质量提升工程实施纲要》（教党〔2017〕62 号），提出"十大"育人体系，要求"充分发挥课程、科研、实践、文化、网络、心理、管理、服务、资助、组织等方面工作的育人功能，挖掘育人要素，完善育人机制，优化评价激励，强化实施保障，切实构建'十大'育

---

① 习近平. 习近平谈治国理政（第二卷）［M］. 北京：外文出版社，2017：378.

人体系",并对实施的内容、载体、路径和方法进行了详细规划。

思想政治工作的协同创新与高校思想政治工作的发展相伴而行。党的十一届三中全会后,高校的思想政治教育在中国特色社会主义理论体系指引下,在克服"左"和右的两种错误倾向干扰的思想斗争中得以改进和加强,实现了整合式的发展和创新。不过,受多元社会思潮的冲击,加之高校一度推行校长负责制,淡化了党委对思想政治教育的领导,高校思想政治教育曾受到严重的削弱,出现了思想困惑、信心动摇、情绪消极、队伍不稳、工作波动甚至重大挫折的局面。自1990年开始,中组部、中宣部和教育部连年召开全国高校党建工作会议,讨论就如何加强和改善党的建设,明确高校要实行党委领导下的校长负责制,同时对高校思想政治工作做了具体部署,要求高校把德育工作贯穿于教育全过程,将教学、管理、后勤服务等部门统一于学校思想政治教育的大框架之内,并在各个环节加紧落实。2004年,针对高校思想政治教育出现的一些薄弱环节,中共中央、国务院印发了《关于进一步加强和改进大学生思想政治教育的意见》(中发〔2004〕16号),提出了全方位育人、全过程育人、全员育人的高校思想政治教育理念。为贯彻落实中央文件精神,2005年,中宣部、教育部联合发布了《中共中央宣传部　教育部关于进一步加强和改进高等学校思想政治理论课的意见》(教社政〔2005〕5号,简称"05方案"),同时还颁布了具体的实施方案。2008年,中宣部、教育部联合发布了《中共中央宣传部　教育部关于进一步加强高等学校思想政治理论课教师队伍建设的意见》(教社科〔2008〕5号,简称"08方案")。三份文件在宏观上明确了高校加强和改进大学生思想政治教育的指导思想和基本原则。

2018年,习近平总书记在全国教育大会上发表重要讲话,他指出,要坚持深化教育改革创新,培养德智体美劳全面发展的社会主义建设者和接班人。2019年,习近平总书记主持召开学校思想政治理论课(后均简称"思政课")教师座谈会,提出思政课教师"六种素养"和思政课改革创新"八个相统一",明确指出要挖掘其他课程和教学方式中蕴含的思想政治教育资源,实现全员全程全方位育人。2020年,教育部印发《高等学校课程思政建设指导纲要》,要求把思想政治教育贯穿人才培养体系,全面推进高校课程思政建设,发挥好每门课程的育人作用。2021年,中共中央、国务院印发《关于新时代加强和改进思想政治工作的意见》，明确提出要构建共同推进思想政治工作的大格局。为积极响应中央文件指示精神，各高校适应形势变化，积极探索如何推进思想政治工作的协同，整合校内思想政治教育资源，形成合力，有效完成高校大学生思想政治教育任务。2022年，教育部等十部门印发《全面推进"大思政课"建设的工作方案》（教社科〔2022〕3号），要求聚焦立德树人的根本目标，建立"大思政课"育人格局；提出了改革创新主渠道教学、善用社会大课堂、搭建大资源平台、构建大师资体系、拓宽工作格局、加强组织领导等建议，旨在全范围落实"大思政课"建设。党的二十大报告强调要完善思想政治工作体系，给新阶段的思政教育提出了新的要求，同时也指出要继续推进大中小学思想政治教育一体化，形成"三全育人"格局。

为积极推进习近平总书记关于思想政治工作系列重要讲话精神的迅速贯彻落实，学术界围绕这一问题展开了系列研究，主要集中在专业课中开展思想政治教育的必要性和可行性、专业课中思政育人元素的挖掘以及总结高校自身的实践经验等方面。

一、对专业课及专业课教师在推进思想政治育人方面存在问题的探讨

专业课教师与思政课教师作为思政育人建设中重要的两个主体，二者能否相互协同合作将直接影响到高校人才的培养和相关思想政治工作的开展。专业课与思政课协同育人不仅是适应新时代高校人才培养的客观需要，也是高校落实立德树人根本任务的重要途径。陈武元、吴彬（2023）[①]指出，推动思政课教师与专业课教师协同育人，发挥思政育人团队的积极性和主动性，有利于拓宽学科视野、优化教学方法。因此，可以通过创新交流与组合形式、创建互动交流平台、鼓励互相听课等形式推动两者的沟通交流，以形成教学合力效应。张旭、贾书明（2022）[②]认为，新时代的人才培养除了在专业技术和能力上进行，更要注重对其

---

① 陈武元，吴彬. 推进高校思想政治教育协同育人的路径探析[J]. 中国高等教育，2023（1）：42-45.
② 张旭，贾书明. "课程思政"理念下思政课教师与专业课教师协同育人的困境与对策[J]. 中共太原市委党校学报，2022（4）：36-38.

价值观与政治立场的引导。因为只有从观念上彻底地自信，才能够真正成为中国特色社会主义事业的建设者和接班人。课程思政的提出改变了专业课教师在思想政治教育工作中缺位的现象，开展专业课与思政课协同育人为高校加强和改进思想政治教育工作提供了新的突破口，创新性地发挥了专业课教师在思想政治教育工作中的作用，进而让专业课与思政课协同育人成为提高高校思想政治教育工作实效性的必然要求。朱江(2018)①认为，思想政治教育工作本身就是一项复杂的工程，需要高校各个部门一起形成合力，构成一个有序的系统。在高校加强和改进大学生思想政治教育工作的过程中，专业课教师与思政课教师都是重要的实施者，只有通过增强协同育人认识，坚定专业课教师与思政课教师育人的目标信念，才能提升工作水平，做到育人有针对性；只有充实教学内容，才能建立长期有效、协同联动的平台，提高思政教育的实效性；只有以大学生的需求为中心，创新自主、开放的育人方法，推动育人实践，创建育人第二课堂，通过服务他人、奉献社会，增强责任意识和服务意识，才能提高思想政治教育的成效和质量，达到理想的育人效果。杨秀萍(2021)②认为，站在应对百年未有之大变局、实现中华民族伟大复兴战略全局的高度，高校对人才的培养有了更高的要求。专业课与思政课在育人方面的作用强弱不一，但是最终的育人目标是一致的，都是为了完成立德树人根本任务。目标一致是育人前提条件和理论逻辑，要始终牢记培养什么人，回答怎样培养的问题；途径贯通是关键，应搭建教师队伍、课程建设和课堂教学育人模式，把每段渠"连通"，使得育人各个途径之间实现互联互通、双向融入；机制联动是保障，应建起"高势位"、全局性的大思政局面，只有将协同育人机制落在实处，才能取得实效。专业课与思政课协同育人的开展有利于加快任务进度。金爱国(2018)③等人对高职院校中专业课与思政课协同育人的必要性进行了思考。他们认为，从专业教育角度分析，对于学生的创新和创业

①　朱江. 论高校专业教师与思想政治教育工作者协同育人机制的构建[J]. 教育理论与实践, 2018, 38(15)：46-48.

②　杨秀萍. 课程思政与思政课程协同育人：前提、途径与机制[J]. 黑龙江高教研究, 2021, 39(12)：87-91.

③　金爱国, 吴加权, 邢晖. 对高职院校思政教育协同育人的思考[J]. 教育与职业, 2018(14)：105-108.

能力，以及学生对于工匠精神的培养，都需要思想政治教育与专业教育进行深度协同；从未来规划的角度来看，高校的办学理念和学生将来进入的企业也需要思想政治教育与理念的高度协同。他们认为，协同育人对于高职院校落实立德树人根本任务具有重要意义，对实现人才培养目标、培育工匠精神、耦合高职院校办学模式也有重要意义。因此，要建立健全大思政体系，明确、细化各部门的职责，夯实组织及人员基础；建设专兼职师资队伍，培养教师的高水平思政觉悟和教学能力，保证提供最好的师资；搭建协同育人平台，适时更新教学内容，建立动态专区，及时对育人成效进行反馈和思考。

张华、张新惠（2019）①等人认为，要把学生的育人工作放到首位，专业课教师、思政课教师和辅导员的工作对象都是学生，为此，必须加强彼此之间的交流，但实际情况是各自在岗位上各行其是，协同意识淡薄。这主要体现在，专业课教师能够为学生传道授业解惑，是学生专业方面的领路人，但是在授课过程中很少认识到自己对学生的思想政治教育作用和责任，导致部分学生在专业领域的道德方面出现偏差。部分思政课教师拥有较高的思想政治理论水平，但是所教授的思想政治知识缺乏趣味性，无法与学生感兴趣的专业相结合，从而导致思政课达不到预期效果。由此，他们认为无法形成协同育人最大的原因，在于专业课教师与思政课教师没有深刻理解立德树人的含义。王向华（2022）②认为，当前高校专业课教师与思政课教师大多在自己的专业领域教学，彼此没有形成较好的教学沟通和育人交流，导致学生在对专业知识与价值观的融合过程中不能完美运用。形成这个局面主要有两个方面的原因：一方面，专业课教师育人意识不强。专业课教师认为自己的责任是上好专业课，为学生传授专业知识，至于思想政治教育那是思政课教师的事；部分专业课教师甚至认为，在专业课上进行思想政治教育会影响专业课程目标的完成。另一方面，思政课教师协同意识不强。部分思政课教师认为授课类别不同，承担的责任也就不同，因此与专业课教师进行较多交流没有必要。高校思政课授课模式大多是大班教学，授课学生覆盖全校各个专业，若每个专业都要融入思想政治教育，思政课教师是没有这么大精力去完成这个任务的，最终导致的结果就是思政课教师没能坚守好思想政治教育阵地。

马宝娟（2021）①认为，大中小学思政课协同育人是实现思政课立德树人根本任务的需要。她对大中小学思政课协同育人进行了内在的理论分析和育人体系表征的探索，认为在具体的育人实践过程中，协同育人意识淡薄在很大程度上影响了协同育人的建设。她认为协同育人意识淡薄主要有两个方面的原因：一方面，思政课教师自身对协同育人的责任意识不强以及对思想政治教育中规律的认识不足；另一方面，从大中小学各阶段思政课实施过程来看，缺乏连贯性。同时，协同育人意识模糊、合作不够、形式单一，也会造成育人成效不高。她提出要始终将立德树人作为核心目标，增强学生的融入感和认同感，在协同意识、育人内容、协同合作、协作形式、育人力量几个方面下功夫，以提升协同育人的效果。何旭娟、梅兰英（2021）②认为，所谓的协同理念，就是要形成"1+1>2"的教育格局。她们深入地分析了思政课与日常思想政治教育之间的协同作用，认为当前高校虽然在协同育人机制上取得了一些成效，但是思政工作队伍协同育人意识不强的现象仍然存在。她们认为主要原因有两个方面：一是高校自身协同育人氛围不浓，主要体现在高校虽然对学生思想政治教育十分重视，但是思政课与日常思想政治教育处于各自为政的状态，没有协同合作的运行机制；二是思政课教师队伍人数不足，部分高校思政课教师的配备比例没有达到国家要求的标准，导致思政课教师的任务繁重，没有足够精力去思考协同育人的问题。意识是行动的先导，思想认识不到位，协同机制也就无法建立和运转。新时代给教师带来新挑战，也提出了新要求。在课程思政的背景下，专业课教师不仅要善于挖掘专业知识中的思政元素，更重要的是将二者进行融合，让学生以一种更自然的方式去接受；思政课教师要善于结合学生的专业来进行思想政治教育，对学生进行专业的价值观

---

① 马宝娟. 大中小学思政课协同育人的内在理据与体系构建［J］. 教育科学，2021，37（1）：54-60.

② 何旭娟，梅兰英. 新时代高校思想政治理论课与日常思想政治教育协同育人的思考［J］. 长沙大学学报，2021，35（1）：104-108.

引导，以提升德育的针对性。梁琳(2022)①认为，专业课教师思政能力不强导致协同育人效果不佳。在课程思政背景下，育人能力的强弱取决于专业课教师对思想政治理论知识的储备。当前，专业课教师在进行课程思政过程中，还没有较好地具备育人能力，主要体现在：一是由于认知偏差，使得部分教师迫于教学任务勉强地开展"课程思政"，尤其是理工科类的专业课教师对思想政治理论把握能力不足；二是部分专业课教师政治素养并不是很高，对思政元素的挖掘能力不足，不能很好地理解为何及如何在专业课程中开展"课程思政"；三是专业课进行思想政治教育灌输较为简单，方式单一，反而使学生对思政课程的理解出现了偏差，不能达到"课程思政"的育人要求。

张旭、贾书明(2022)认为，当前协同育人机制未形成健全的机制，主要原因在于当前高校进行课程思政建设把重点放在专业课教师与思政课教师协同方面，对于课程思政组织构建、奖惩、评价制度等机制方面还比较欠缺。协同育人能力不足，是因为新的育人目标对教师的育人能力提出了更高的要求。再就是教师之间的交流不够，如何打破交流屏障也是当前亟待解决的问题。杨建豪(2022)等人②以工业4.0时代为背景，分析了高校"三圈三全"育人格局的现状，认为当前协同育人机制存在脱节分离的问题，主要体现在：一是专业课与思政课内容关联度不高，不利于协同育人工作的开展；二是高校思想政治教育不连贯，目前大部分高校开设的思政课是针对刚入学的年级，毕业生并未接受相关课程；三是协同场合的分化，对学生课上与课下、现实与网络、校内与校外等教育要求不一致，造成协同各方的不同步。例如，卓毅(2021)③认为，在互联网时代，当前旅游专业的人才培养模式滞后，旅游专业知识充实，但思想政治理论知识较为匮乏，导致旅游专业产业升级难度提升。一方面，由于旅游专业对旅游人才培养目标较为

①　梁琳. 以"课程思政"实现协同育人的现实困境及应对策略——从高校专业课教师的角度[J]. 苏州科技大学学报(社会科学版)，2022，39(5)：18-24.

②　杨建豪，刘铁英，左晨琳. 高校"三圈三全"育人格局的协同路径优化研究[J]. 黑龙江高教研究，2022，40(1)：110-114.

③　卓毅. 旅游产业转型视域下协同育人平台的升级路径[J]. 社会科学家，2021(7)：156-160.

单一,通过专业绩效考核即可;另一方面,旅游融合型师资队伍欠缺,容易导致学生缺乏专业职业道德。他深入探究了旅游专业与思想政治教育协同育人平台的升级路径:通过构建校企合作育人阵地,在课程设计和社会实践设计上充分利用新媒体,为人才培养提供了新内容;革新育人理念,将信息技术融入教学内容,培养学生形成互联网思维模式;组建融合型师资队伍,对师资进行合理调整,丰富教师团队的知识储备;拓展育人实践体系,形成校企合作长效机制,锻炼学生的实践能力。何旭娟、梅兰英(2021)认为,思政课与日常思想政治教育缺乏统一备课平台,不利于日常思想政治教育相关人员参与思政课教师的备课环节;课后实践相关平台的缺乏,使学生思想政治理论难以得到发挥,弱化了理论与实践相结合的过程;思政课教师与日常思想政治教育工作者缺乏共同培训平台,不利于彼此工作的了解,难以形成有效的沟通与交流。张华、张新惠(2019)等人认为,落实协同育人举措,有利于解决当前趋于功利、只想提高就业率的现状,实现全方位育人目标;有利于实现教师团队工作能力的提升,真正做到有效育人。因此,他们探索了三条协同育人路径,组建专业团队,多方面进行探索,建立科学合理的管理机制,以期形成政治素质过硬、业务能力精湛的育人队伍。由于在协同育人过程中缺乏交流平台,应该通过各学科之间的学科竞赛、新媒体平台的协助、高校党团建设三个方面来搭建深化协同育人的合作交流平台。他们认为完善考评制度、表彰制度是高质量开展协同育人基础,要以严格的考评制度督促教师落实协同育人,以完善的表彰制度激励教师做出更多成绩,营造协同育人的良好氛围。

二、对专业课实行思想政治教育的方法、路径和机制等理论问题的探究

王向华(2022)[①]认为,提升专业课与思政课协同育人的意识必须加强专业课教师与思政课教师之间的交流沟通。专业课教师应该主动摒弃思想政治教育是思

---

① 王向华.高校思政课和专业课教师协同育人策略探究[J].牡丹江教育学院学报,2023,(7):87-90.

政课教师的任务的想法，在为学生讲授专业知识的时候，一方面要关注学生的成才，另一方面也要关注学生的成人，只有成人与成才同时进行，才能为社会主义培养出优良的接班人；思政课教师要放弃孤军作战的思路，高校专业虽然多，但是只有强化与专业课教师的联系，才能达到事半功倍的效果。另外，必须明确专业课与思政课协同育人的目标，同向同行才是最好的策略，立德树人才是最终的教育目标。唐劲军、林小荣、沈星灿（2023）①通过分析化学师范类专业在践行思政育人时出现的问题，提出了专业思政背景下课程体系建设的几条思路：一是通过梳理协同育人内容，结合专业特点分类融合思政育人内容，挖掘思政要素，并用表格呈现了化学师范类专业蕴含的爱国主义情怀、道德修养、人文修养、科学修养等思政要素。二是通过分解总体育人目标，根据学生的成长规律和思政学科的育人要求设立大一到大四不同学段的专业思政进阶发展目标，注重思政育人内容的接续与深化，由浅至深、由点到面地完成总体育人目标。三是通过结合专业课程内容与思政课程内容，打造课程群，将思政育人知识科学合理地融入专业课程，拓展专业课程中的育人知识，克服育人目标单一、课程内容离散等问题。四是通过创新思政元素融入专业课程的方式，结合高等数学、大学物理、结构化学等不同专业的深度设定特定的思政融入点，打造开放性强、融合度高的专业思政课程模式。马宝娟（2021）指出，树立大中小学思政课协同育人共同体意识，首先有利于推动大中小学各阶段思政课的协同育人效果，加强连贯性。其次，有利于大中小学思政课与课程思政的同向同行协同育人，以思政课为主渠道，兼顾其他学科的分销渠道。再次，有利于强化大中小学思政课的协同意识，充分发挥思政课的育人功能。她认为只有先在思想上与教师们形成协同效应，才能在实践过程展开具体操作，才能推进思政课外部环境和内部系统中各个阶段的协同。何旭娟、梅兰英（2021）提出，要加强组织领导，提升协同育人意识。一方面要加强对国家有关协同育人体系的学习，尤其是《关于加强和改进新形势下高校思想政治工作的意见》；另一方面加强思政课与日常思想政治教育协同育人工作的组织和

---

① 唐劲军，林小荣，沈星灿. 系统视角的化学师范类专业思政课程体系构建[J]. 大学化学，2024（1）：15-21.

领导，落实分工责任，进行长久有效的合作，增强协同育人意识。

张旭、贾书明（2022）认为，提高专业课教师与思政课教师协同育人的能力要内外结合。从内是指专业课教师与思政课教师加强合作，充分发挥教师队伍的主观能动性；从外是指加强教师培训，深入分析教师队伍能力与素质，提升教师队伍协同育人能力。张华、张新惠（2019）等人认为提升思想政治教育水平，就要协同各部门，贯彻落实全方位育人的方针。将思政课作为主力，结合专业课的指导，强化学生的日常思想引领，从而发挥思政课教师、专业课教师、辅导员三者协同育人的合力，真正贯彻落实"三全育人"的方针。梁琳（2022）认为，要积累育人素材，应从资源上充实"课程思政"，还要通过拓展育人途径，从方法上去提升育人效果。吕前、周秀娟（2022）①对课程思政与思政课程的协同育人路径构建提出四个方面的建议：一是加强高校组织领导，建立多维协同"大思政"育人体系。强化高校责任制度和监督制度，有效地提升课程思政与思政课程协同育人成效。二是明确育人目标，强化课程思政价值引领。三是创新协同育人路径，打造"三位一体"的课程体系。她们认为要实现课程思政与思政课程协同育人，就必须形成专业课、思政课与综合素质课的"三位一体"，充分挖掘各课程中丰富的思想价值和理论内涵，从而实现育人目标与专业知识的精准衔接。四是强化师资力量建设，优化协同育人教学实施。教师是主要的实施者，自身必须拥有较强的自觉性和自知性。教师队伍育人能力的强弱直接影响协同育人的成效，因而必须提升教师协同育人的主动意识，深入强化专业课教师与思政课教师的合作能力和育人实施能力。因此，将课程思政与思政课程协同融合，是高校思想政治教育工作创新发展的时代要求和重要举措。孔令云（2022）②认为，当前纷繁复杂的国内外环境，对大学生思想政治教育工作带来了很大的挑战，因此，必须将新时代的特点与思想政治教育深度融合，以党的先进理论为指导，依托党建工作与思想政治教育协同育人模式，培育优秀的社会主义建设者和接班人。将党建工作与思

---

① 吕前，周秀娟. 课程思政与思政课程的协同育人探索[J]. 食品研究与开发，2022，43（20）：238.

② 孔令云. 高校党建与思想政治教育协同育人模式构建[J]. 中学政治教学参考，2022（44）：101-102.

想政治教育融合具有很强的现实意义：第一，协同育人有助于坚持社会主义办学方向，实现高校内涵式发展目标。一方面，在以人为本理念的指导下，有利于树立学生的正确价值观，有利于学生坚定文化自信；另一方面，丰富了思想政治教育体系，提升了立德树人的效果。第二，协同育人有助于发挥党的全面领导作用。协同育人的进行有利于落实党和国家的教育方针政策，促进学生思想政治教育水平的提升。第三，协同育人有助于党员队伍的建设，增强思想政治教育的有效性。高校思想政治教育工作与高校大学生党建工作联系密切，思想政治教育工作深刻影响着党建工作，为此，必须加快构建思想政治教育与党建的协同育人路径，提升高校育人工作的质量。

一些学者指出，中华优秀传统文化融入思想政治教育有助于推动教育内容的丰富和完善，既有利于传播文化素养，又有利于促进学生人格品质的健全和发展。唐明燕①等探讨了传统文化与思政课的融合问题。唐明燕指出中华优秀传统文化是历朝历代人民的智慧结晶，是重要的思政育人资源。当然在进行教学活动时要对这些资源进行筛选，将中华优秀传统文化科学合理地融入思政课程，引导学生形成正确的价值，为其提供新的视角，以增强学生的文化自信；要遵循目标定位准确、内容系统设计、方式注重创新的原则，遵循提升高校教师的传统文化素养、充分利用现代教育技术、增进实践教育的三条融合发展路径。胡晓雯提出了具体方案：立足教学实际，挖掘育人资源；选取经典文献，剖析育人内涵；提供教学范例，探究应用路径三条将中华优秀传统文化融入思政课教学的方法。张凯霞（2022）②认为当前中国社会面临各种复杂的内外局势，在课程思政背景下，通过中华优秀传统文化的育人优势，能够从根本上提高思想政治教育价值引领的效能，从而形成协同育人的思想共识。对于中华优秀传统文化与思想政治教育的协同育人，她提出了三点建议：第一，优化思政课教学体系，强化中华优秀传统文化的渗透力。体系建设是协同育人的关键所在，教师在设计课程内容方面要尽

---

①　唐明燕.思政课教学的中华优秀传统文化资源及应用[M].上海：复旦大学出版社，2022.

②　张凯霞.中华传统文化与思政教育的协同育人路径[J].中学政治教学参考，2022（38）：92.

量从学生视角出发，根据学生的兴趣设置相应的文化课程，让学生建立起文化自信，为协同育人提供良好的基础。第二，创新课堂教学模式，提高中华优秀传统文化的感染力。教育方式方法应该与时俱进，教师在进行思想政治教育时，要多运用现代信息技术将中华优秀传统文化融入其中，从大学生感兴趣的地方入手，以提升学生的学习热情。第三，加强校园文化建设，拓宽中华优秀传统文化的育人空间。良好的校园文化有利于培育学生的思想心灵，学校应该从物质环境和组织策划两方面，为学生营造良好的文化氛围。

将生态文明教育与思想政治教育加以融合，能够相互促进，提升教育的效果。蒋水莲（2022）①认为，当前高校思想政治教育需要融入新鲜的血液，提升学生对思政课的热情。生态文明教育既与学生生活学习息息相关，又能够丰富思想政治教育内容，二者的融合能够促进协同育人的效果。她根据生态文明的基本内容，深入地分析了生态文明教育与思想政治教育协同育人的路径。第一，建立协同育人的大格局。她认为格局的构建是建立在理念之上的，在协同育人过程中，要把握好生态理念、大思政理念、协同发展理念三者的关系，以生态文明教育为依托，挖掘思想政治教育元素，拓宽思想政治教育环节，最终实现优势互补，构建协同育人的格局。第二，理论与实践相结合。通过生态文明教育与思想政治教育协同育人，从学生的行为中发现育人的目的；通过课堂与课下相结合，形成一体化的育人体系。蒋水莲指出，将思想政治教育与具体实践相结合，形成学生正确的价值观与行为才是思想政治教育的目的。第三，强化校园文化氛围。从校园物质文化和精神文化两方面入手，夯实校园文化基础，提高校园生态环境层次，从而激发学生生态环境保护的意识；深化校园精神文化建设，在实现生态文明教育与思想政治教育的协同育人过程中，塑造学生生态文明理念。第四，以教师素质为引导，强化生态文明教育与思想政治教育协同育人能力。教师是进行协同育人的主要实施者，必须重视其思想素养和理论素养，一方面高校要加强教师培训，另一方面教师要形成自觉的育人理念，主动提升自我能力。蒋水莲认为高校

---

① 蒋水莲. 大学生生态文明教育与思政教育的协同育人［J］. 环境工程，2022，40（10）：316-317.

进行生态文明教育与思想政治教育协同育人，对协同育人的研究有着重要的现实意义和价值，因此，必须加快形成二者协同育人的有效路径。刘利君（2022）①认为，新时代对高校大学生开展党史学习教育具有重要现实意义，而思想政治教育是大学生养成正确价值观的主要阵地，将党史学习教育与思想政治教育协同融合，能够强化育人成效、丰富协同育人体系。首先，她提出二者的协同要在教学内容和教学手段上进行。以思政课为主要阵地，强化党史学习教育内容的融入，一是思政课教师要提升自我党史知识储备，积极挖掘史料；二是结合新媒体的使用，丰富课程内容，提升学生上课的积极性。其次，她提出必须将理论知识与实践相结合。优化第二课堂教学，为学生提供实践平台，让学生在具体实践中丰富自己的理论实践，真正实现学生的道德素养提升。高校层面要加强学校党史学习教育宣传，提升学生对党史学习教育的重视程度。刘利君认为党史是非常重要的思想政治教育资源，对于学生思想道德和价值观的引导有很大的积极作用。高校探索党史学习教育与思想政治教育协同育人路径有利于进一步推动立德树人根本任务的实现。

在专业课与思政课协同育人路径的探究中，刘侣萍（2021）②认为要以思政课教师来引领课程思政的建设。一方面，思政课教师拥有专业的马克思主义理论知识储备和广阔的理论视野；另一方面，思政课教师思想政治教育工作经验丰富，有利于引导学生树立正确的价值观。这两方面是思政课教师能够主导协同育人过程的主要原因。在具体的路径建设过程中，首先，思政课教师要加强与专业课教师的交流，主动加入专业课教师的备课活动，为专业课程的设计和思政元素的挖掘提供建议。其次，思政课教师要积极推动跨学科的教学科研合作，通过思政课教师的理论分析为各专业丰富和完善课程思政过程。在课程思政建设平台方面，思政课教师要主动引领相关管理部门构建课程思政建设平台，以利于专业课教师对专业内容中思政元素进行挖掘和运用，从专业知识的传授转向价值观念的引

① 刘利君. 党史学习教育与思政教育协同育人实践[J]. 中学政治教学参考，2022(34)：86.
② 刘侣萍. 思政课教师引领课程思政建设的优势与途径[J]. 学校党建与思想教育，2021(17)：75-77.

导。最后，思政课教师参与建立课程思政发展的长效机制，课程思政与思政课程协同育人是一项长期工程，必须建立一套较为完善的机制，确保广大教师能够顺利开展相关育人工作。丁学武、朱小闯（2020）①提出，思政课主导过程必须对课程思政进行观念的引导、价值的引导、方法的引导，为课程思政提供环境的支持。思政课要发挥对协同育人的关键作用，一方面要借助高校党组织的领导，另一方面思政课要发挥自身的优势。通过专业课与思政课的相互协同，最终实现二者同向同行。思想政治教育是所有教师的责任，因此，专业课教师的职责不仅仅是对学生专业知识负责，也要对学生思想道德素养负责；还要考虑如何将专业课与思政课协同起来，解决"两张皮"的问题。最好的方法就是让思政课教师融入专业课队伍，对专业课教师如何进行课程思政、如何挖掘专业知识中的思政元素提出建议，并与专业课教师共同研究。思政课教师的融入能够为各科专业提出具体的思想政治教育方式，既有利于专业课融入思政内容，也有利于专业课与思政课协同育人路径的形成。孙志方、张春勇等人（2022）②探讨了高职院校如何做好协同育人工作。首先，要明确专业课教师的主导地位和思政课教师的协导地位，提高团队协同育人能力，打造"双导师"教师队伍。深入挖掘专业课中的思政元素，在专业知识讲授和能力培养中对学生进行正确的价值观引导，强化专业课教师的思政育人意识，以实际行动去落实协同育人任务。专业课教师和思政课教师要精诚合作、攻坚克难，发挥主观能动性，积极投身课程思政建设。其次，要坚持显性教育和隐性教育、为党与为国育才的统一，构建"双育人"课程体系。既要发挥高校思政课的显性育人功能，也要挖掘其他课程中蕴含的思政元素，在专业课中做好隐性思政育人工作。要抓住立德育人的根本，加强品德修养，增强综合素质，在"育人"的基础上再"成才"。最后，要由课堂向育人场域延伸，由单一向虚实结合延伸，拓展"多渠道"课堂教学。要摒弃传统的"课堂是唯一的育人场所"的观念，冲破地域和时间的束缚，以无形的虚拟课堂作为重要的补充，采

---

①　丁学武，朱小闯. 发挥思政课程关键作用 推动课程思政同向发展[J]. 中学政治教学参考，2020（31）：18-20.

②　孙志方，张春勇，胡茜，等. 高职院校专业课程与思政课程协同育人的路径[J]. 北京工业职业技术学院学报，2022，21（1）：75-78.

用现代教育手段，发挥线上教学的育人优势，把"干巴巴的说教"变得有趣、有吸引力。

专业课与思政课协同育人机制的形成是一项系统工程，涉及的要素众多，机制的建设必须衔接好各个方面，才能有效加强各个要素之间的密切联系，优化各个要素之间的关系，最终凝聚教育合力共同担负起育人的责任。窦颖（2023）①认为，做好学校、二级学院和教师之间的协同工作是普遍强调的问题。要形成协同机制，形成三者教育合力，既要加强学校顶层设计，落实的协作联动管理机制，打破学科壁垒；又要加强学院间工作联系，通过开展专业课与思政课教师集体备课、相互听课等教学活动，探寻育人融合点，形成协同育人工作运行机制；还要加强教师间的联系，建立思政课和课程思政网站，整合育人资源，通过开展结对子活动，发挥各自所长，共同提高协同育人效果。杨秀萍（2021）②认为，构建课程思政与思政课程协同育人格局的体制机制，关键在于高校构建全局性的大思政领导体制。思想政治教育工作是高校进行各项工作的生命线，必须由党组织领导，一是紧紧把握学生政治方向，引导学生树立正确的"三观"；二是创新教育改革，从课程内容、目标等方向入手，深入提高学生培养质量。协同育人是一项巨大的工程，必须依靠学校各组织、各部门协同发力，才能实现协同育人的目标。要建立健全多元评价体系，实现对课程思政与思政课程协同育人程度及效果的科学检验。张迪、李亚函（2021）③认为，课程思政与思政课程协同育人构建可以从三个方面进行：第一，强调显性教育与隐性教育的融合。在实施协同育人过程中，高校应该注重理念先行，在思想引领与政治意识上提升站位，把握显性教育与隐性教育的融合关键点。第二，加强思政课教师与专业课教师的联合。协同育人要求教师具有较强的育人意识，在具体实践过程中，思政课教师与专业课教师要主动强化意识，提高素养，为协同育人工作提供动力。第三，联动思政资源

①　窦颖. 课程思政视域下专业课教师与思政课教师协同育人机制研究［J］. 洛阳师范学院学报，2023，42(4)：87-90.

②　杨秀萍. 课程思政与思政课程协同育人：前提、途径与机制［J］. 黑龙江高教研究，2021，39(12)：87-91.

③　张迪、李亚函. 课程思政与思政课程协同育人研究［J］. 中学政治教学参考，2021(35)：106.

与专业资源。提升课程思政与思政课程协同育人成效，必须加强专业课与思政课资源共享，拓宽课程过程内的思政内涵，增强其亲和力，从而达到更高质量的育人效果。要进行专业课教师与思政课教师协同育人，必须有坚强的领导核心和较为完善的育人机制。其一，贯穿于整个建设过程。高校要坚持党委统一领导的方针，对协同育人实施整体谋划和部署。其二，完善责任制度。对专业课教师和思政课教师进行明确的任务分工，严格落实责任制度。其三，优化奖惩制度。一是不断加强教师们的积极性，二是有利于后期对阶段性效果进行评价。

张文强（2019）①认为，树立"三全育人"理念是构建路径的基础，一方面，"三全育人"的提出旨在建立由党委领导、部门协同、全员参与的思想政治工作体系。这不仅反映出新时代党和国家对思想政治教育工作的重视和认识的深化，也反映出教育系统对这种新育人理念的认同。另一方面，"三全育人"集中体现出以立德树人为核心的教育观，遵循了高校思想政治教育协同育人的基本原则。进行协同育人平台的构建是重点，包括对教育内容、形式、方法等各要素的融合，而融合各要素就必须建立一个较为完善的育人平台。构建协同育人平台需要满足两个要求，一是落实"三全育人"理念，平台足够使用；二是加强各平台之间的协作和联动。在协同育人制度方面，强文强提出宏观、中观、微观三个层面的建设，全方位地助力协同育人目标的实现。为了让思想政治教育工作者利用多学科知识对大学生进行价值引领，提高协同育人的实效，徐向飞（2018）②提出，在高职院校构建协同育人平台，第一，推进思政课改革，必须要有创新精神。一是对思政课教材的创新，既有利于学生对思政课产生兴趣，也有利于深化对马克思主义中国化和中国特色社会主义的理解；二是教学内容的创新，既能提升思政课的亲和力，也能强化学生对思想政治教育的认知；三是引导要有创新，在教师与学生之间营造平等的氛围，让学生敞开心扉，打造理性的"共同发声"的课堂。第二，探索协同育人的多元化路径。教师既要转变教育理念，也要坚持问题导

①　张文强. 新时代构建高校思想政治教育协同机制研究[J]. 国家教育行政学院学报，2019（12）：75-80，89.

②　徐向飞. "课程思政"视域下高职院校建构协同育人平台的逻辑理路[J]. 教育与职业，2018（22）：84-89.

向，结合思想政治教育，引导学生形成正确的价值观。第三，显性与隐性相结合。一方面学校要强化校园文化，让学生形成文化认同；另一方面，教师要加强对学生的思想政治教育引导，二者协同用力，形成显性和隐性的完美结合。第四，优化教师队伍，为协同育人工作的开展提供保障。

三、对专业课推广思政课教学实践的研究

何旭娟、梅兰英(2021)提出，协同育人机制不完善主要是指交流机制、考核评价机制、激励机制三个方面的不完善。在交流机制方面，思政课教师与日常思想政治教育管理工作者缺乏稳定的联系与有效的沟通，对思政课老师来说就不能掌握学生第一手的思想信息，对日常思想政治教育工作者来说就无法很好地利用思想政治理论。为了强化协同育人，必须建立日常联系交流机制。针对交流机制的形成，她们建议高校成立协同育人工作领导小组，加强思政课教师与日常思想政治教育工作者的经验交流，培养双方合作意识和能力，提升协同育人效能。在考核评价机制方面，缺乏科学优化的举措。大部分高校对思政课老师的考核评价，使用的是科研成绩考核，形式过于单一，不能全面体现教师的能力；对日常思想政治教育工作者的考核评价基本上以工作量度为标准。对于二者的考核评价体系的科学与否，会直接影响协同育人相关工作的开展。关于如何完善考核评价机制，可以将协同育人成果、学生评价等纳入考评，以使对思政课与日常思想政治教育工作者的考核评价更加合理、更全面。在奖励机制方面，协同育人所取得的成效没有纳入绩效考核范围，使思政课教师与日常思想政治教育工作者对协同育人的积极性大打折扣。所以，必须建立健全合理的激励制度，从物质和精神两方面进行奖励，以提升协同育人工作的积极性。

田贤鹏、姜淑杰(2022)[①]提出，在新文科背景下，跨学科协同育人的进行需要多主体协同参与，以打破原有的教育学科壁垒。首先，协同跨学科部门形成合力。一方面，不同机构协同育人，要求在实际育人工作中，各机构既要保持原有

---

① 田贤鹏，姜淑杰. 新文科背景下的跨学科协同育人：内涵特征、逻辑演变与路径选择[J]. 教育发展研究，2022，42(21)：35-42.

的工作状态，又要强化与其他机构之间的联系。在协同过程中，要解决现有的育人问题，商量解决对策，开展以问题应用为导向的教研活动与育人工作。另一方面，完善跨学科协同育人的制度，为各参与机构提供机制保障。其次，优化课程设计。跨学科协同育人如何去适应和引领新文科背景下的新要求，以及协同育人过程中的新挑战是当前高校需要解决的关键问题。再次，打破传统教育局限。在新文科背景下，传统的考核评估已经无法满足现实的需要，不仅切断了各学科之间的关联，也不利于学生发挥创造力、提升实践能力。为此，革新考核评估在新文科背景下跨学科协同育人是势在必行之举。周赟、徐玉生（2021）①认为，在新工科背景下，构建以学生全面发展为核心的思想政治理论教学协同平台，必须协同高校各部门、各组织，加强资源分享，促成同向同行的合力。在协同育人平台格局设计方面，他们建议形成学校、政府、企业等协同育人的工作格局。在运转机制方面，必须协调各主体之间的关系，在保证各主体功能正常发挥的基础上，进行优势互补。对于协同育人平台的师资建设，他们提出一方面高校要加强对教师的培训，提升教师自身能力，另一方面教师队伍之间要强化彼此之间的联系，形成较为完善的沟通平台。在新工科背景下，将思想政治教育融入新工科课程，既是当前新工科建设的必然，也是思想政治教育立德树人的内涵显现。

张剑（2022）②以环保理念为依托，探究了网络思想政治教育中协同育人模式的路径。首先，教师要更新教育理念，积极地将环保理念与教学内容相结合，借助互联网平台宣传环保理念，进而不断提升协同育人的成效与育人质量。其次，教师要完善课程设计，协同各专业内容，再将环保知识引入其他课程，于潜移默化中深化学生的环保意识。再次，建立高效率、高容量的协同育人平台。互联网传递信息高效、便捷的特性有利于思想政治教育的宣传，能够多方位提升协同育人的价值。将协同理论与智能信息技术结合有助于推动高校"三圈三全"协同育人格局的构建，这既是高校思想政治教育工作与时俱进的内在需要，也是立德树

---

①　周赟，徐玉生.新工科背景下高校思政课育人体系建设的三重逻辑［J］.教育理论与实践，2021，41（21）：28-32.

②　张剑.环保理念下网络思想政治教育协同育人模式的路径研究［J］.环境工程，2022，40（8）：322.

人与"三全"育人综合改革的基本要求。熊校良（2021）①提出建立多学科协同育人平台。多学科协同育人平台的计算社会科学协同实验平台是一套多源异构数据提取、管理与分析的综合平台架构，能够实现对主动学习引导下的海量结构化与非结构化数据的精确提取、统一管理和主动挖掘。在"专家知识库"当中，多学科专家能够利用这个知识库直接从库中了解大学生思想政治教育的相关原则，这样既有利于专家深入了解理论，也有利于提升协同育人的效率。在多学科协同育人平台中，利用数据分析等技术能够快速地捕捉学生信息，全面地分析学生思想政治教育情况，有效提高学生思想政治教育水平。周奇、李茂春（2022）②认为建设大中小学思想政治教育一体化体系，必须强化各学段思想政治教育之间的协同合作，促进学校思想政治教育工作的系统化和科学化。大中小学思想政治教育一体化建设具有深远的意义，首先，能够形成大中小学协同育人规范体系，加强各阶段思想政治教育的有效衔接，从而促进思想政治教育协同育人的目标实现；其次，有利于各阶段教育目标保持一致，形成整体性格局，在促进学生完成专业技能知识的同时提升学生思想道德品质；再次，有利于大中小学思想政治教育过程协同，共同推动思想政治教育阶段性建设和递进式发展。在大中小学思想政治教育一体化建设路径上，一是必须加强大中小学思想政治教育的教材内容协同。教材内容既要根据不同阶段学生的心理认知和成长规律进行编写，也要防止内容的交叉和重复，形成科学的、系统的教材体系。二是建立教师协同交流机制，保证大中小学思想政治教育教师能够协同合作，发展协同育人体系。三是统筹思想政治教育课程教学与评价。建立大中小学一体化评价体系既有利于针对不同阶段学生的身心特点进行评估，也有利于丰富和完善学校思想政治教育评价体系。四是完善大中小学思想政治教育一体化保障体系。结合社会、家庭、学校三方合力，能够推动各阶段学校思想政治教育革新，提升大中小学思想政治教育的成效，最终落实立德树人根本任务。

---

① 熊校良.大学生精准引领目标下的多学科协同育人平台构建[J].学校党建与思想教育，2021（5）：81-83.

② 周奇，李茂春.论大中小学思政教育一体化建设[J].中学政治教学参考，2022（39）：33-36.

罗亚莉（2022）①提出必须从组织机制衔接、培训机制衔接、内容整合机制衔接、保障机制衔接四个方面进行专业课与思政课协同育人机制衔接。第一，进行组织机制衔接是为了优化组织机制形成育人集成力。当前组织机制衔接主要存在统筹部署不够、衔接载体不明、衔接工作推进不到位这三个问题，主要原因在于，一方面高校领导层缺乏系统化的规划；另一方面，在实际的运作过程中，出现的问题往往比预先设定的要复杂，但是协同育人组织相关章程过于原则化，导致难以发挥协同育人该达到的效应。为了解决组织机制问题，从结构上，要设置"领导小组+工作小组"的协同育人组织模式，旨在强化协同育人意识，深化各个部门的合作和配合；从层级上来看，组建"学校党委—院系党组织—教师党支部"多主题、多层级纵向衔接机制，既有利于在协同育人过程中开展领导和监督，也有利于丰富高校党组织政治建设的内容；从集成上来看，构建"马院+其他院系+职能部门"为一体的多院系多部门横向联动衔接机制，不同院系、部门相互配合能够形成合力育人的联动机制。第二，培训机制衔接能够提升协同育人意识能力，形成教师团队协同力。当前思政课教学过程中缺乏说服力和感染力，必须融入具体的专业内容，才能够克服思想政治教育的表面性。其一，优化培训体系衔接协同育人师资需求。建设"全周期+全领域+全类型+全手段"的"四全"培训体系，借以满足专业课与思政课协同育人上的需求。其二，固化培训成效提升教师团队意识能力。通过培训提升教师队伍的能力，在培训过程中挖掘老师队伍中的个人特色，有效地强化教师队伍中协同育人的自觉与能力水准。第三，内容整合机制的衔接可以整合好内容体系，提升课程内容融合力。当前思政育人体系中缺乏一套有效的衔接方法，所以，目前专业课与思政课之间"两张皮"的现象还很明显。在课程衔接层面，建立"一心双环"协同育人课程体系；在教材衔接层面，建设"六性融合"协同育人教材体系；在教学衔接层面，构建"系统讲授+专题教学+实践教学"协同育人教学体系。第四，进行保障机制衔接，必须健全多重机制，从而形成协同育人保障力。在保障机制中，日常的授课、管理方面还缺乏高

---

① 罗亚莉.思政课程与课程思政协同育人的衔接机制［J］.思想理论教育导刊，2022（9）：143-148.

效协作的育人队伍机制，协同育人考核评价中欠缺高质量的激励机制，这两方面都是连接融合专业课与思政课的关键所在。只有建立一套较为健全而稳定的协同育人衔接机制，推动专业课与思政课有机融合，才能够在传授知识的过程中强化学生的正确价值观养成。

刘镒铖（2022）①对于思政教育与创新创业教育协同育人模式的构建路径，提出了四点看法。第一是路径的构建关键是要树立协同育人教育理念，明确人才培养目标。一方面教师要深入学习党中央相关文件精神，以立德树人为重要指导思想，强化协同育人理念；另一方面高校要结合实际，制定符合协同育人的教育目标，着力培养学生专业能力与专业职业道德。第二是建立健全协同育人组织。高校要成立协同育人领导小组，紧密联系学校各部门，形成高效的育人运行机制，从而增强协同育人实效。第三是构建协同育人课程体系，优化教育教学内容。第四是优化教师队伍，提升人才培养质量。培训能够提高教师队伍整体能力，进而提高学生思想政治教育水平。郭小铭、何云石（2023）②对双创教育与思政教育的协同进行了探索，认为双创教育是提升思政育人实效的重要方法，强调通过双创教育将思政育人内容应用于社会实践，以培养学生的创新思维和动手能力。同时，思政教育能够引导双创教育朝着正确的轨道发展。实现两者融合发展，要充分挖掘双创教育中的思政元素，科学整合教育内容，创新育人方法，依托教育实践基地将课堂内容转化为学生的综合素质。同时，必须加强教师的专业素质和文化素养的培养，建设高质量的师资队伍。石初娟（2022）③认为高校应该强化劳动教育与思想政治教育协同育人工作，建立健全二者协同育人体系构建。协同育人体系的构建关键在于协同育人机制。首先，协同育人工作的顺利开展，必须依托系统化、规范化的体制机制。在劳动教育与思想政治教育协同过程，必须深入挖掘劳动伦理思想中的相关内容，结合思想政治理论对学生开展育人教育。其次，

---

① 刘镒铖．思政教育与创新创业教育协同育人模式建构［J］．中学政治教学参考，2022（43）：106．

② 郭小铭，何云石．当代高校双创教育与思政教育协同育人路径探索［J］．食品研究与开发，2023，44（14）：240．

③ 石初娟．论劳动教育与思政教育协同育人体系构建［J］．中学政治教学参考，2022（43）：108．

将思政课放在主要指导地位，发挥课程的优势，有计划性、有目的性地融入劳动教育内容，一改以往纯思想政治理论性，结合具体生活实际，引导学生主动去了解和强化劳动认知。构建协同育人模式，重在创新二字。将劳动教育与思想政治教育融合，既不是简单地相加，也不是为了实现某一方的目标。二者的协同旨在培养学生对劳动理论和思想政治理论的认知，唤醒学生主动劳动意识，提升学生思想政治教育意识，引导学生自觉践行社会主义核心价值观。最后，劳动教育与思想政治教育协同育人工作是一项长期性的工程，各科教师必须坚守自己的教育阵地，有信心、有决心地完成协同育人最终目标。

刘经纬、金子郁（2022）①对专业课教师提升课程思政能力提出四点建议：第一，专业课教师先要提升自己的政治素养，不断地补充和深入学习马克思主义以及中国化成果；将课程思政作为专业课教师的职业追求，在日常的工作学习中做到主动学习和自觉运用。第二，专业课教师要善于挖掘专业知识中的思政元素。专业课教师要深化对专业知识的理解，然后挖掘专业知识中的思政元素并加以运用，进而实现专业课与思政课协同育人。第三，强化专业课教师与思政课教师的协同联动。专业课与思政课协同育人旨在加强专业课教师与思政课教师之间的交流沟通，从而在协同育人过程中实现知识传授与价值导向的双重引领。第四，专业课教师要发挥示范引领作用。课程思政的进行，一方面离不开专业课教师扎实的理论功底，另一方面离不开专业课教师道德高尚的优良品质。专业课教师将道德践行于实际行动，有利于推动课程思政的建设，有利于专业课与思政课协同育人。杨建豪（2022）等②提出在高校思想政治教育工作中建立立体互通的协同机制，从要素维度、时间维度、空间维度三个方面进行探究。第一，要素维度实现"内圈、中圈、外圈"三圈协同。"内圈"要完成"课程思政"与"思政课程"的协同，利用课堂与信息技术强化主阵地，推动专业课与思政课同向同行；"中圈"要完成"大水漫灌"与"精准滴灌"的协同，利用大数据等技术和人工智能等技术

① 刘经纬，金子郁. 高校专业课教师课程思政能力提升研究[J]. 中学政治教学参考，2022（31）：93-96.
② 杨建豪，刘铁英，左晨琳. 高校"三圈三全"育人格局的协同路径优化研究[J]. 黑龙江高教研究，2022，40（1）：110-114.

保证"三圈三全"育人格局的全覆盖；"外圈"要完成"理论教育"与"实践引导"的协同，向学生们展示实践是检验真理的唯一标准。第二，时间维度要实现"先后"和"同步"的全过程协同。从大一到大四，时间维度协同要统筹兼顾各个教育环节，始终将思想政治教育融入学生学习生活。第三，空间维度要注重"现实"与"虚拟"多方位协同。一是结合校内和校外，二是结合现实与虚拟网络、多方位进行，以此来推进协同育人。

四、对高校思想政治教育协同育人的研究

在"大思政课"背景下，各高校高度重视思想政治工作，践行全员育人和全方位育人教育思想，取得了显著育人效果。学界对高校思想政治教育协同育人开展了系列研究。当前，主要从以下几个方面展开。

一是关于协同专业课程与思政课协同育人研究。由于全面开展"大思政课"建设的实践不断推进，各专业学科对思想政治工作加大重视，将专业课程与思政课程结合研究的成果显著增强。胡永辉、李霄翔(2021)①以外语课程思政为主线，以疫情期间的英语在线教学模式为突破口，阐述了外语专业课程与思政课程协同育人的价值意蕴和可操作性，介绍了外语课程如何落实课程思政的做法，探究了课程思政视域下医学英语的教学路径，阐释了如何利用对马克思人学思想和英语学科核心素养对大学生展开塑造健全人格等内容。孙金萍、程红林、厉丹(2023)②分析了计算机专业课程中思政课教学出现的思政元素与课程融合痕迹明显、过度依赖现代信息技术手段、缺乏考核途径等突出问题，提出了要重视在计算机专业课程中进行隐性价值观教育，要在核心课程中进行宽泛德育，打造协同育人模式。首先，对专业课与思政协同育人目标、定位与知识体系等进行整体规划。将毕业要求、课程目标和思政目标一一进行对应比较，分析三者之间的联系和交叉点，确定思政知识体系，最终进行整体规划。其次，采用新机制，实现现

① 胡永辉，李霄翔.外语课程"三全育人"的理论与实践研究[M].南京：南京东南大学出版社，2021.
② 孙金萍，程红林，厉丹.计算机类课程中的课程思政协同育人教学探索[J].计算机教育，2023(3)：164-168.

代技术与教学手段的协同，依托科技优化教学资源、方式方法；实现理论与实践的协同，引导学生通过理论讲解和实验指导提出并解决新问题；实现课堂内外的协同，以学生能力和素质为核心，通过 Logisim 虚拟仿真平台学习最基本的概念，并在课外进行实验和验证。最后，对评价指标进行改革。在评价机制、内容和实施三个方面，设定课程思政平时考核依据，运用成绩相对趋势评价的方法评估思政素养。郑萍萍(2023)①从职业教育入手，重点分析了在中高职院校中构建"思政+专业"的教学模式的实践路径。第一，职业院校的思政课要在紧抓专业群的基础上，对接产业群，借力这些独特的教学资源，"一专业群一策"构建协同育人体系。第二，突出实践教学。职业教育本身就具有高度的实践性，作为职业院校的思政课，更应将关注点落在对学生展开思政课实践教学。只有通过实践才能检验知识的真理性。协同育人理念的正确与否也同样需要教学实践才可得知。通过专业课去深化思政课实践教学，发挥职业教育优势，实现思政课实践教学知识与职业教育实践特性的有效互推。第三，形成以思政课教师主导的协同育人机制。邀请思政课教师作为德育指导教师加入专业课"课程思政"教学队伍，开展与辅导员的合作，进一步增进对学生的了解。通过集体备课，为交流和分享教学资源，同时也邀请企业专家进入课堂，发挥劳动模范和技术能手的影响力。建设"专业+思政"协同育人教学模式，可以丰富协同育人理论，为思政课进入中高职院校提供可借鉴的思考。

二是关于协同各方教育力量进行协同育人的研究。学者们主要是从辅导员、学工队伍、高校管理者等教育相关者与思政课教师展开研究。高校辅导员作为与学生接触最多的教育者，对学生的生活情况和心理状态是最了解的，在对学生进行思想政治教育发挥着重要作用，学术界对如何推进高校辅导员更好地参与协同育人教学活动而进行了深入探讨，这方面的成果相对较多。孟庆东(2022)②对高职院校辅导员与思政课教师队伍协同育人的相关问题进行了研究。高校辅导员主

① 郑萍萍."思政+专业"中高职思政课一体化教学模式探析[J].天津职业大学学报 2023，32(3)：46-52.

② 孟庆东，阎国华，何湾.从协同到融合：高职院校辅导员与思政课教师队伍一体化建设探析[J].教育与职业，2022(23)：92-97.

要是负责对学生开展日常思想政治教育工作，思政课教师是思想政治教育的主要践行者，要用好课堂这一主阵地，向学生传授知识并进行思想引导。两支队伍在协同育人方面具有固定的客观联系，高度契合教育需求和学生成长需求。两支队伍在共同的育人理念的驱动下取长补短，加大了双方融合的力度；在共同任务的指引下实现育人功能上的融合，提升了彼此的"专业化"和"职业化"能力；在共同使命的引领下丰富教育素材，促进了育人内容的融合；在共同追求的鼓动下实现了教师自身的发展与学生的全面发展，并在工作实践中积极作为。通过"互兼互聘""结对子""身份不变、工作互换"等形式打造辅导员与思政教师协同育人的工作模式；构建教学融合、科研融合、实践合作的工作平台；完善选聘制度、培训制度和激励制度，构建辅导员与思政课协同育人发展的工作机制。张振芝（2023）①认为，各级各类党政机关领导干部应该进入高校，利用思政课堂向大学生讲述中国共产党的优良传统，积极发挥"头雁效应"，并形成常态化机制；应使思政课堂成为持续性和规范化的教学行为，以利于全面贯彻文件精神。还应使政策落地，并在全国范围内推广，以利于推动高校马克思主义学院内涵式发展，进而提升理论的深度、高度和温度，以利于促进思政课高质量发展。领导干部是"关键少数"，拥有"立德树人"的大局观，其明大德守公德严私德的形象具有模范性，能起到示范作用，引导学生为共产主义事业奋斗。应构建制度机制、运行机制和监督机制，不能让领导干部进高校流于形式；要强化常态化意识，注重领导干部的教学内容与思想教学内容的有效衔接，选择恰当的方式，不能引起学生的反感。

三是关于协同各类思政元素助力协同育人的研究。学者们主要通过充分挖掘各类思政元素，包括先进事迹、红色文化和伟人精神等，将这些元素融入高校思想政治教育，为协同育人教育提供育人资源。红色文化内涵丰富、形式多样，是极具中国特色的先进文化；其作为革命文化的组成部分，是高校进行思政教育的重要育人资源。张志强、郝琦（2023）②认为红色文化具有立德树人属性，与高校

①　张振芝. 论领导干部进高校讲思政课常态化机制建设[J]. 湖北社会科学，2023（3）：162-168.

②　张志强，郝琦. 红色文化融入高校思政课教学的内在逻辑与实践路径[J]. 学校党建与思想教育，2023（10）：61-63.

思政课教学内容具有契合性，是不可多得的育人资源。他们建议，可深入挖掘红色资源，与思政课知识点融合，将知识点与生活实际相结合，与学生的生活联系更加紧密，以提升育人教学效果。将红色文化融入高校思政教育的实践路径如下：首先，在思政课和专业课中融入红色文化，可以通过设立红色文化专题，包括红色歌曲、故事、人物事迹等内容，使红色文化与各类课程有效融合，加强对红色文化的认同感，也增强思政课的信服力；其次，多举措多维度开展实践教学，让学生去实地走访，去接触红色文化，感受其魅力，通过实践教学将思政小课堂与社会大课堂的育人效果达成增效，也会在学生心中留下更深刻的印象；最后，建设网络红色文化资源库和虚拟仿真实验室，充分利用科学技术，高度还原历史场景，使文化从静态向动态转化，抓住学生的眼球，加大思政课的吸引力，也可通过开发网络选修课程、制作红色文化宣传片等方式扩大红色文化的育人影响力。孙兰英、张艺歆(2023)①提出将中华民族共同体意识融入思政课教学，发挥思政课的引导功能，使大学生强化民族团结认知，增进"五个认同"；依托思政课的价值塑造功能，使大学生深刻意识到民族问题的复杂性和重要性，完成行动转化，维护民族团结和国家统一；借助思政课的实践转化功能，使大学生将理论知识转化为共团结、促繁荣的实践行动。将中华民族共同体意识分别嵌入五门思政课(公共必修)的内容规划，旨在形成具体、深刻的思政课教学内容，使得中华民族共同体意识贯穿于大学生思政课教学的始终，形成系统连贯的"珍珠链"，起到潜移默化、育人无声的作用。例如，开展理论性教学、探究性教学和实践性教学的方式，以中华民族共同体意识助力思政课教学。这类研究基本上是就措施方面来展开的，为充分利用各种育人资源、加大思政育人效力提供了实际的操作路径，其中好的做法值得我们学习并大范围推广。

四是关于高校思想政治教育育人机制的研究。邓国彬、张瑞、刘成兴(2023)②向全国49所高校的教工和学生发放问卷，通过对问卷的整理和分析，

---

① 孙兰英，张艺歆. 中华民族共同体意识教育融入高校思政课教学探析[J]. 贵州民族研究，2023，44(3)：207-212.

② 邓国彬，张瑞，刘成兴. 新时代高校思想政治工作协同育人机制构建研究[J]. 学校党建与思想教育，2023：2-27.

他们认为，当前高校协同育人存在主体自觉性不高、平台有效性低下、育人机制联动性有待完善、资源整合性有待提高的问题。以这些问题为基础，构建四维协同育人机制：①突出协同。在理念上明确"责"，凝聚协同育人共识，使得全员参与大学生的思想政治教育过程。这就要求在导向上聚集"细"，思想政治教育工作是一个"细活儿"，需要教师花更多的心思将工作做细；在机制上突出"实"，要设立定期评估的工作机制，及时总结工作上的问题，了解学生思想上的变化，采取应对措施，真正做实事。②突出协作。在课程上突出"一主多辅"，以其他专业课程为辅助思政课进行协同育人，推进两者的协作，强化育人效果；在体系上突出"一心多环"，其他各种育人项目要围绕"立德树人"这一核心继续发展；在平台上突出"一体多翼"，建立实践教育基地，借助学校官网、官微等平台实现线上线下全覆盖。总之，应突出协调，明确考核导向，健全评价指标，强化动态运用，形成协同育人评价耦合融通机制；充分整合和利用人才队伍资源、党史学习教育资源以及校内外资源，推进协同机制的建立。杨小波（2023）①从问题入手，提出建立国防教育与思政教育协同育人机制。当前部分高校没有重视国防教育，很多工作流于形式，国防教育开展水平参差不齐。因此，高校教师要设立协作小组，将国防教育与思想教育的教学内容、模式及平台进行结合，加强彼此之间的交流与协作，增进学生对国防科学的了解。要建设军事阅览室，向学生普及国防军事方面的知识，使其形成爱国爱党的价值观念，引领其向正确的方向前进。要重视人才队伍建设，既要对新进教师有相关方面的考核，也要对在职教师进行相关培训，使教师队伍具有高水平的知识素养和道德素养，才能有效推进教育工作的展开。通过营造良好的学习环境、加强国防精神的培养、军训时期开展思想政治教育和开展多样化的国防实践活动四条途径推进协同育人机制的建立。张文强（2019）②阐释了高校思想政治教育协同机制的含义，即：要构建制度化的协同制度，让各种育人要素形成"1+1>2"的协同效果，包括内外协同和纵横协

①　杨小波. 高校国防教育与思想政治教育协同育人机制［J］. 山西财经大学学报. 2023，45（S1）：136-138.

②　张文强. 新时代构建高校思想政治教育协同机制研究［J］. 国家教育行政学院学报，2019（12）：75-80，89.

同；要树立"三全育人"理念，从多方面构建协同育人大格局，全面培养学生素质；要构建协同育人平台，发挥"思政课程"结合"课程思政"的力量，落实网络协同平台的建设，建立多维度、多层面的育人大平台；要完善协同育人制度，从宏观和微观层面建设主体责任制度、评价激励制度和具体运行制度，以制度为支撑建设协同育人机制；要培育协同育人环境，共同优化社会大环境、发挥家庭育人作用、形成"大中小一体育人"模式，建立全面覆盖的合力系统。

综上所述，学界对专业课与思政课的协同育人进行了较为充分的研究，从不同学科、不同层面展开研究，丰富了本书的基础，为笔者的研究提供了丰富的借鉴。现有研究成果大多只是涉及某些专业，没有从专业课的一般性来进行研究，研究的系统性还有待深化，特别是系统推进协同育人方面还需要进一步强化；然而，大多学者是立足问题而提出解决措施，也提出了相应的协同育人机制，但多为零零散散的内容，没有站在整体的高度对这些机制作总结性提炼，提出系统的协同育人机制。当然，这一现状也为本书研究提供了空间。

五、结语

当前，面对思想政治教育出现的新情况，推进专业课与思政课协同育人对提升大学生思想政治素养具有重要意义，有助于全面贯彻落实党的教育方针、推进教育的根本任务。本书的研究意义具体表现在以下几个方面。

第一，"七个协同机制"的构建，有助于提升思政课程与课程思政的协同效应，提升高校立德树人成效。"七个协同机制"全面、系统地提出了专业课教师与思政课教师协同育人的举措，从理念、任务、方法、平台、资源、队伍、实践等不同方面提出了原则性规定，较好地解决了当前专业课与思政课"两张皮"的问题，形成了"思政+课程"的育人模式，是对传统育人机制的创新发展，使得各类课程与思政课同向同行，特别是对专业课教师推进思想政治教育有着重要的作用，有利于不同学科的教师相互学习、借鉴。专业课教师和思政课教师应通过共建共研共享，探索体制机制建设和实现路径，形成育人长效机制；充分发挥思政课与专业课的协同效应，把思想政治工作贯穿整个教学过程，促进学校的思想政治教育同向同行。这些举措在提升专业课教师思想政治工作能力的同时促进了思政课教师的发展，从各个方面提升了大学生的思想政治素养，并提高了合力教育效果，实现了协同育人效果的最大化，对全面加强和改进大学生的思想政治教育有着重要的作用。

第二，"七个协同机制"的构建，有助于进一步丰富"三全育人"的理论和实践。高校思想政治教育随着时代的变迁而不断发生变化，要及时根据新变化作出新的调整。当前，"三全育人"是高校思想政治教育发展的必然趋势，必须贯彻到实处，即：遵循教育规律、思想政治工作规律、学生成长规律，把握师生思想特点和发展需求，注重理论教育和实践活动相结合、普遍要求和分类指导相结合，提高思政工作科学化精细化水平。本书进一步丰富了专业课与思政课协同效应的相关理论，以期对明晰高校专业课教师、思政课教师、学校管理人员在育人过程中的界限、协同育人机理及丰富协同育人的方式方法能够起到指导作用。高校的不同群体对推进大学生思想政治教育的作用不尽相同，具体任务和形式也不一样，因此要明晰不同群体人员的界限和作用，进而制定更加精准的协同机制。同时，本书可更有效地促进全员、全过程、全方位育人，以学生的身心发展水平为依据，从各个方面着手对不同学科、不同年级、不同群体的思想政治教育进行了系统的规定和研究，开展有针对性的工作，旨在构建"大思政"格局，形成一种多领域、可持续的长期运行机制，有力地推进高校专业课与思政课协同育人的创新发展。

第三，"七个协同机制"的构建，有助于进一步丰富思想政治教育工作的内容和形式。在专业课中推行思想政治教育是坚持社会主义办学方向的必然结果和本质要求，也是促进人的全面发展的需要。开展思想政治教育工作，除了思政课教师以外，还有专业课教师、学工队伍等不同群体，这些群体是高校思想政治教育工作队伍的有机组成部分，都是思想政治教育的践行者。本书着重研究专业课教师与思政课教师如何协同开展思想政治教育工作，形成协同育人格局，推进两个不同群体教师在提升大学生思想政治教育素养的过程中同向同行，进一步丰富了思想政治教育工作的内容和形式。随着科技的迅猛发展，信息传播快捷，通过专业课教师与思政课教师的协同育人，可以共享教学资源，共同探索新的教学内容与形式，形成思想政治教育由传统的思政课教师主导发展到多学科教师共同参与的良好局面，不断发挥思政课与专业课立德树人根本作用。特别值得指出的是，专业课教师在讲解专业知识中有机融入思想政治教育后，能有效地提升教育效果。

第四，"七个协同机制"的构建，有助于进一步健全立德树人机制，扭转不科学的教育评价导向。立德树人是教育的根本任务，是全体教师的工作目标和任务。传统的专业课教学通常注重学生专业知识的讲解和技能的培养，容易忽略专业课教学内容中的思政元素，以致忽视学生的思想政治教育。从教学管理的角度来看，这一现象直接导致教育管理者忽视从体制机制上对专业课教师的思想政治教育能力进行考核。从思想政治教育的规律来看，这一工作开展仅仅依靠思政课教师是难以全部完成的，需要不同学科的教师共同对学生进行思想政治教育。本书对于专业课教师特别是理工科教师转变传统思维，克服功利主义、实用主义，克服唯分数、唯升学、唯文凭、唯论文、唯帽子的顽瘴痼疾具有一定的积极意义，有助于扭转部分不科学的教育评价导向，完善评价内容，丰富课程体系，促进高等教育的全面发展。因此，本书认为，高校教师应践行协同育人机制，把思想价值引领贯穿教育教学全过程和各环节，以"德"树人、以"智"启人、以"体"强人、以"美"化人、以"劳"塑人，大力培养全面发展的时代新人。

本书遵循社会科学研究的一般原则，以增强高校专业课与思政课的协同效应为出发点和落脚点，通过组织相关力量对高校专业课育人要素的建设现状及其与思政课协同效应的现状进行考察和调研，分析问题及原因，初步提出解决问题的

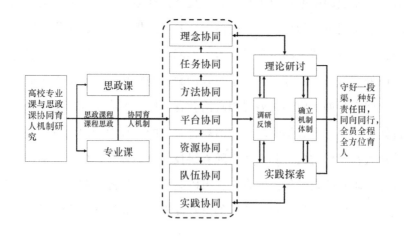

方法和路径，并在高校开展试点工作来推进专业课与思政课的协同育人，找出研究的不足，并对其进行修正。

第一，分析目前高校专业课与思政课协同育人的现状。由于不同专业的特性各异，如何在专业课的教学中融入思想政治教育是一个难点，也是开展专业课与思政课协同育人必须解决的重要问题。无论在意识理念还是方式方法等方面，专业课教师在专业课中融入思政元素都还有一定欠缺，这一现状也为本书研究提供了空间。本书广泛调研当前各学校、各专业在推进专业课与思政课协同育人方面的成功经验和不足之处，特别是理工科教师在课堂上推进思想政治教育工作还存在着不少盲区，在研究过程中不仅要重视这一现象，更要在广泛的调研中找出导致问题发生的原因，为进一步找出相应的方法对策奠定基础。因此，现状的调研为本书研究提供现实依据，是研究的出发点和落脚点。

第二，厘清专业课与思政课形成协同效应的基础理论。理论来源于实践，又对实践具有重要的指导意义。通过基础理论的考察，为探索专业课与思政课协同效应提供理论支撑。推进专业课与思政课协同育人，需要从理论上进行梳理。只有厘清这一工作的理论基础，才能有效指导实践工作。因此，本书研究从马克思主义哲学、中华优秀传统文化、思想政治教育学等学科系统考察高校专业课与思政课协同育人的理论基础，从理论方面厘清这一工作的可能性与必要性，即专业课与思政课协同育人何以可能、专业课与思政课协同育人何以可为，明确"如何看""怎么办"的问题。本书从理论出发，梳理专业课与思政课协同育人的内在逻辑，统筹课程思政与思政课程，进而明确专业课教师在思想政治教育工作中的重要作用；同时，厘清相关实践工作的理论依据，为高校专业课与思政课协同育人的举措提供理论借鉴。

第三，构建专业课与思政课协同育人的实践路径。通过对现状的分析及基础理论的研究，找到症结所在，依据现实情况制定出切实可行的方案以保障高校推进专业课与思政课协同育人的效果；以问题为导向，促进专业课教师和思政课教师进行协同育人问题的自我思考，以使其提出的实践路径更具现实性和有效性。原则是实践工作的方法论，对实践工作具有重要的指导意义，在进行实践活动时必须遵循原则的界限。推进专业课与思政课协同育人工作，要从目标、过程等不同层面提出专业课与思政课协同育人的基本原则。在这些原则的指导下，提出推进高校专业课与思政课协同育人的具体措施，从政策支持、前期准备、实践过程、结果评价等不同层面提出相应的举措，全面、立体推进高校专业课与思政课协同育人，在提升不同学科教师的思想政治教育能力的同时，切实提高学生的思想政治素养。

第1章　高校专业课与思政课协同
育人机制的理论基础

"高校思想政治工作关系高校培养什么样的人、如何培养人以及为谁培养人这个根本问题。要坚持把立德树人作为中心环节，把思想政治工作贯穿教育教学全过程，实现全程育人、全方位育人，努力开创我国高等教育事业发展新局面。"①思想政治教育是高校的一项重要工作，专业课与思政课的协同育人机制不仅有着现实的急迫需要，更有思想政治教育理论的发展的需要。

高校专业课与思政课协同育人有着深厚的理论基础，从马克思主义哲学、中华优秀传统文化、思想政治教育系统理论等方面来看，高校专业课与思政课的协同育人有着深厚的学理基础，是我们推进这一工作的理论依据。在这些理论依据的指导下，具体到高校专业课与思政课的协同育人，提出了理念协同、任务协同、方法协同、平台协同、资源协同、队伍协同以及实践协同七个方面。这七个方面的协同共同推进高校专业课与思政课的协调育人工作，为具体的实践工作提供了有力指导。

理论基础是事物在发展过程中所遵循方法论，对事物的发展起着一定的指导作用。考察理论基础是指导实践工作的需要。通过理论基础的考察，可进一步明晰其理论来源与根基，为新时代推进思想政治工作的发展提供借鉴与指导。关于推进高校专业课与思政课的协同育人，不仅马克思主义哲学领域有着丰富的论述，中华传统优秀文化中的合作精神以及思想政治教育系统理论也为其奠定了扎实的理论基础。

---

① 习近平. 习近平谈治国理政(第二卷)[M]. 北京：外文出版社，2017：376.

1.1　马克思的交往实践论

马克思主义认为，人类社会的普遍联系决定了人的交往乃至世界历史的形成。专业课与思政课是人类社会开展教育活动的两种不同内容的形式之一，从教育的主体、客体以及中介等方面来看，这一教育实践活动是马克思主义关于交往实践理论在教育活动中的生动体现，由此也决定了这一理论成为专业课与思政课协同发展的理论基础。

马克思认为，人类社会的交往活动不仅有人与人之间的交往，还有人与自然界的交往，人类在这个过程中形成一定的认识并利用这些认识改变世界。交往的形式主要有物质交往和精神交往两种形式，显然，专业课和思政课的协同育人是精神交往。

在《德意志意识形态》一文中，马克思、恩格斯对交往进行了深入的阐述，在唯物史观的基础上提出人的实践活动使得世界万物的普遍联系更加密切。随着对交往实践观的深入理解，马克思认为，交往的内容在不同的领域不尽相同，但其核心内涵就是在一定的历史条件下，包括现实的人、群体、阶级、国家在物质和精神方面的相互作用、彼此联系的活动。"生产本身又是以个人彼此之间的交往为前提的。这种交往的形式又是由生产决定的。"[①]其中，物质交往是基础，精神交往是物质交往的产物，是依赖物质交往而产生的。

在经济领域，交往主要表现在包括商品交换在内的流通领域的人类物质实践活动；在社会领域，交往主要表现在人们在物质生产实践活动中的相互作用；在精神生活领域，交往主要表现在精神生产、交流等方面。因此，无论从哪个方面来看，交往实践观的根源就是"现实的人"，脱离了"现实的人"，交往就不复存在。马克思在《政治经济学批判》中指出，交往关系的前提是人们之间的生产活动。由此也说明交往具有主体性，离开了主体的交往是不存在的，且这个主体是在物质生产实践活动中展开交往的。

[①]　马克思恩格斯选集(第 1 卷)[M]. 北京：人民出版社，2012：147.

从马克思的理论发展史来看，他没有对交往实践进行专门的论述，但是交往实践论在其很多论著中均有所体现，如《德意志意识形态》《人类学笔记》等。随着马克思认识的深入发展，他对交往实践理论的理解更加具体，其范围也在不断扩大，以至于到后来形成了世界历史理论。马克思认为"人的本质不是单个人所固有的抽象物，在其现实性上，它是一切社会关系的总和"①。只有生存在社会中才是现实的人，现实的人受他所处于的社会关系和相交往的人的制约。人们在社会中生活，就必然与他人建立关系。在社会实践的过程中，人类与他人进行社会物质交往，满足他人的需求，体现人的价值。

交往是人类社会天然的基本存在方式。马克思主义认为，人的本质是一切社会关系的总和，其所有的社会关系都在物质生产实践中产生，而物质生产又是以人们相互间的交往为前提、为基础的。人类在劳动实践的过程中创造了自身，同时也在这个过程中展开普遍交往。正是因为有了这种交往，人类社会才有了文明交流与相互借鉴，共同推进着人类社会的前进。因此，从全球各国的文明发展来看，交往使得人们的活动范围和智力都有了很大的变化，如奴隶社会的庄园经济被冲垮后，地主经济得以发展。从社会大层面来看，人类社会在物质生产实践活动中，相互作用、交流，特别是在商品生产、交换等领域内普遍交往。在社会分工的大背景下，这种交往实践显得非常普遍。从个人层面来看，人不是万能的，不可能一个人生产生活所必需的全部事物。人们的生活在普遍交往的过程中得以体现，这一现象在今天显得尤为明显；个体存在的价值也是在交往的过程中得以体现。在交往的过程中，人们打破了自身的局限性，不断发展自身，以此逐步实现人的全面发展。总而言之，无论是从个人，还是从国家来看，交往实践是人类社会的固有基本存在方式，对人类社会的发展起着极为重要的作用。从人类的发展来看，凡是交往密切、充分的地方，其发展就越好，人们的生活水平也相对较高；凡是交往不充分或是缺乏交往的地方，其发展就会滞后，甚至会发生倒退。近代中国一段时期内的发展之所以缓慢，跟不上西方发展的水平，其中一个重要的原因就是当时社会的封闭，让中国失去了与世界文明对话交流的机会。从人类

———————————

① 马克思恩格斯选集(第1卷)[M]. 北京：人民出版社，2012：139.

历史来看，社会就是在人们的普遍交往中发展的。因此，从某种程度上来讲，人类历史的发展是一部人类交往史。

交往与生产相互作用，共同推进着人类社会的发展。交往是生产实践的交往，生产是交往的生产，两者间互为前提、相互联系、彼此制约。从哲学意义上来看，人类的生产实践活动具有一定的社会历史性，而这种社会历史性是通过不同形式的交往实践而产生的。一方面，人的交往实践促进了人的生产实践。从某种程度来讲，人是社会性的动物，是在人们的普遍联系中发展起来的。人们在普遍交往中共同探讨、研究，相互借鉴、相互学习，共同解决人类生存发展的难题，不断突破限制人类发展的各种条件。在这个过程中，人类的共同智慧持续不断地推进着生产实践前进，生产实践也由此得到了发展。另一方面，人的生产实践推进了人类的交往实践。单个的人难以完成生活的全部生产实践，更不可能完成社会生活的全部实践，生产实践的本质规定了其相互交流的特性。从这个方面来看，生产实践活动的社会历史性决定了人类的普遍交往，特别是在生产不发达的条件下，人们在工具的使用、思维的创新等方面均受到一定的限制，因此必须通过人们之间的相互交往来推动生产实践的发展。这种相互交往不仅仅是物质交往，同时还有精神交往，是物质交往和精神交往的统一体。因此，从交往与生产两者间的关系来看，交往的广度和深度对生产有着极为重要的作用。特别是在交往人类文明快速发展的阶段，一旦脱离了群体而陷入孤僻就意味着错失文明交流的机会，意味着丧失了发展的机遇。因此，交往和生产两者间互为前提，相互作用，不断推进着人类社会的发展。

在交往和生产的过程中，人类的意识和语言等非意识形态的社会意识得以产生，而这些社会意识的产生又反过来促进了交往和生产的发展。因此，从某种程度来讲，人类社会的普遍交往推动了意识和语言的产生，对人类社会的发展起着重要的作用。马克思主义认为，意识是在物质活动中产生的。人类的物质生产活动充满着交往，人类社会在这种交往中前进发展着。语言是伴随着实践而产生，显然也伴随着交往而产生。单个的人如果没有交往，其语言功能将会逐步退化直至丧失，由此可见交往对语言发展的重要性。随着世界历史的形成，语言文化在人类的普遍交往的作用越来越明显。

交往还推进了人类社会的前进。交往实践和生产实践的互动推进了彼此的共同发展，其最终结果是推进了人类社会的发展和进步。通常来讲，人类的物质生产实践决定着人类交往发展的程度，生产力水平越是发展得好，人们的交往也就发展得越好。但是，旧的交往形式因为旧的历史局限性而不能满足新的生产形式，所以在一定程度上会阻碍生产力的发展。因此，这种冲突会使得交往与生产力之间发生矛盾，交往形式也会在这种矛盾运动中得以改变，以适合新的生产形式。旧的交往形式不断被新的交往形式替代，社会生产力也得到了新的发展。人类阶级社会的发展史就是一部人类交往和生产力矛盾运动的历史，无论是从奴隶社会、封建社会还是从资本主义社会的发展史来看，如果不同阶级的交往停留在原地不变，其最终结果是一定会被新的交往方式替代，最终表现为社会形态的更替，如资本主义社会替代封建主义社会。理论来源于实践，人类的物质实践活动是现实生活的根基；失去了这个根基，人类生活就会陷入虚无缥缈的唯心主义。因此，交往方式通常来讲落后于生产力的发展，只有在这种矛盾运动的发展中，人类的交往才得以不断变化，并且最终适应于新的社会生产力，与生产力的发展相匹配。当然，人类的交往方式有时也会超越生产力的发展，适当超前可以推进生产力的发展，过于超前则会成为阻碍生产力发展的因素。由此可见，在新旧交往与生产力关系的矛盾运动中，人类社会的生产力会进一步提升，不断满足人类生活的需要，从而推进人类社会的发展。

由此，我们进一步总结归纳马克思主义的交往实践观，可以发现交往实践具有现实性、实践性、社会历史性。现实性主要表现在以下几个方面：一是交往的主体是"现实的人"。无论是单个的人，还是群体，抑或是国家，都离不开"现实的人"。因此，交往的主体是有生命的人而非物，这也决定了交往主体的现实性。二是交往的内容具有现实性。无论是精神交往还是物质交往，其本质是现实的物质及其实践。交往的实践性主要表现在交往具有物质实践性，是在物质实践活动中发生、发展的。作为马克思主义理论的重要内容，交往理论也同样充满着实践性。交往的诞生与实践密切相关，是伴随实践的发展而产生的，并且在实践活动中不断发展，从而适应、促进生产力的发展。交往还表现出一定的社会历史性，其根源就是交往的实践性决定了其社会历史性。交往是社会性、历史性的活动，其主体总是处在一定的社会关系中，任何交往活动都是人类社会性的一种外化。同时，交往还受到各种历史条件的制约，随着历史条件的变化，交往也会随之发生相应的变化。因此，从这方面来看，交往必然表现出一定的历史性。这些特性是由交往的本质所决定的，也是把握交往实践观的重要内容。

1.2　马克思人的全面发展论

马克思人的全面发展论是马克思主义的重要内容之一，也是马克思主义的核心思想之一。人的全面发展要求，在教育活动中必须推进专业课和思政课的协同育人，以此促进人的全面发展。因此，马克思人的全面发展论成为一个重要的基础理论。在这一理论的指导下，全面推动专业课和思政课的协同育人作用，不断推进学生综合素质的提升。

马克思在对人类社会的发展过程和发展规律进行了梳理后，提出人的全面发展是人类社会发展的必然。从人类社会发展的一般规律来看，从"人的依赖性"到"人的独立性"，再到"人的自由个性"，马克思提出了三种不同形态的社会发展阶段。显然，"人的自由个性"是人类发展的最高阶段，人在这个阶段克服了个体与整体的矛盾，逐步走向全面自由的发展。这一结果是个体的人和全社会发展的内在要求。从人类的发展史来看，人在不断追寻自由全面的发展，从开始的奴隶经济到今天的社会主义公有制，人们的自由不断得以满足，人类社会的发展也越来越好。以资本主义和社会主义的发展为例，马克思之所以认为资本主义必然灭亡、社会主义必然胜利，其中的一个重要原因就是社会主义社会相对资本主义社会可以更好地满足人的全面发展。因此，马克思提出了共产主义社会的基本特性之一，即人的自由而全面的发展。他说："代替那存在着阶级和阶级对立的资产阶级旧社会的，将是这样一个联合体，在那里，每个人的自由发展是一切人的自由发展的条件。"[①]由此可见，未来的共产主义社会将是一个自由全面发展的社会，人们将在这种状态下自由自在地生活。但是人类对于自由全面的理解，将

---

① 　马克思恩格斯选集(第 4 卷)[M]. 北京：人民出版社，2012：647.

会随着社会历史条件的变化而不断变化，永无止境、永不止步。从人的认识和实践特性来看，人的认识受到各种历史条件的约束，人们的看法、观点会随着时代的变迁而不断变化，而且是总体向好的方面发展。因此，人的全面发展也就成为一个永无止境的过程。

那么，实现人的全面发展的前提是什么呢？马克思经过分析认为，消灭私有制、阶级以及旧的分工形式是实现人的全面发展的前提。在人的全面发展阶段前，人们的发展总会受到私有制的无情剥削，也会受到对立阶级的限制，当然也受限于"旧式分工"。因此，只有在共产主义社会，特别是在公有制经济基础确立以后，人们的自由全面发展才得以有实现的可能。只有人们从以前狭隘的关系中变成自由活动，人类社会的普遍交往才能进一步发展。特别是随着分工差别的消失，人的发展将上到更高一层的台阶，人的自由全面发展将会得到更好的满足。当然，人的全面发展还需要从物质条件进行考察。物质条件发展不充分，人的全面发展也不可能得以实现。这也是唯物主义的一个基本要求。马克思主义认为，生产力是决定性的因素，考察事物时不能脱离生产力而空谈，特别是在把握人类社会的发展和趋势时要注意考察这一因素。因此，实现人的自由全面发展还有一个前提，就是物质财富的发展与丰富。物质财富的极大丰富不仅代表生产力水平高，同时也表明社会各方面的发展达到了很高的水平。当然，精神生产也达到了很高的水平，精神生产的高度发达也要求人的全面发展，这是人的全面发展的内在因素。精神生产的发展与物质文明的发展密切相关，决定着精神文明的高度。因此，随着社会生产力的提高和精神文明的高度发展，人的全面发展也将逐步得以实现。

因此，从不同层面来看，人的全面发展的意义不尽相同。但这些内容都有力地推动着人的全面发展，对人的全面发展起到了重要作用，是人类社会发展的重要内容。马克思、恩格斯毕生追求的根本价值目标是最大限度地实现人的自由而全面的发展，这里的自由全面发展，既是指体力、智力等各方面能力的发展，也是指社会联系和社会交往的发展。劳动实践就是实现人的自由而全面发展的重要途径。人们通过实践生产工具提高工作效率，从而有更多的自由时间从事自己感兴趣的活动，锻炼和提高个人综合素质。这一过程成为促进生产力发展的动力。

如此循环往复，最终实现人的自由而全面的发展。

从最基本的层面来看，人的第一个全面发展应该是生理层面的发展，这是人作为个体生命存在的基本意义。人的生理机能得以全面发展，那么由人创造的一切事物才有实现的可能。因此，作为自然属性、生命属性的单个人，必须保证其生理机能的全面发展，这也是实现共产主义的第一条基本原则——物质财富极大丰富的意义所在。生理层面的全面发展可以从以下几个方面来理解。一是人类的实践活动受到其本身的生理条件限制。只有维持人类生命存在才能让人参与社会实践活动，因此满足人的生理需求对人类社会历史的发展具有极为重要的现实意义，是推动社会发展的根本所在。众所周知，随着社会的发展，人类的平均寿命越来越长，人类社会的发展明显优于以前。在这其中，人的生理发展有着非常重要的作用。二是满足人的生理需求是其他更高层次需求的基础。人类不仅有生理需求，同时还有更高层次的需求，如科学、文化、政治等，而这些更高层次的需求都是在满足生理需求的基础上得以发展的。当然，人的全面发展是内在需求和外在动力的共同作用下前进的。生理需求的发展作为一种内在需求，具有决定性作用，但同时也受到外在动力的刺激，如科学研究、文化创造等是人类内在固有的更高层次的外在动力刺激。在这两者的共同作用下，人的全面发展得以逐步实现。

第二个层面就是推动人的劳动能力的全面发展。劳动实践活动是人类的基本特性，人的劳动能力的全面发展是人的全面发展的应然之义，是人类社会历史发展的基石。劳动能力的全面发展，其背后隐藏着人的身体素质、智力发育等方面的发展。这具体表现为：身体素质的发展是人体发展的内在需要，智力的发展则在改造客观世界方面则发挥着重要作用。当然，人的劳动能力的全面发展还需要充分挖掘自身的潜力，不断激发人的主观能动性，在这个过程中深化认识、提升能力，这样才能不断增强自身改造世界的劳动能力。此外，推进人的劳动能力的全面发展还应提升人的审美能力，这是人类劳动的基本特性，是人与动物的区别之一，即人会按照美的规律来从事实践劳动。由此可见，人的劳动能力包含多个方面的因素，需要从各个不同方面推进。特别是随着人的全面发展的推进，人将会从旧式分工中不断被解放出来，从而对人的劳动能力的提升有着重要的推动作用。

第三个层面就是实现人的社会关系的全面发展。人的本质是一切社会关系的总和。社会关系有着丰富的内容，对人的发展有着重要影响，人的全面发展也会反过来推进人的社会关系全面发展。人的第一个社会关系就是家庭关系，随着人的发展，其社会关系逐步丰富，特别是随着人类的普遍交往，这种关系的内容不断丰富，乃至形成一套完整的社会关系体系。因此，实现人的全面发展就要推动人的社会关系全面发展。在这些社会关系中，人们相互交流、共同发展，共同推动社会历史的发展。此外，人的社会关系还包括精神层面的关系发展，如思想、文化等。这些精神领域的关系具有一定的社会历史性，是人类社会物质发展的产物。精神、意识等非物质事物的发展受到物质世界和人类认识程度的限制，因此不能超越其发展；同时它们又反过来促进物质世界的发展，有力地推动着生产力的发展，推动着社会的进步。随着人类文明的发展，人们对精神层面的需求越来越多，人的全面发展也必然要求精神生活的丰富。人的本质是社会关系的总和，人与社会是无法分割的。一个人要实现自我价值就必定不能与社会价值相违背，因为人的存在是在社会中的存在，人的发展是在社会中的发展。为了更好地实现人的全面发展，就必须在社会生活中实现个人价值和社会价值的统一。

人的全面发展包括生理层面、劳动层面以及社会关系层面等众多方面的内容，涉及的内容丰富，涵盖的领域多，是一项系统工程。随着人的全面发展，人的身体素质、心理素质等各方面都将得到全面的发展，社会文明程度显著提升，每个人的自由个性将得到充分发展，进而逐步实现自由人联合体。但在这个过程中，我们要清醒地认识到，人的全面发展是一个逐步实现的过程，而且受限于历史条件，并随着人类认识的深化而有所变化。在螺旋式上升的过程中，人的全面发展逐步向前推进。

1.3　中国传统的合作精神

我国的传统文化、日常俗语中有着丰富的合作精神，如"兄弟同心，其利断金""三个臭皮匠，顶个诸葛亮"等。中华优秀传统文化是中国人民几千年以来的智慧结晶，对推进中华文明的发展起到了重要的作用，是中国人民的精神基因。中华优秀传统文化中有着丰富的合作精神，是今天推进高校专业课与思政课协同育人的重要理论基础。

在中国悠久的历史文化长河中，特殊的地理环境和人文环境推动着中华优秀传统文化的形成。从地理环境来看，中国的西北部历来自然环境恶劣，生存条件艰苦；东南沿海一带则面临大海，地形相对封闭。人们在这种环境中需要在团结合作精神的指引下处理好内部关系和外部联系，在长期的历史演变过程中形成精神上的内聚性，不断发展、践行合作的精神。从中国封建农业社会的发展来看，由于封建时代的生产力不发达，科技学术相对落后，面对自然灾害，人们必须团结合作才能抵御这些风险。广大人民群众长期合作，如共同修筑水利、抗击自然灾害等，逐步形成了合作精神。从中国封建传统的宗法制度来看，中国社会是以父系血缘关系为纽带的家庭宗法制度，在长期的历史发展过程中形成了牢固的合作体系，有力地维持了封建社会的长期稳定和发展，对中华民族的发展起到了极为重要的作用。从中国多民族的融合发展来看，广大人民群众在抵御自然灾害和外敌入侵的斗争中，相互扶持、帮助，为创造共同的美好家园进行了广泛的合作。从中国多元文化的融合发展来看，中国传统文化正是因为有着丰富的合作精神，才使得各种不同属性文化相互融合发展，最后成为中国特有的文化基因。

合作精神是中国传统文化的重要内容。《礼记·礼运》中有云："大道之行也，天下为公，选贤与能，讲信修睦。故人不独亲其亲，不独子其子。使老有所终，壮有所用，幼有所长，矜、寡、孤、独、废疾者皆有所养。男有分，女有归。"从中国传统文化的"天下大同"思想中可以看出，合作精神是其中的一项重要内容，只有在大家的共同努力下，美好社会才能深入发展。中国传统封建社会的伦理思想是由不同学派融合而成的，其主线就是儒、道、释这三者。各学派之间相互吸收、融合、发展，共同推进中国传统社会的发展，这其中天然蕴含着中国传统文化中的合作精神。正是由于这些学派的协同合作，共同构筑古代中国人民的精神世界，对维持社会发展与稳定起到了重要的作用。在合作精神的推动下，中国人民团结一心，共同建设美好家园。因此，在这些实践与理论的互动下，合作精神在中国人民的内心深处生根发芽，有力地推动了中华文明的发展。

合作精神是中华优秀传统文化特性的外化。中华优秀传统文化具有整体性、创新性等特征，具体表现在不同的精神理论中。在古代，很多家族举全族力量扶持家族的某一成员读书以考取功名；一些重要的大事，家族不同成员会前来帮忙。时至今日，全国各不同姓氏都有自己的族谱，以记录家族成员的基本情况或重大事件。足以可见，中国自古以来就有大家庭、大家族的概念，强调的是群体之间的相互帮助、扶持。合作精神很好地体现了中华优秀传统文化的特征，无论是整体性还是创新性等，都需要以合作精神为支撑。在不同时期的不同民族之间，合作精神的具体表现可能有所差异，但是其核心都一样，那就是全体中华儿女团结一心，共同推进中华文明的传承与发展。这种合作精神在新时代又有了新的内涵，即构建人类命运共同体理念。习近平总书记根据新时代的特征与要求，提出了构建人类命运共同体理念。在这一理念的指引下，全世界各国人民共同应对各种问题，推动了人类文明的传承与发展。

合作精神对中国的发展具有重要的作用，有着丰富的社会功能。从民族发展、国家治理、社会安定、个人发展等方面来看，合作精神有力地推进了中国传统社会的发展。

从民族发展来看，合作精神加强了中华民族的团结。中国人民自古以来就重视人与外界的团结和谐关系，如人与人、人与社会、人与自然。在合作精神的指引下，人们相互协作，在面对外敌入侵、重大自然灾害等方面表现出团结合作的精神，解决了民族发展中遇到的各种问题。中华民族在长期的历史发展中逐步形成的这些优秀传统文化由此成为中国人民的文化基因，成为中华民族与其他民族的显著差别。特别是近代以来，面对帝国主义的入侵，中华民族面临着生死存亡的重大问题，全体华夏儿女团结合作，共同抗击帝国主义的侵略。全国各族人民不分男女老少，积极投身于保家卫国的伟大战争中，为民族独立贡献自己的力量，很多人为争得人民解放献出了宝贵的生命。在这个过程中，中国人民表现出空前的团结，为中国后来的发展起到了重要的作用。中国共产党在这个过程中也发展了统一战线工作的理论，团结全国各界人士共同推进中华民族伟大复兴的历史进程。

从国家治理来看，合作精神进一步稳固了政权，对社会的稳定发展有着积极的意义。在阶级社会，统治者和被统治者是对立的。在长期的历史发展中，如何保持经济社会的稳定与发展是统治者思考的重要问题。从中国历史发展的进程来看，既有统治阶级内部意见不合，也有统治者与被统治者意见不同。此时，合作精神成为协调各方利益与诉求的润滑剂，推动了两者之间的和平与稳定。历史上，不同民族相互合作守护家园，发展经济，不断提升百姓的生活水平。在朝廷内部，不同阶级之间的利益诉求不一，最后均只能以妥协合作而收场，如大地主阶级与小地主阶级的矛盾。统治者与被统治者之间的阶级立场不同，利益诉求不同，因此他们之间的矛盾解决是被统治者配合统治者，共同推动改革，以满足统治者的利益。在这里，有些矛盾不是通过直接的合作解决，但其中却包含着很多合作的举措和因素，为推动矛盾的解决提供了实实在在的好处。因此，合作精神体现在诸多方面，为国家治理奠定了基础。

从社会安定来看，合作是人类的一项基本技能，对推进社会发展、维持社会稳定具有重要意义。传统文明时期的中国，人们多以姓氏群居在一起，在这样一个社会组织结构里面，人们相互扶持，一起劳作，一起狩猎，一起面对生活中各种难题。虽然现在很多人认为家长制的中国封建社会是自给自足的经济体系，但这并不代表着人们不需要交流和合作。单个的人不可能完成生活中的所有工作，因此在日出而作、日落而息的农耕文明时代，如果没有人们之间的相互合作，人们的生活将会非常艰难。人们只有通过在特定的群体间相互合作交流，在一定范围内进行分工，生活才会有更好的发展。正是在这样的环境中，中国的封建社会创造了不少的奇迹，深刻地影响着世界。无论是从中国的封建社会历史来看，还是从今天的社会主义建设史来看，全社会的广泛合作是一种常态。在这种常态化的合作下，整个社会就会呈现出一片安定和平的景象，人们在这里生活安逸，幸福指数不断攀升。在人们的普遍合作下，社会各部门分工合作，不断提升人类的生活质量。

从个人发展来看，合作精神对个人的发展具有重要作用。中国传统文化特别强调个人修身的重要性，修身就需要从自己出发来对自己的行为进行反思，以达到自己和他人都满意的状态。这其中就蕴含着丰富的合作思想，人们的合作意识和行为也就因此而得以不断发展。合作对个人能力的提升具有重要作用。只有人们相互帮助，才能更好、更快地完成任务。人们也在这个实践的过程中得到了成长，学到了自己尚未具备的技能，进而取长补短，在实践的过程不断提升自己的技能。当然，合作也是事业发展的需要。中国古代法家创始人慎到说过："治国之君，非一人之力也。"(《慎子》)任何事业的成功都需要很多人同心协力完成，单个的人是难以完成伟业的。无论是从中国哪个朝代的历史发展来看，一个人的成功，其背后都凝聚了很多人的努力与心血，是集体智慧与血汗的结晶。中国自古以来就强调合作的重要性，从古代的谚语、俗语等就可以看出这些，合作方面的历史文献资料则更多。

1.4　思想政治教育系统理论

　　思想政治教育是提升人们思想素质的一项重要工作。从思想政治教育的角度来看，这项工作强调思想政治教育内部各部门通力协作，共同推进这项工作向前发展。思政课与专业课协同育人，对推进思想政治教育工作的全面发展起到了重要的合力作用，当然也对提升人的全面素质起到了重要作用。因此，思想政治教育系统论成为思政课与专业课协同育人的重要理论基础。

　　教育是一项各因素综合作用的实践活动，特别是思想政治教育需要各方向综合作用，以达成教育目的。思想政治教育是教育主体、教育客体、教育中介各方面关系相互作用，最后达到一定的教育效果和目的。因此，思想政治教育是一项系统工程，需要教育的各要素之间相互合作。

　　从教育主体来看，双主体性充分调动教育内部各要素。随着时代的变迁，教育的发展出现了一个重大变化，即从以前的单一教育主体发展到今天的双主体，不仅教育者是教学活动的主导，受教育者也是教学活动的主体之一。在思想政治教育活动中，教育主体在预先制定的教育目标、方法和手段下开展教育活动，体现了教育活动中教这个环节的主体性；教育客体在学的环节中，可自主选择内容学习，并不是完全接受教育主体传授的全部知识，体现了受教育者的主体性。因此，从教育的双主体性来看，推动思想政治教育活动必须充分激发其教育者和受教育者的积极性，这是思想政治教育系统性的一项重要内容，需要在教育实践活动中把握。从教育实践的三个基本要素来看，主体和客体是非常重要的两项内容。思想政治教育任何环节的都缺少不了主体与客体，与思想政治教育活动密切相关。因此，推进思想政治教育应通过教育的双主体性来调动教育内部各要素的充分整合、协调，以达成一定的教育目的。

从教育目的来看，推进人的自由全面发展需要教育内部各要素的通力合作。人的思想是主体对客观世界的反映，这种反映既有正确的，也有错误的。如何让社会成员的思想都朝着正确的方向发展，在思想的同频共振中推动社会的发展，是人们一直以来面临的重要课题。思想政治教育的根本目的是提高人们认识世界与改造世界的能力，通过改造自己的主观世界来改造客观世界，并在这个过程中不断推进人的自由全面发展。马克思主义关于人的全面发展理论涵盖各个方面，包括人的生理、劳动能力等各方面，因此需要从不同角度施加不同的影响。人的全面发展是各方力量综合作用的结果，因此开展思想政治教育不应只依赖于某一个或是某几个特定的影响作用，而需要各方力量相向而行，综合发挥作用；否则，教育效果就会大打折扣。由此可以看出，思想政治教育在推进人的全面发展过程中，需充分调动教育内部各要素的通力合作，需要各方力量从不同的角度施加不同的作用，以达到各方同向发力、共同推进人的思想政治素质的提升的目的。

从教育内容来看，整合性决定了不同事物间的相互配合。思想政治教育涉及的内容众多，需要对这些内容进行有效整合，以达到最好的教育效果，由此决定了教育内部各部门需要相互配合。在"大思政"理念下，如何推动人们思想政治素质的有效提高，其中一项重要举措就是充分发挥思想政治教育的整合性。由于教育内容的差异，不同的主体对教育内容的表现形式不一，受教育者的接受度也有着较大的差别。基于这些情况，我们就需要充分整合思想政治教育各方力量，遵循教育的基本规律，科学整合这些教育内容，发挥教育内容的最大效果。对于一些主题相同的教育内容，在整合后要以新的形式展现出来；对于一些主题不同的教育内容，需要充分考虑受教育者的情况，科学制定相关教育步骤，特别是要考虑到人们的现实情况以及受教育者的接受程度。内容决定形式，思想政治教育效果如何，其关键因素还是内容，因此在思想政治教育实践工作特别注意内容的选取和统筹，持续不断推进思想政治教育的发展。

从教育方法来看，不同方法的综合运用在各教育要素内部相互影响。思想政治教育方法是开展思想政治教育活动所采用的方法，包括认识方法和实践方法。总体来看，思想政治教育的方法论是辩证唯物主义和历史唯物主义，是关于思想政治教育方法的理论。开展思想政治教育的前提就是要正确地认识受教育者的基本情况，然后才能根据这些具体情况实施具体的教育影响，这个过程就需要采用一定的认识方法；在实施教育作用的过程中，就需要采用一定的实践方法。这些实践活动只有在运用一定的方法后才能得以实现，方法运用得当，教育目的就可快速达成；方法不当或是缺失，则教育目的难以达成。因此，在确定一定的教育内容后，就需要运用一定的教育方法来推进教育内容传授给受教育者。具体在开展思想政治教育的过程，由于受教育者的思想认识不断得以发展，其认识运动在不断发展变化，单一运用某一种方法往往难以起到好的效果。因此，需要根据实际情况使用多种方法，让学生在不同的教育方法中更好地掌握相关内容。

从教育载体来看，运用形式各异的载体共同推进思想政治教育是行之有效的举措。思想政治教育载体在教育过程中可以承载和传递内容，促使教育主客体之间相互作用。从载体的形态来看，根据分类标准的差异，其形态可分为语言载体与行动载体、传统载体和现代载体等。这些载体可渗透于思想政治教育的内容，对受教育者起到较好的导向与养成作用。无论是哪一种载体，教育主体都可以对其进行控制，并且根据实际情况进行改变，这体现了载体的可控性。在开展思想政治教育的过程中，各个不同的载体需要联合起来实施教育影响，朝着共同的教育目标而开展活动，以取得良好的效果。在具体的教育过程中，要让各个不同载体联合起来，如将历史载体与现代载体在内容、形式等方面充分融合起来。不仅要让这些教育载体传导出明确的教育信息，同时体现出内在逻辑并经得起受教育者的质疑。因此，教育载体需要联合起来相互作用，在系统内部一起推进受教育者思想政治素质的提升。

从教育环境来看，不同教育环境需要不同教育主体的相互配合。思想政治教育的环境有物质环境和精神环境，具体如经济环境、制度环境、精神文化环境等，这些有机构成了思想政治教育环境的主要内容。开展思想政治教育会面临不同的环境，这就需要各要素之间相互配合。由此，思想政治教育的环境也表现出不同的特性，如多维性、复杂性等。因此，在思想政治教育实践活动中，要重视环境的系统整合。如学校教育与家庭教育的相互配合，学校教育主要是以课堂教学为主，而家庭教育耳濡目染的作用也非常重要。家庭是受教育者的第一学校，在强调学校教育的同时要注重家庭教育，要让两者相互配合，在一个系统里面共同发力。如果学校教育与家庭教育不能配合起来，甚至是背道而驰，教育效果肯定会大打折扣。因此，在不同的教育环境里，不同的教育主体需要相互配合，应根据教育目的，使用一定的教育方法与手段，一起推动受教育者形成良好的思想政治素质，进一步提升教育效果。

从教育管理来看，应调动多方力量共同参与到思想政治教育活动。思想政治教育管理对教育目标的达成具有重要的保障作用，因此从教育管理的角度来看，需要调动多方力量来推进思想政治教育的发展，不断增强工作的系统性。思想政治教育的管理目标是实现科学管理和一定的社会效应，如规范化管理、制度化管理抑或推进个人与国家的发展。从管理模式来看，不仅需要全面素质型管理，也需要民主制度型管理，这些模式与思想政治教育的内在规律有着密切的关联。具体在思想政治教育的过程中，要做到科学管理，就必须尊重事物发展的基本规律，不能一个人决定，要发动群体的力量，共同商议推进思想政治教育的各项具体工作，该留空白的就要留下空白，给予教育主体足够的空间发挥；对于需要规范设定的环节就科学设置，不留工作隐患。在这个过程中，需要广泛调动各方力量积极参与相关工作，并且为了推进这一项工作而相互配合，如此才能实现最佳的教育目的和教育效果，进而切实有效促进思想政治教育工作的高效开展。

第2章 高校专业课与思政课协同育人的现状与问题

"问题是时代的声音。"习近平总书记在 2016 年 12 月全国高校思想政治工作会议上指出,"要用好课堂教学这个主渠道,思想政治理论课要坚持在改进中加强,提升思想政治教育亲和力和针对性,满足学生成长发展需求和期待,其他各门课都要守好一段渠、种好责任田,使各类课程与思想政治理论课同向同行,形成协同效应"①。高校专业课与思政课"同向同行、协同育人"已成高等教育发展所需、育人所求。一些高校逐步落实并展开了积极探索,积累了一定经验,但毕竟仍然处于起步阶段,还存在着一定的问题。

为了方便把握高校专业课与思政课协同育人的现状与问题,笔者团队选择普通高校在校学生及教师作为对象,涵盖不同学科门类,向学生发放问卷 3950 份,其中纸质问卷发放 400 份,实际回收 385 份,有效问卷 380 份,网络问卷通过腾讯问卷发布,共回收 3570 份,涉及各高校本科四个年级的学生;向高校教师发放纸质问卷 300 份,回收问卷 178 份,其中有效问卷 178 份。同时,笔者团队访谈了高校教育管理干部、一线思政课教师和专业课教师 40 多人,召开了专业课与思政课协同育人专题研讨会。通过对调查数据的分析,大体上能对当前高校专业课与思政课协同育人的现状与问题有基本的了解。

2.1 育人存在"孤岛效应"

随着政策的推进落实,专业课教师不断努力挖掘专业课中的思政育人内涵,

---

① 习近平. 习近平谈治国理政(第二卷)[M]. 北京:外文出版社,2017:378.

发挥课程思政的实效。习近平总书记所说的"守好一段渠、种好责任田"，其意是希望所有课程汇聚一起，实现全员全程全方位育人。在专业课与思政课的实际教学过程中，"守好一段渠"似乎变成了各负其责、各自为政，最终导致专业课与思政课在育人上形成"孤岛效应"。

2.1.1　课程壁垒，各自苦战

专业课与思政课覆盖高校本科人才培养的绝大部分课程，不同的课程均有各自不同的课程属性、不同的学科归属、不同的教学目标、不同的功能价值。具体表现在：不仅有专业课与思政课之间的不同，不同的学科之间有着截然的不同，同一学科的不同专业之间、同一专业的不同课程之间都有着鲜明的不同。归属于同一人才培养体系中的不同专业课程，其课程群在总体设置上依照一定的逻辑关联，但不同课程之间其实存在着天然的壁垒，不仅专业课程之间的协同是不容易的，而且专业课与思政课之间的协同也是不容易的。此外，专业课注重知识传授，思政课注重品格养成，这其实是现代社会分工发展的需要和结果。专业课与思政课的协同育人，在一定程度上说来，其实就是要超越这种社会分工的现实，突破专业课与思政课之间的课程壁垒以实现协同育人。

不过，社会分工越来越细致，专业适应社会分工的发展也越来越复杂，那种基于社会分工的考量，即所谓"让专业的人做专业的事"，将知识能力的培养归之于专业课，将品格价值的培养归之于思政课，必然造成人才培养上成人与成才的分裂，最终不利于社会的发展。其实，社会发展不仅有分工，更有协作。专业课需要获得学生的认同才能激发其学习的积极性，思政课需要贴近学生的专业特性才能有针对性地提升其对学生的吸引力。学生对专业的认同不在于知识的讲授，而在于知识的社会应用；学生对思政的兴趣不在于纯思政的说教，而在于思政对其专业知识的社会应用有所助益。

根据调查表明，高校教师普遍已经接受专业课的课程思政教学，但如何推进课程思政教学，推进课程思政教学的内生动力及教学目标等问题，对于相当一部分高校教师来说，仍然是一个困惑。前几年，据说有专业课教师在每次专业内容讲授前，首先进行大约 5 分钟的新闻播报，认为这就是课程思政。虽然这种做法现在已经不会出现，但至少说明，专业课教师对课程思政的理解其实存在诸多困惑，甚至可能至今仍未能解决。按说思政育人方面谁最专业，自然是思政课教师，但似乎大多数专业课教师在探索课程思政教学时，并没有自觉地意识到要去与思政课教师进行协同育人上的深度交流。

说到思政课，习近平总书记特别指出，要推进思政课教学改革创新，增强思政课的亲和力和针对性。在解读思政课的针对性时，专家学者提出，思政课在面对不同的专业学生时，应当结合相应的专业特点，进行针对性教学，以贴近学生的专业特色，提升思政课教学的亲和力。不过，贴近学生的专业特色进行针对性教学，似乎只是一种理想设定，现实情况是思政课教师几乎不可能对学校的不同专业均有所涉猎。所谓术业有专攻，思政课教师有自己的学术专长，很难去把握其他专业的不同特点；即使思政课教师去尝试理解其他专业的不同特点，他们的理解可能只是皮毛而已，以此去吸引学生的注意力，其效果可能十分有限。实际教学中较普遍的做法是，思政课教师把学习任务发放给学生，希望学生结合自身的专业特色来完成，这样的做法确实起到了不错的效果。不过其中发挥作用的主要是学生，而不是思政课教师。思政课教师尝试结合专业特点进行针对性教学时，似乎少有人想到要去与专业课教师进行协同育人上的深度交流。事实上，确实有少数思政课教师与专业课教师进行了交流，但不过只是对某个专业的某种把握而已。思政课教师面对的学生是变动的，这种变动不仅是年级的前后迭代，而且也包括教学班级的专业变化。思政课教师面对全校不同专业的学生，要做到对所有专业都有所理解，似乎并不容易；而思政课教师要想固定地面向某个或几个特定的专业学生，由于在实际教学中有着各种各样的问题，故而也有较大的难度。此外，考虑当前高校教师之间的交往状态，思政课教师去与更多的专业课教师进行协同育人上的交流并不容易。因此，虽然专业课教师与思政课教师有着立德树人的共同目标，但在育人的实际中，他们彼此之间很少突破课程壁垒，大体上是处于各自苦战的状态。

2.1.2 学时压力，任务优先

人才培养必须适应时代发展的需要，高等教育根据时代发展的需要不断推进教学改革。根据教育部的要求，当前高校教育教学改革有一个重要的趋势：从总体上压缩学分学时，能够逐步减轻学生繁重的课堂学习，让学生有更多的时间去自主安排自己的学习，切实提升学生的综合素质。随着学分学时的压缩，对于高校教师来说，覆盖教材全部内容的教学似乎是不可能完成的任务。不论是专业课还是思政课，都存在这样的问题——普遍存在着一个突出的学时压力。许多高校教师提出，现有学时压力本来就很大，推进课程思政，意味着需要进一步调整压缩目前已经极为紧张的教学内容。高校教师普遍认为，在专业能力的提升过程中，不同专业课程之间存在一个逻辑关联的先后顺序，从而构建起课程体系；而每一门课程的讲授，其教学内容同样存在一个逻辑关联的先后顺序，从而构建起教学体系。网络有一个关于上课的笑话，有学生感慨在专业课上只是揉了一下眼睛，可能就无法理解当前内容是如何从前一个内容推导过来的，稍稍缺一次课，可能整个学期无法跟上课程进度，甚至整个大学都无法跟上专业的进度。该笑话所表达的内涵，恰恰强调了专业课程教学内容之间逻辑关联的重要性，因为学时压缩需要对教学内容进行调整压缩，很可能导致前后内容的逻辑失序，进而影响学生对整个课程的理解与掌握。要适应学分学时压缩的趋势，不论是专业课还是思政课都需要实现从教材体系向教学体系的转化，而课程思政在一定程度上又进一步加大了专业课的学时压力，一些专业课教师就认为课程思政挤占了其专业教学的空间与时间，本身对课程思政的要求可能就存在一种抵制心理，更不必说去与思政课教师主动沟通交流、协同育人的问题了。

除了学时压缩带来的教学任务压力外，常规教学还有一个课堂有效性的问题。不论是专业课还是思政课，完成教学任务优先与强化课堂效率优先，本身就是一对难解的矛盾。虽然高校教师认为，不论是哪一门课，学时永远都是不够的，但他们基本上愿意既完成教学任务又强化课堂效率。然而，当下面临学分学时压缩的总趋势，高校教师必须做出选择，尽管他们能做的选择也是有限的。考虑到作为教学对象的学生实际情况各不相同，尽管当初高考招生时进校批次相差无几，但学生本来的基础及理解能力并不相同，进入大学后的适应情况也不相同，一些同学迅速适应大学学习而有些同学在学习上则拉下差距，教师要根据学生实际情况因材施教。在通常情况下，对教师课堂教学效率考核的最常见方法就是考查学生的课程成绩，但这一点似乎在高校可能存在明显偏差。由于高校人才培养的相关要求，一些高校为降低学生"挂科率"，对教师教学提出要求，最终反映到课程考试上表现为试卷难度缺乏挑战性。这样造成的结果是虽然课程考试学生通过率极高，但学生参加研究生入学考试时却难以成功。虽然影响研究生招生的因素很多，但考试成绩仍然是一个重要的衡量尺度，至少通过研究生入学考试的成绩在高校之间的横向比较，大体上可以从侧面反映一个学校的培养质量。当然，研究生入学考试还没有被大部分教师纳入考虑范围，现实的一个重要参考数据是学生的课程考试成绩。显然，如果挂科的学生太多，可能会直接引来对教师教学能力的质疑。一些高校为提升教学质量，会对公共课专门聘请校外专家统一命题，从而倒逼本校教师提升课堂教学质量。不过，大量的专业课主要还是由校内教师特别是承担教学任务的教师自行命题。显然，以课程考试成绩来衡量课堂效率是有限的，目前很多高校的教学质量奖主要是由学生评教作为重要的参考指标。如前所述，学生差异不仅影响着课堂效率，同样影响着学生评教结果。因此，对于高校教师来说，完成基本教学任务尤其重要。调查表明，93.2%的专业课教师控制课程思政的课堂时间不超过30%。一些教师主要是在准备或进行教学展示时，或是有专家督导听课时，或是在特定的情况下，在课堂教学中展现课程思政的教学内容；而一旦教师自主掌控其专业课堂，则课程思政可能只是停留在教学或教纲中的文字内容。一些专业课教师明确提出，要在一堂课既讲授专业知识，又讲授思政育人，不仅难度很大，而且时长根本不够。不论是专业课还是思政课，在常规教学中，考虑到学分学时压力，大多数教师可能主要着眼于完成课程既定的教学任务。因此，他们对专业课与思政课协同育人的理解，就是专业课教师讲专业知识，思政课教师讲思政道理。

2.1.3 科研压力，教研不足

大学的基本任务，一是培养人才，一是科学研究。人才培养，显然跟教学密切相关。近些年来，高校围绕本科教育教学"四个回归"的原则基本形成共识。作为大学教师，首要的和最基本的任务是教学，这是没有问题的。不过，实际情形却是，教学这一要求似乎与教师的个人成长发展发生了矛盾。建设世界一流大学，需要引进大批高学历高层次高水平人才。人才引进的两个重要环节，一是审查科研成果及科研潜力，二是组织试讲考查教学基础。一般来说，在实际招聘中，虽然组织专家听试讲，但引进与否的关键主要还是在人才已有的科研成果及未来的科研潜力上，虽然该人才的教学表现略有欠缺，大家也相信未来教学能力是可以提升的；相反的是，应聘者如果现有科研成果存在不足，人们就很难相信未来科研能力能够大大提升。高校对人才的考核，其核心指标主要与科研相关，近几年一些高校"非升即走"的条件主要就是针对科研而言的。对于那些作为新进人才的年轻博士来说，初上大学讲坛，似乎根本无暇考虑教学质量问题，首要解决的是如何迅速适应学校的科研条件，及时产出科研成果。可以说，科研成果的质量直接影响他们在高校的生存与发展。不同层次的高校有着不同的条件，一流高校的部分研究机构可以专注于科学研究，但大多数高校的本科学院必须兼顾教学与科研，教师必须承担基本的教学任务。虽然说，高校教师应该将教学与科研兼顾，通过科研支撑教学，通过教学展示科研，但"理想很'丰满'，现实却很'骨感'"。科研对象与教学对象有着截然的差异：教学对象是学生，教学是一种师与生的主体间性活动，教学要有效，不只是教的问题，还有学的问题，需要师与生之间的沟通才能实现。这种教学沟通与表达，需要一个较长期的熟练过程才能有所提升，需要教师给予一定的关注和投入才能产生效果。对处于科研压力之下的高校青年教师来说，科研考核的要求使得他们必须将更多的精力倾注在科学研究上，因而只能有限地依靠自身的教学天赋去支撑教学的进展。

事实上，各高校出台了一系列政策与文件支持教师进行教育教学研究，并给出了极高的教学奖励。不过，考虑到教学成果的产生本身需要一个较为长期的过程，像教学比赛类的成果不论是教师个人参加或是教师指导学生参加，其中涉及的因素似乎都不是教师个人所能够掌控的，想要获得那些比赛类教学成果，并依靠这些成果获得肯定，甚至晋升职称，并不容易。事实上，具有鲜明价值的教学成果并不容易达成，一则成果产出周期相对较长，二则教学改革并不容易，其中教师所需要付出与投入的时间与精力不可数计，即使教师进行了较长时间的投入，也并不能够保证其教学一定能产生可观的成果。相对来说，科学研究则简单多了，教师只需要充分发挥自己的聪明才智，不必考虑科学研究之外的其他因素，况且早在研究之初教师基于设定对其研究成果大体上已经有所预期。此外，相对于教学而言，科研产出成果的周期相对较短，即使失败了，也能够迅速调整方案，进行新的探索与尝试。因此，如果要面对科研与教学做出选择，教师优先选择科研是极为常见的。如果教师对教学的投入本就不足，要推进专业课的课程思政，还要探索专业课与思政课的协同育人，无疑是一种奢望。

2.1.4 思考不足，方法欠缺

尽管大多数高校现行的考核机制使得教师将更多的精力投入科学研究，不过毕竟身为教师，面对学生对知识的渴望，大家基本上愿意倾囊相授。需要指出的是，在条件许可的情况下，高校教师愿意在教学上投入更多的精力。事实上，随着课程思政逐渐成为一种教学趋势，越来越多的高校教师投入其中，进行了大量的探索与尝试，并取得了相当可观的成果。根据调查表明，高校教师愿意也确实在推进课程思政，毕竟教学有更好的效果，影响到学生的成人成才，也符合教师的预期。诚然如此，一些高校纷纷汇集出版课程思政论文集或案例集，考察这些论文或案例却发现，许多教师对课程思政的理解明显不足。譬如有专业课教师试图按照思政课模式去充实课程思政的内容，在专业知识点中，或是加入一些马克思主义理论经典名言或重要领导人的讲话，或者试图引入思政课中的某些原理。当然，这种课程思政教学方式并不被人认同。譬如有专业课教师讲到某个专业知识点时，专门加入国家在该领域方面的政策或支持，或是讲述一些专业领域名人的故事，以此来充实专业课中的思政元素。这一类课程思政设计的一个鲜明特点是，将课程思政中的思政育人元素的挖掘强化为一种显性教育状态，如同思政课那样在每一次专业课教学中去彰显思政育人元素。习近平总书记确实讲过，要坚持显性教育与隐性教育相统一，强调思想政治教育既要言传，又要身教。如果说思政课教师要理直气壮讲好思政课，那么专业课教师则是要理直气壮讲好专业课，然后根据教学的需要去选择使用显性教育或者隐性教育的方式。相关研究认为，专业课教师使用隐性思政育人方式似乎更易让学生接受，育人效果也更好，专业课教师需要对此深入思考。

大体说来，专业课教师在课程思政思考上的不足，恰好需要进一步推动专业课与思政课的协同育人。然而在这一问题上，专业课教师也好，思政课教师也罢，面对如何推进专业课与思政课的协同育人，在方法上似乎不足。导致方法不足的原因有很多，包括教师对协同育人理念理解不深刻、缺乏创新意识、教育政策限制等。目前高校常规的协同举措主要是，建设课程思政工作坊，邀请专业课教师及思政课教师共同参加，这些举措效果确实不错，只不过参加的教师人数明显有限；举办课程思政培训班，校级的培训班座位有限，只能从各二级学院遴选人员参加，只是部分的教师有机会。当然院级的培训班，确实可以做到全员参加。但一般情况只有马克思主义学院会组织类似的培训讲座，其他学院很少会请专家讲授思想政治教育的新做法和新目标。此外，目前专业课与思政课的协同育人，主要是推进专业课的课程思政建设，邀请思政课教师参与专业课的课程思政，却似乎忘记了一点，思政课教师是否要从专业课与思政课的协同育人当中获得什么；换句话说，思政课教师如何从这种协同育人受益，提升其思政课教学的针对性和吸引力。总之，在协同育人的探讨方面，如何从方法上提升育人效果，以及如何克服普通教师参加的消极性，都需要进一步思考和探讨。

2.2　顶层设计仍然不足

教育部印发《高等学校课程思政建设指导纲要》，明确指出课程思政建设是一项系统工程，各地各高校要"加强顶层设计"。高校正在积极推进三全育人机制的构建与落实，专业课与思政课的协同育人应当属于高校三全育人的组成部分。但在这一问题上，普遍存在顶层设计不足的问题。在一些高校看来，提升思政课的亲和力和吸引力，与推进专业课的育人内涵建设，似乎是不同性质的重要问题；至于专业课与思政课的协同育人，大多尚未进行深入的思考。各高校当前正在积极推进的课程思政研究中心建设，主要关注的是让思政课教师参与专业课的课程思政，往往忽略了专业课教师如何参与思政课教师的思政课教学。

2.2.1　机构设置，功能未显

在有些高校看来，理直气壮地讲好思政课与挖掘专业课的思政育人内涵，推进三全育人，主要有两条路线，一条指向马克思主义学院，另一条指向各二级学院。"全员全程全方位育人"，主要是从学生角度来考量，让学生全面接受思想政治教育。两条路线的落实呈现出一种近乎平行的状态，彼此少有交叉。各二级学院的专业课挖掘思政育人内涵，一般由学校教务部门统筹，成立课程思政研究中心等机构，并明确其机构的职责与功能。相关机构成立之后，迅速开展工作，举办研讨会，举办课程思政培训班，举办课程思政工作坊，征集并出版教研论文集，举办课程思政教学比赛，这些体现了对顶层设计的落实。不论是汇报讨论，还是新闻宣传，材料非常完备，经验非常丰富，效果非常突出。但仔细一思考却发现，这些机构正在做的与课程思政相关的事情——与之前没有这些机构时——相关部门所开展的教学类活动其实基本差不多；换句话说，这其实不过是常规操作，只是新设的机构来整合完成罢了。不可否认，这些常规操作是有成效的，通过这些常规操作能够解决很多问题。只是，如果仅仅停留于这些常规操作，作用似乎是有限的。如果不去从顶层设计上反思成立这些机构的目的，那么这些机构最终会淹没在高校众多机构之中，甚至成为未来机构精简的对象。

人们有时会疑惑，成立机构，做这些常规的事项，致力于课程思政还不够吗？还能做一些额外的什么样的事呢？事实上，机构能做的事情可以更多。首先必须清晰地认识到，课程思政最后都落实在专业课教师身上，由专业课教师在教学中展现出来。从学生的角度来说，学生是全员全程全方位的思政育人的接受者，这个全员是学生全员，这个全程是学生在大学四年学习的全程，这个全方位则是学生在校接触的全部相关。从教师的角度来说，教师是全员全程全方位的思政育人的传授者，这个全员是教师全员，既包括思政课教师全员，也包括专业课教师全员，还包括校内为大学生提供服务和支持的各位相关部门教职员工，毕竟在学生眼中他们都是老师。虽然思政课是思想政治教育的主渠道，但如果专业课教师对课程思政不够重视，不够上心，甚至有些专业课教师论调与思政课相反，则势必影响到思政育人的实效；如果为学生提供服务与支持的各位教职员工不能善待大学生，同样会消解掉思政课与专业课的思政育人实效。当然，具体到专业课教师，在推进课程思政时，可能遭遇各种各样的问题与困惑，依靠个人可能难以解决，那么设置相关机构的重要目的，正是需要帮忙解决这些影响专业课教师遭遇的课程思政各种问题。教学研讨会、课程思政培训班、工作坊、教学比赛、论文集等，只能够有所重点地关注部分甚至个别教师的表现，却无法真正覆盖到全部专业课教师。由此我们应当进一步思考，如何推进专业课教师全员的课程思政提升。

在高校，真正能够影响到教师全员的，主要还是各种规章制度的制定。不过，规章制度的制定或修订本就是一件极其复杂的事情，涉及面非常广。尽管如此，相关机构仍应思考如何从政策层面上引导和激励专业课教师全员推进课程思政。这就需要相关机构开展深度调研，了解学生需求，了解教师困难，了解学校资源，根据实际拟定政策，征求意见，确立制度。不仅要激励专业课教师推进课程思政，还要激励专业课与思政课的协同育人，将推进课程思政教学作为一种规范，并制定相应的评价考核标准。当然，还需要专门的教育教学研究作为支撑，否则坏的政策可能带来不良的效果。

2.2.2　培训辅导，统筹不足

随着高校课程思政建设的全面推进，各高校纷纷成立课程思政研究中心，并依托这类中心迅速组织了各类课程思政培训，聘请各方专家学者进行辅导。调查表明，目前有 74.4% 的专业课教师参加了学校课程思政方面的培训辅导，对课程思政有过了解。许多高校教师刚开始接触课程思政时，还不知道如何理解，也不知道从何着手，这说明培训辅导确实是必要的。培训辅导能帮他们增进他们对课程思政的理解，尽快找到方法切入点开展教学活动，这对课程思政建设是极为有利的。虽然教育部已经印发《高等学校课程思政建设指导纲要》，但在具体落实上，专家学者的观点仍然各有不同，而高校在邀请专家学者时可能并没有注意到专家学者之间的观点差异。只是对于高校普通教师来说，专家学者之间的分歧可能会造成理解上的混淆，使得其对于如何进行课程思政建设变得更加迷茫。大体上，在各种报道中，专家学者高屋建瓴地阐明了课程思政的相关问题，他们长期从事教学研究工作，有理有据且讲得头头是道。但课程思政教学不只是一个理论问题，还是一个实践问题，有些理论上讲得头头是道的东西，在教学实践中可能无法实施。这其实并不是专家学者阐明的理论有问题，只是一个理论与实践如何结合的问题。如何在纷繁复杂的声音中找到真正能落实下去的理论，需要专家学者和各位老师加强学术交流，结合实际情况找到解决措施。这就要求老师们沉淀反思、梳理总结，在各位专家学者的指导和引领下增进对协同育人的理解，进一步提升教学质量。

根据教育部要求，在全国所有高校、所有学科专业全面推进课程思政建设，同时要求适应不同高校、不同专业、不同课程的特点，强化分类指导，确定统一性和差异性要求。只是很多专家长期定位于"985""211"等知名高校开展教学研究，不同高校的学生素质及基础不一，有些在"985""211"高校不错的方法，可能无法在一些省属院校或高职院校实施。省属院校或高职院校在这方面从事教学研究的专家学者，因为学校平台的问题，可能影响力非常有限，这就造成培训辅导的效果得不到保证。校级层面以上的培训辅导，因为场地等限制，根本不可能覆盖到全部教师，一般是从各二级学院选派教师代表参加。受各种情况影响，很多教师参与的积极性有限，代表选派的原则大体上是作为一项任务要求教研室或学院的教师轮流参加，有时会优先选派青年教师。选派的教师在接受培训时，有些人态度其实不够积极，听取不够认真，因而难以取得理想的效果。此外，这类校级层面以上培训的辅导，没有考核或考核极其简单，对参与教师的约束几乎没有，难以确保取得真正的效果。当然，只要是培训辅导，总还是有效果的；也有部分教师有着浓厚兴趣且认真学习，并取得了良好的效果，只是这样的教师总体有限。学院层面的培训情况较为复杂，不同学院有不同情况，有些学院积极推进，有些学院则态度消极。课程思政的落实主要还是在于教师自身的主观能动性，要想取得良好的培训辅导效果，教务部门确实要认认真真地去统筹谋划一番，根据不同专业、不同课程及教师不同情况，强化分类培训辅导。

2.2.3 教学回归，激励不足

2018 年全国教育大会后，教育部提出高等教育要"回归常识、回归本分、回归初心、回归梦想"，对于专业课教学与教师都提出了要求。"四个回归"切中了高等教育存在的问题，提出了解决问题的办法。各高校迅速贯彻落实"四个回归"，深化本科教育教学改革。不过，高校本身是一个复杂综合体，高校教育教学存在的问题，特别是舆论中经常涉及的教学质量下滑问题，不只是单一的教学方面的问题，因而不可能单单从教学方面来解决。许多高校迅速出台一些教学方面的激励政策，加大教学方面的奖励力度，确实取得了立竿见影的效果，所评选出来的优秀典型都是教学方面的突出表现者，确实是实至名归。一般来说，获奖教师有着较长期的教学经验，有着丰富的教学积累，更为重要的是，他们在教学与科研上是并重的，充分体现了科研与教学的并行发展。对于相当一部分高校普通教师而言，这样的奖励其实是可望而不可即的。虽然这样的表彰轰轰烈烈，但对普通教师的内心触动是不足的。对比这些极其优秀的教师，作为普通教师，只能进一步深刻清醒地认识到彼此之间的巨大差距，因此试图以此方式去激励他们把这个作为一种追求，显然也就不可能。

除此之外，各高校基本上在推行教学质量优秀奖之类的评选，依据学生评教结果，再加上学院的综合评价，每年遴选教学表现突出的教师并给予可观的奖励。在设置学生评教的标准时，教务部门确实进行了充分的思考与研讨，对于评教标准的设定进行了充分认证。有的高校将学生评教与学生查看成绩捆绑，以强化学生参与率；有的高校将二者分开，希望提高学生参与的主动性，又不得不多次要求各学院动员学生积极参评。不过，无论学生参与程度如何，学生评教本身就是引发诸多争议的问题。一些教师对学生评教始终持质疑态度，认为学生评教大体上借用了商业思维中"顾客是上帝"理论，把学生当成教师的客户，他们认为这种类比的做法是不妥的；只不过支持者认为，相对于同行评教中的人情因素，学生评教相对来说能够体现学生的真实想法，而且基本上是难以干预的，因而是最真实的。不过，教务部门虽然制定了经过充分论证的学生评分标准，但从最后的评分来看，似乎让人难以确定学生是否真正依据标准来评价教师。调查表明，许多学生没有真的依据评分标准去一条一条地评价教师，而是就像在电商平台购买商品一样随意地给予了满分五星好评。最后的结果是，除非进行干预调控，相当一部分教师的学生评教分数接近满分。根据部分教师反馈，当评教结果出来后，有些学生跟教师反馈说自己认真去评价了，结果反而把教师的分数评低了，为此向老师表示道歉。只能说，现代商业领域的客户评价模式冲击了高校学生评教方式。在实际教学中，许多教师认为，他们不仅要去思考如何正确地把握讲授的知识内容，还要去思考以什么样的方式吸引学生的认同。贴近学生的需求，得到学生的认同，这自然是必要的。但随着时代的发展，教师与学生之间的年龄差距越来越大，代沟也就愈来愈突出，即使教师试图去把握学生的需求，教师所采取的方式却不一定是学生所需求的。教师竭尽所能去贴近甚至迎合学生，但结果可能仍然不尽如人意。因此，有些教师认为，不管学生有什么样的需求，其知识的需求是最基本的，因而教师只需讲好知识内容，就不必去太在意学生的评教分数了。因此，除了关注自己可能被学生评教为学院倒数几名，许多普通教师对于教学质量优秀奖的归属并不在意。调查表明，69.92%的专业课教师希望学校制定适合的激励政策。在推进"四个回归"之后，高校纷纷出台一系列教学激励政策，随着时间的推移，这些激励政策的效果慢慢地回归到以前的状态，难以真正激励更多的教师投入教学改革，更不必说推进专业课与思政课的协同育人。

2.2.4 考核评价，制度不足

教育部明确要求，建立健全的、多维度的课程思政建设成效考核评价体系和监督检查机制，要求各高校落细落实。高校在制定考核评价标准时，确实进行了充分论证，但在操作过程中，或得不到严格执行，或在执行中颇遭质疑引发争议。专业课与思政课协同是一个由多方主体合作育人的整体。协同教育考核评价制度不健全，导致教师的参与性、主动性、积极性不高；而各自为政，互不交流，将使协同育人呈现出一盘散沙的状态。若协同育人意识薄弱，覆盖面不广，将难以根据不同专业、学段学生的特点有针对性地设计协同方案，形成全面的制度体系。以学生评教为例，评教标准是极其理性的，而学生评教则可能并不是完全理性的。事实上，学生对教师的教学评价本身其实也只可能是感性的，大多数学生从感性出发，仅凭当下的心理状态对教师进行打分评价。像这样明知学生评教充满感性因素，而把学生评教当作理性思考，显然是一个悖论，其结果不具备信服度。在高校，当没有考核评价标准时，人们呼唤着考核评价标准的出台，对教师的教学或科研进行考核评价；当考核评价标准制定后，有太多的意见建议明确指出评价标准中的不合理之处。令考核评价标准的制定者感到焦虑的是，考核标准的制定需要征求大多数人的意见，但是要把各种意见建议全部纳入并体现在标准之中，基本上是不可能的，事实上那些意见建议之间本身就可能存在无法调和的矛盾。

诚然如此，考核评价标准仍然需要制定，人们的行为需要标准的约束，至少有某种标准能对高校教师的教学与科研给予考核评价。高校专业课与思政课协同育人没有形成系统的制度体系，思政教育成效的奖励制度不健全，直接导致专业教师的参与性、主动性、积极性不高。调查表明，52.6%的专业课教师希望学校建立科学的课程评价标准，并完善相关体制机制。与常规的教学评价相比，课程思政教学目前似乎并没有一套有效的评价标准，更不用说专业课与思政课协同育人方面的考核评价。标准，作为一种规范，具有一定的约束力，同时具有明确性，能够为课程思政建设提供方向、方法上的参考。教育部明确要求各高校研制科学多维的课程思政评价标准，目前一些高校正在积极探索与研制课程思政教学的评价标准，譬如武汉大学马克思主义学院推出的评价考核标准，将思政教师考核内容分为教学态度、教学纪律、教学内容、教学方法、教学能力、教学效果、教学研究、教学获奖、学生指导及其他方面，全方位设定考核内容。同时，将考核指标分为教学工作量(10%)、教学文件(10%)、教师职称(10%)、学生评价(20%)、同行评价(20%)、单位评价(10%)、教学成果(10%)、教学改革(10%)，形成了一套详细的各项教学评价指标的分数计算体系，对于高校课程思政建设的评价考核有着重要的借鉴意义。只是，不同高校的校情院情不一样，如何将标准与各自的情况相结合，充分考虑到学校教师和学生的实际，制定出与本校相匹配的课程思政评价标准，做到统一性与差异性兼顾，标准性和灵活性兼具，需要学校教务处等相关部门认真系统地进行思考，最终以制度方式来规范和评价课程思政的教学质量。值得注意的是，要充分考虑如何调动教师的主观能动性，从而积极推进专业课与思政课协同育人。

2.3　教师素养有所不足

全面推进课程思政建设，教师是关键。根据调查访谈，高校教师对课程思政基本上持支持态度。事实上，在教育部全面推进课程思政建设之前，许多教师已经在专业课中穿插渗透了课程思政的内容。出于对教学本身的热爱，对教学的投入，对教学与科研关系的把握，他们已鲜明地在课程中融入了课程思政的内容。虽然这些教师对课程思政的理解可能存在偏差，但他们勇于探索与尝试，发现问题后能够积极修订完善。目前，各高校要求教师全员推进课程思政建设，把教师参与课程思政建设情况和教学效果作为教师考核评价、岗位聘用、评优奖励、选拔培训的重要内容，甚至在教学成果奖、教材奖等各类成果的表彰奖励工作中突出课程思政要求。根据实际调查发现，对于有些高校教师来说，由于本身素养存在不足，硬性推进课程思政建设则可能造成各种问题。

2.3.1 专业突出，思政素养不足

高校人才引进有一套完善的规章制度，当前一些高校教师的基本任职条件是博士及以上学历，专业水平几乎是不用怀疑的。可以说，专业能力突出，是当前高校教师的一个共同特点。虽然有些教师在发展过程中，不一定会产出高质量的科研成果，但不能因此认为这些教师的专业能力水平不行。高校教师基本上经过了严格的专业训练，再经过多年的教学和科研积累，绝大多数专业课教师的专业素养不用怀疑。即便有些教师可能没有追踪学科前沿，不能把握最新的科学研究进展，但他们对教学中所涉及专业知识的把握基本上是远超学生需求的。为了培养专业素质过硬的专业人才，高校教师更倾向于对学生专业知识和技能的传授，从而忽略了思政课的重要性，更有甚者，不明白专业课与思政课协同育人的必要性，因而把德育边缘化了。

课程思政一方面对专业课教师的专业素养有要求，另一方面对专业课教师的思政素养也有要求。在这一点上，专业课教师的思政素养是让人难以充分信任的，故而教育部要求依托高校教师网络培训中心、教师教学发展中心等，深入开展马克思主义政治经济学、马克思主义新闻观、中国特色社会主义法治理论、法律职业伦理、工程伦理、医学人文教育等专题培训，以帮助专业课教师进一步强化育人意识，找准育人角度，提升育人能力。专业课教师基本上是经过多年中国式教育培养出来的，普遍接受了思政课的教学熏陶。我国思政课的教学发展经过

了一段较长的时间，思政课曾在某些时段给人留下了比较僵化的印象，使得其对普通学生的影响力是有限的。因此，专业课教师的思政素养难以通过以前的思政课学习获得。除此以外，专业课教师的政治素养，或是自己去阅读思想政治理论相关书籍，或是通过身边的纸质或电子资料来提高。可以说，部分专业课教师此前对思想政治理论的认知还是不系统的、碎片化的，其思政素养是有限的。部分专业课教师在教学过程中很少将思政教育元素融入其教学内容，没有专业课与思政课协同育人的理念。学院各科教师虽然具有过硬的专业素养，但由于没有接受专业的思政课教学培训，很难胜任协同育人的高要求。思政课教师不能和专业课教师共同制定协同育人教学模式，同时思政课教学模式大多是结合板书和 PPT 去传授书本上的理论知识，较为枯燥，缺乏吸引力，这些内容也并没有随着社会的发展去填充新的内容，而且传统思政教育模式单一，很难跟随时代发展去变革、更新，导致协同教育呈现"两张皮"现象。调查表明，66.2% 的专业课教师认为只有加强思想政治理论学习与培训，才可能提升思政能力。课程思政教学需要他们去挖掘专业课中的思政元素，由于自身思政素养的不足，可能导致他们的思政育人有偏差，部分偏差在网络中已经颇为流传，成为课程思政建设中的反面典型案例。专业课教师的思政素养问题已经引起学界的普遍忧虑，通过岗前培训、在岗培训和师德师风、教学能力专题培训等能不能有效提升专业课教师的思政素养，还需要进一步考察。能否通过专业课与思政课的协同育人机制搭建交流平台，开展典型经验交流、现场观摩等活动，推动资源共享共用，进而提升专业课教师的思政能力，是颇值得考虑的。

2.3.2　教学固化，吸引本就不足

对于许多高校教师而言，课程思政是一项新的挑战。虽然有部分教师愿意且积极探索与推进课程思政教学，但对于大多数普通教师来说，特别是教学已经多年的老教师，他们的教学激情再难提升，教学模式基本已经固化，每一次教学改革创新对他们来说，都是一次极大的挑战。当前，高校主要还是通过开设"马克思主义基本原理""毛泽东思想和中国特色社会主义理论体系概论""习近平新时代中国特色社会主义思想概论""中国近现代史纲要""思想道德和法治""形势与

政策"六门主干课程对本科学生进行思想政治教育，一些教师的教学内容固化、教学手段单一、教学资源匮乏，其育人目标未能完满达成。调查表明，48.6%的学生认为专业课教师的课程思政手段单一。根据教育部对某高校的本科教学评估反馈，有些教师的课程教案已经多年没有修订过。对于这些教师来说，其专业课教学本身已经对学生的吸引力不足，网络交流空间里经常流传学生对有些教师专业课教学的各种嘲讽。这些原有的专业课教学问题都没有解决，让这些教师去开辟新的课程思政领域，以此来激活其课程吸引力，就更加困难了。当然，还是有很多教师能够认识到，课程思政有助于提升其专业课教学吸引力，也能在一定程度上激发其积极性。毕竟这些教师大多有着丰富的教学经验和人生阅历，即使其科研表现并不突出，也不妨碍其对专业知识周边的了解越来越深。毕竟这些教师能够进入高校，其本身专业知识能力是足够的，只是日渐消磨在累日的常规教学与生活琐事中去了。

此外，教师本身的性格可能会极大地影响其教学吸引力。调查表明，44.6%的学生发现高校专业课教师的教学能力水平差异非常突出。高校教师的个人性格是各种各样的，各有自己的教学方式，可能有些教师本身擅长教学，能够很好地建立起师生之间的教与学关系，其教学效果与吸引力一直不错。不过，有部分高校教师在与学生沟通方面，或是表达方面，可能存在这样或那样的问题。他们可能学富五车，但讲不出来；也可能只专注于对教学内容的讲解，而忽视了学生能否跟上其教学的节奏，从而影响了其专业课教学对学生的吸引力。虽然说教师的专业课教学内容不存在问题，但是教学手段、教学模式不适合，导致学生无法跟上教师的教学节奏，一旦错过某个部分，可能整堂课或整个学期都无法跟上，这就严重影响了学生的学业提升。这样的教师如果一定要求其推进课程思政的落实，其实也很难保证其效果的。

2.3.3 认识偏差，造成错误引导

专业课教师的专业能力基本上是没有问题的，但其在协同育人的认知上可能会出现偏差，使其在教学过程中缺乏对学生进行思想政治教育的正确引导。这种素养的不足，可能不存在教学问题，但在有些时候，却可能导致严重的社会问

题。比如学生若没有接受树立远大人生理想的教育，可能会找不到努力的方向。人们经常对科学家有某种担心，认为如果科学家本身的认知出了偏差，譬如过于强调所谓的纯科学、纯艺术等，一旦在课堂上表达出来，就可能引导学生去做一些危害社会的不良事件，造成严重社会影响。譬如南方科技大学贺建奎的"基因编辑婴儿事件"，引爆舆论，他非法实施以生殖为目的的人类胚胎基因编辑和生殖医疗活动，违反了人伦常理及科研惯例，目的就是获取不当利益。同时，他的非法行医行为也严重违反了国家法律，最后被判刑三年。社会上很多罪犯背后有一定的专业知识作为支撑，而这些专业知识大多在高校课堂上就能直接获取到。特别是随着全球化互联网金融的快速发展，经济与生活的联系越来越紧密，社会思潮多元变化，对人们生活的影响越来越大，导致各种严重社会问题频发，因而提高思想政治素养问题刻不容缓。如果高校教师能够引导学生正确应用这些专业知识，让学生将知识用来造福人类，就可以避免一些危害社会的事件的发生；如果高校教师本身存在认知偏差，从所谓纯科学的角度去讨论这些有可能触及社会及法律的专业知识，不但对学生的影响极坏，甚至可能带来重大的社会问题。高校教师作为一个高知群体，有一定的社会影响力，承担着立德树人的职责，因而其高尚的品德修养、良好的师风师德，甚至比超群的科研能力更重要。

高校专业课教师与思政课教师在协同推进课程思政时，我们一般会认定这些教师不仅专业能力是突出的，而且个人三观都是正确的，素养都是充足的，是有知识、有能力的群体。但事实上，高校教师也是社会的一分子，也处在复杂的交际圈里，各种各样的问题缠绕着他们，如教学、科研、家庭、生活、人际关系等，他们本身需要各种各样的应对，有些人可能足够顺利，发展较好，心态持正。也有些人可能遭遇挫折，面对各种问题，难以释怀，心态焦虑。当存在认知上的偏差时，若他们试图跳出其纯专业课的教学，而辅以学生的科学认知、理想信念、社会责任时，可能会把自己的心理矛盾和冲突导致的偏差认知表达并传递给学生。即便是无意之言，也可能对学生造成不良引导，严重的还会让学生走上违法犯罪的道路。

2.3.4 言行不一，导致反向引导

许多学者主张思政课重在显性教育，专业课重在隐性教育。《高等学校课程思政建设指导纲要》要求深入梳理专业课教学内容，结合不同课程特点、思维方法和价值理念，深入挖掘课程思政元素，有机融入课程教学，以达到润物无声的育人效果。润物无声的育人效果，也就是说课程思政侧重于隐性教育。专业课教师可以通过个人的专业能力修养及品格修养来言传身教，感染学生，这一主张是没有问题的。但它有一个前提，那就是我们假定专业课教师的专业能力与品格修养是没有问题的。如果教学生的老师本身道德败坏，那必定会对学生的成长造成歪曲的引导。专业课教师的专业能力是没有问题的，基本上能得到学生的认同；不过，说到专业课教师的道德修养，却不能保证所有的教师都能让人满意。调查表明，只有47.3%的学生认为专业课教师在理想信念、道德情操、扎实学识、仁爱之心等方面的表现程度是言行如一的。虽然我们可以说，大部分专业课教师的道德修养是好的。然而，一旦某个专业课教师发生了道德修养问题，造成的恶劣影响则远超大部分道德修养较好的教师的影响力。特别是当前网络时代，一旦某个教师的不良行为被曝光后在网络上迅速传播，其恶劣影响将可能呈几何倍数放大。这些恶劣影响可能将高校长期以来逐渐积累的思政育人成果损毁殆尽。

近几年来，党中央越来越重视教师品德问题，并提出一票否决制的处理策略，确实在很大程度上对高校教师提出了警醒。当然，绝大部分专业课教师在学生面前的表现是不存在问题的，不管是专业教学，还是道德修养的表现，都能让学生满意。但作为学生的行为导师，专业课教师的表现不只是让学生在课堂或学业上满意，还需要在课堂之外各个方面让人满意。近几年来，高校发生一些专业课教师的不良案例中，多是专业课教师的个人家事曝光后引发社会舆论。虽然有人说，那只是专业课教师的个人家事，但如果这类的事情不能够很好处理，其性质和结果与专业课教师在学生面前表现的言行不一，则可能会造成反向引导。同时，一些教师为了教导学生，可能会一方面在公开场所跟学生讲一套道理，到了课外时间对感情交往较好的学生则可能会引导其按所谓的"潜规则"行事。这样的操作同样会对部分学生造成困惑，产生反向引导，让学生对教师在课堂上所讲

的育人道理持怀疑态度；也会给学生的人际交往和日常生活带来不利影响，最终可能会导致学生心理扭曲，总想着采取不当手段获得一些利益。调查表明，有44.4%的学生认为专业课教师自我严以修身、严于律己，做到诚信友善等是非常重要的。正如有些学生所讲的那样，教师们在课堂上讲一套育人道理，社会却在按另外一套道理运行，那到底该如何让学生建构起理论与现实的一致性呢？这已然成为一种病态现象，这样的形势势必对专业课教师与思政课教师的协同育人创新造成负面导向效应。

2.4 学生需要意识不足

不管是思政课，还是专业课，其协同共识是培养学生成才成人。学生是专业课与思政课共同的教学对象。当我们探讨专业课与思政课的协同育人时，不能完全忽视学生这个主体的行为表现。《高等学校课程思政建设指导纲要》明确指出，要坚持以学生为中心。有时候，当我们为学生在成长方面而有各种担忧考虑，却在学生这里很难得到真正的共鸣；换句话说，学生对于教师的这些教学行为，并不一定能够认同。高校学生与幼儿园、小学、初中甚至高中的学生不一样，他们基本上已经成年，世界观与方法论正在逐步定型，处于稻麦的灌浆期，即将完全成熟。他们对于教师的这种需要，明显意识不足。目前在探讨专业课与思政课的协同育人时，在各种理论假设中似乎忽视了大学生本身的这种需要诉求。

2.4.1 长期思政熏陶，强化专业需求

高校学生，从小到大，长期接受了思政育人的熏陶，就好像父母一样在身边唠叨，虽然老师的讲课方式有所变化，但那一套理论对于他们来说却是极其熟悉的。尤其是对于一部分学生来说，高校思政课的内容可能在高中期间作为应试教育的一部分，作为他们题海战术的组成部分，已经有了排斥心理，他们对思政课教师的那一套灌输式说教不再感兴趣。同时，高校理科类专业对思政课更是排斥，调查表明，只有10%的学生支持在专业课开展课程思政教学。高校学生对于大学的期望，可能更主要着眼于为将来在社会上立足，进行知识上的储备和能力

上的培养。至于说三观养成，长期思政熏陶，以及网络信息的获取，他们的内心正在逐渐形成并定型。高校作为人才培养的主要阵地，首先要思考的是培养什么样的人才这一首要问题，从这个意义上来说，思政教育比专业课程教育更为重要。习近平总书记在全国教育大会上强调，要认真贯彻落实"思想政治工作是学校各项工作的生命线"，只有将专业课程与思政课相结合，提升当代大学生的思想认知与文化水平，才能让其成为德才兼备的社会主义新青年，到了社会中才能真正明辨"利"和"义"，做出正确的判断。当前高校已经开设了几门必修思政课，专业课中再加入更多的思政育人元素，如果不能触动他们的内心，则可能带来负面的效果。在学生座谈会上，学生反映希望能够多听听教师的成长经历，主要是学生对于未来的不确定，希望通过参考借鉴教师的经历作出一定的判断。我们从不怀疑在专业课开展课程思政的重要性和必要性，但专业课教师的课程思政要能促进学生的专业能力提升与专业价值判断；换句话说，课程思政要与学生的专业需求结合起来，只有这样，才能触动学生去听、去思考、去接受。

学生对于课程思政的专业效果的要求，并不是否定课程思政的必要性，而是对课程思政提出了自己的要求。可以说，课程思政并不是简单地去增强学生的社会责任意识和社会担当意识，而是要确切地帮助学生的成长，为他们未来的个人发展提供指导，让学生意识到教师所讲对于学生来说，是有利于他们的社会立足和发展的。思政课不仅能够提升学生的思想道德修养和政治素养，思政课教学内容中蕴含的知识还能增强学生的文化水平，二者在教学重点上不同，但都是为了培养更高素质的人才。换句话说，要把课程思政里的社会责任与社会担当与学生的个人发展结合起来，要强化课程思政与专业课本身的密切关系，而不是跳出专业课本身去谈课程思政，这种结合甚至要与学生的未来发展结合起来。如果做不到这一点，那么课程思政的效果就会大打折扣。

2.4.2 着眼谋生能力，弱化价值塑造

近几年来，高校毕业生就业压力较大，且这种压力明显传导到在校低年级学生身上，加之大学毕业生人数节节攀升，竞争尤其激烈，同时外界也给学生施加了无形的就业压力，比如西南大学首开先河，开设"公务能力与公务员文化素

养"的微专业，这些现象都容易诱发学生的就业焦虑。这种焦虑反映在课程中，学生对于专业能力提升的需求愈加强烈，只要有利于未来毕业之后的就业，基本上能得到学生的认同与肯定。这种着眼于未来谋生能力的考量不仅影响学生对专业的反思、对课程的反思，还影响学生对课程思政的理解。在网络空间中，经常有已经毕业的学生吐槽学院开设的一些公共课程或专业课程，认为开设的课程根本就没有价值，学不到有用的知识。尽管人才培养方案的制定经过了多次论证，考虑到了学生的各种可能情况，希望能够夯实学生的专业基础，帮助学生逐步提升专业能力，但这并不一定能获得学生的认可。毕业生的各种吐槽，学生之间的口耳相传，所造成的影响远远超过学院的入学教育。

专业课程本身尚且可能遭到质疑，而专业课开展的课程思政，对于有些学生来说，就是把思想政治教育渗透到专业课之中，讲的那些道理确实都没有问题，但对于学生来说，那些道理能帮他们找到工作吗？就业谋生，对学生来说是迫在眉睫的事情。调查表明，83.7%的学生对专业课教师讲述的职业发展相关话题较为感兴趣。国家为推动高校毕业生就业，制定了系列政策；各高校为帮助毕业生就业，采取各种手段吸引企业入校招聘。尽管各高校统计了每届学生的就业率，但学生关注的并不是数字如何，而是身边的同学是否真正找到了工作，又找到了怎样的工作。当今世界变化迅速，日益复杂，在知识经济时代由于就业、同行竞争、情感纠葛等方面的不利影响导致大学生不同程度的心理疾病，对学习和生活没有正确的认识，容易做出不负责任的草率行为，出现诚信意识差等不良现象。他们认为自己有专业技能，能够做实干者，但因政治素养不高而容易导致与马克思主义有偏差的思想，成为盲目的实干者。学生对课程思政的价值塑造表现出一种消极心理，正是受就业焦虑的影响。价值塑造虽然不能保证解决学生迫在眉睫的就业困难，但一旦学生步入社会，其未来发展道路是否顺畅，是否可能违反公序良俗甚至国家法律，大体上是基于其大学期间的价值塑造的。也就是说，价值塑造对学生的影响将是极其长远的，等到在社会上碰壁，或误入歧途，可能悔之晚矣。课程思政建设有必要关注学生的就业焦虑，开设专门的课程为学生答疑解惑，引导学生看到未来更长的职业发展。

2.4.3 思考趋向理性，重引导轻说教

调查表明，87%的学生肯定专业课课程思政非常重要，其中有65.4%的学生对目前专业课的课程思政表现满意。高校学生已经成年，心智等各方面已经逐渐成熟，至少在学生自己看来，自己已经能够决定自己的个人未来。当学生想要决定自己的需求时，他对于思政说教，在一定程度上就有一种天然的抵制心态。教与学是教育的基本形式，课堂教学作为高校思想政治教育的主阵地，是培养学生人生观、价值观和世界观的重要手段。根据思政课教学座谈会上的反馈，在思政课上，有学生在做其他专业课上的作业，还有的在看剧、聊天、玩游戏等，甚至有部分学生经常性旷课，考试结束了，这门课程的学习也就到此结束，思政育人成效难以显现。如果学生没有参与和反馈，教师也就会失去讲课的激情，长此以往，学生对思政课的接受程度和认同感就会降低，思政课的育人成效就愈发低下。在专业课方面，如果专业课教师有太多的说教，在一定程度上同样会招致学生的抵制，甚至可能会影响到对教师的评价。在生活方面，评价一个人是否成熟时，往往会以能否理性思考、权衡利弊得失，来作考量标准。高校大学生较之于中小学生，思考确实理性很多，他们拥有独立思考的能力、获取信息的更多手段，简单的说教式教育、单向的知识灌输已经不太容易能够影响他们，反而会引起他们的抵触情绪，认为思政课是"空洞"和"教条"的，进而造成一种歪曲理解。

《高等学校课程思政建设指导纲要》在明确课程思政建设目标和内容重点时，特别强调"引导"，更注重教育过程的互动性，这说明教育部注意到了高校学生的年龄与心智特点。大学生求知欲强，有自己对事物的理解，思想活跃，缺乏学习理论知识的热情。在这样一个信息爆炸的时代，大学生很容易接受纷繁复杂的新事物、新思想，这将对他们的人生观产生重要影响。面对这样一个受教育群体，思政课教学的任务变得更加重要。学生进入学校，首要的任务就是学习理论知识，这也是教师的责任。"引导教育"作为一种重要的教学方式，需要教师在教学过程中不断地积累经验和磨炼技能，事实上，"引导"不仅是对专业课课程思政的要求，也同样对思政课程有要求。强调"引导"，要以学生的实际情况作为出发点，让学生自己去体验和探索，在过程中加以正确地引导。这样既能充分

尊重学生主体，从精神层面给予学生肯定，认同学生的理性思考的前提，同时也能培养和鼓励学生充分发挥其理性思考能力，促使其作出与教育引导一致的选择。这样的选择结果，是基于他们自身的主观思考，因而更容易得到学生的高度认同。教育引导对于专业课的课程思政以及思政课程而言，意味着高校教师不仅要讲清楚思政育人的理论知识，还要通过适当的方式激发学生去主动思考，展开广泛交流，并引导学生作出正确的价值选择。让学生自己领悟，摈弃让学生接受灌输的传统的教育模式，加强针对性和实效性，寻求改革与突破，这对当前的思政课程及课程思政而言是一个极大的挑战，却也是能够有效解决学生信与不信的重要途径。

2.4.4　专业认同不足，牵连思政教育

调查表明，许多高校学生在选择专业时，或是高考之后父母作主，或是被调剂，或是学生自己选择。如果不是出于自己的选择，学生本身对专业的兴趣不够强烈，对自己的专业没有充分的认知，也就不会对其产生认同感。再加上从高中步入大学，学习方式的调整，由过去的被动学习转换成自主学习，导致一些学生没有能够适应高校学习的节奏，不能像高中那样被教师们督促着学习，很容易产生倦怠情绪。如果学生没有成绩上的紧迫感，就会整天碌碌无为，在学习上就会产生失望，循环反复，就会变得玩物丧志。等到一学期、一学年之后，才发现与其他同学拉开了差距，本来就兴趣不足的专业，更难以建立起认同。虽然有些学生继续保持其在高中的学习自觉性，能够跟上课程教学，保持较好的学习成绩，但也只是认真学习而已，他们同样缺乏对专业的足够认同。作为高校学生，专业是其第一本义，是进入社会的资本，如果没有专业认同，没有扎实的专业知识和专业技能，那么围绕这些专业相关的课程思政可能同样会大打折扣。可能有些教师的课程思政会激发学生的专业认同，如前所述，能够做到这一点的教师并不是多数。大多数学生，只是按部就班地学习，教师也只是按部就班地教学，彼此只是完成彼此的任务而已，那么试图通过课程思政来解决育人问题，其效果需要进一步思考。

有些学生是自己选择的高考志愿，也如愿进入自己有兴趣的专业。但有时候

可能是"理想很丰满,现实却很骨感"。进入大学后,学生发现实际的专业状况跟自己设想的差别很大,导致对专业有强烈的不认同,这个从每年提出申请转专业的学生数量可见一斑。学生如果对专业本身有强烈的排斥,那么,想要通过专业课的课程思政去实现思政育人的目的,其效果也会大打折扣。调查表明,恰恰是在一、二年级,学生对专业的认同是相当有限的,学生对自己的专业有着各种各样的意见,如果有机会,很多人有转换专业的想法。面对这种情况,高校一方面可以强化初入学时的专业教育,让学生对自己的专业有基本的了解。另外一方面可限制学生转专业的人数,让学生深入思考自己转专业的初衷,明确自己最真实的想法。学生对专业缺乏足够的认同,会使其对专业缺乏足够清醒的认识。根据反馈,有部分学生在转专业的一两个学期后,发现转入的专业仍然跟自己设想的不一致,或者说跟不上专业的发展,故而再次提出转专业的申请。就这样,将打基础的最好时间花在了专业的选择与适应上。大体上看,一方面,学生希望教师的讲授,包括课程思政的内容能够尽量与专业相关,能对自己的未来有所指导借鉴;另一方面,他们可能对专业缺乏认同,对于与专业相关的思政育人内容兴趣缺乏,甚至逃避,那么在专业课开展课程思政就难以保证效果。

2.5 协同方法缺乏突破

专业课与思政课的协同育人,这个问题实际上包含两个方面,即思政课是否需要结合专业课以提升思政课的亲和力和针对性?专业课是否需要思政课引领以挖掘思政育人内涵?专业课与思政课的协同育人不仅是必要的,而且是非常重要的。那么,到底专业课与思政课如何协同育人?学界展开了大量讨论,专家学者提出了诸多方法、建议,但似乎主要还是在理想层面上长篇大论,而在落实上实际效果则不甚理想。大体上说,主要还是协同方法尚未有真正的突破。

2.5.1 协同要素,尚未统一认知

要真正解决专业课与思政课的协同育人问题,先要明确专业课与思政课的协同育人要涉及哪些要素,这些要素对协同育人有着什么样的重要影响。专业课与

思政课的协同涉及哪些要素呢？学界对专业课与思政课的协同要素有过探讨，但各有侧重，说法不一。专业课与思政课的协同育人不管是涉及专业课还是思政课，教师与学生的基本关系是最基本的，都是要处理好的首要问题。育人面向学生，必须考虑学生的成长成才需求，了解学生，把握学生，让教学内容真正贴近学生、贴近实际，才能真正形成亲和力和吸引力；育人是由教师展开的，必须考虑教师的专业素养与思政修养。若要挖掘思政育人的内涵，则教师的思政意识及能力很重要，行为规范也很重要。可以说，教师是专业课与思政课协同育人的直接执行者，是关键要素。要让专业课教师真正去落实课程思政，对专业课教师的教学进行指导和帮助，教师所在学院的管理很重要，学校的教务处的督导也必不可少；再进一步，学校党委的主体责任及国家层面的顶层设计同样十分重要。此外，专业课与思政课的协同育人所包含的要素涉及思政课及其他各种专业课程。

此外，专业课与思政课协同育人的内容与目的、方法与情境等同样重要。作为二者的协同，除了人与人的活动外，还得考虑一下二者之间到底要协同一些什么东西呢？说到二者的协同，还得考虑一下，这样的协同要达成一个什么样的目的或效果呢？采取什么样的方法去推进协同呢？在协同过程中会构建一个什么样的情境才是好的呢？诸多问题需要讨论。具体到课程思政的要素，如山西运城学院将课程思政的基本要素分为信仰（理想信念）、精神（爱国奉献）、品德（品德修养）、素质（综合素养）、能力（专业能力）五个部分。学界确实有一些讨论，但目前看来，各种讨论侧重不一、说法不一，因而对于二者协同的要素尚缺乏系统的把握。当然，谈到这些要素，在高校不论是推进思政课建设，还是推进课程思政建设，或是推进二者的协同，这些都会受我国高校教育体制的影响。在某种程度上说来，这些要素其实有诸多相似之处，可能只是具体的操作层面上有所不同罢了。面对这样一种杂而有序、乱又有章的情况，需要将这些协同要素进行具体分类，将乱的部分梳理明白，为高校教师创建更好的协同育人环境。

2.5.2　协同方法，头绪暂不清晰

根据新闻报道，各高校没有明确介绍专业课与思政课的协同育人经验，但在课程思政建设的经验总结中，一般会涉及思政课教师是如何参与到课程思政的备

课、研讨中去的，从侧面上充分肯定了协同的重要性及可行性。其中一些做法，譬如课程思政工作坊、教师培训、技能比赛、实践活动等，都会邀请思政课教师参与。武汉纺织大学服装学院就在协同方法上就做了尝试，2022年开始实施"红·美大思政课行动计划"，思政课教师和专业课教师共同备课，同上一堂思政课，通过在课堂上"讲演结合"的方法，让同学们在亲手触碰历史的感受中，尽情享受中华传统服饰带来的视觉冲击中加强文化与艺术修养。这就把课堂内容演活了，给同学们都留下了深刻的印象。对于专业课与思政课的协同，主要还是侧重于促使思政课教师参与到专业课的课程思政，帮助专业课教师去理解协同育人理念，挖掘专业课程中的思政育人元素。似乎少有人意识到，是不是需要推动专业课教师参与思政课教学，要看是不是需要根据各自专业知识去帮助思政课教师去提升思政课程的亲和力和针对性。而思政课程才是讲好思政课的主阵地，只做到单向协同，对于学生的思政素养提高程度并不明显，则思政课堂依旧无法变得充满生机。

事实上，依据高校教育体制机制推进专业课与思政课的协同育人，不论是教育部的文件精神，还是学校的落实方案，都主要还是处于一种政策的宏观设计方面，毕竟具体的落实需要一线教师自己去探索与执行。目前很多高校还处于专业课与思政课协同育人的摸索期，全面有效的协同方法暂未形成。协同教育作为不成熟的新兴育人模式，高校教师在开展协同教育时面临着很多问题。从根本上为教师开展思政教育提供了最基础的方法，是最快捷、最直接和最有效的解决手段。根据调查表明，55.6%的专业课教师希望学校建立完善的课程思政实施细则，应当更具体地涉及开展协同教育的方法，因此，可操作的协同方法有待进一步明确。不过，恰恰是因为这样的体制，无法为一线教师提供具体的操作方法，对于许多教师来说，很难找到二者协同的头绪，就很难开展协同育人教学模式，这一问题在专业课教师中表现得更加突出，亟待解决。虽然，一些教师做出了积极探索，学校也进行了宣传报道，但实际的效果并不能让学生满意，反馈的评价也很难让同行满意。一些教师希望提供更有操作性的方法，毕竟如果有了方法，对于教师来说，才可能减少偏差，更易上手，从而更精准地达到育人效果。

2.5.3　协同手段，难以保证有效

无论如何，在各个高校中课程思政始终要推进，专业课与思政课的协同育人也正在如火如荼地进行。不管是从专业课教师的教学来说，还是从学校的管理来说，最终要选择采取某个方法手段去落实，这些方法手段也在新闻宣传中体现了出来。根据新闻宣传的结论，这些课程思政的方法与创新都是效果显著的。其实，既然作为典型进行宣传，专业课教师和相关部门都付出了极大的努力，在各种要素的影响下，其效果也是可以保证的。问题在于，相对于推进课程思政的专业课教师全员，作为典型选树的专业课教师的比重，似乎是有限的。专业课与思政课协同育人的方法手段，从教育部到教育厅，再到学校和学院，都要求专业课教师全员参加。单从新闻报道的宣传来看，课程思政的效果十分显著，但这种效果似乎依赖于专业课教师本人的专业能力、思政素养及主动积极性，甚至现实中教师个人的年龄和职称也可能发挥重要影响。相对于大规模培训的专业课教师数量，能够产出课程思政成果的专业课教师是十分有限的。换句话说，专业课与思政课的协同育人，主要还是看教师。教务部门组织了教学研讨、工作坊、教学竞赛等活动，似乎参加的经常是常客。那么，现有教育体制在推进课程思政建设及专业课与思政课的协同育人的方法手段，如果没有专业课教师的个人主动努力，似乎难以保证有效。

教学方法是教授法和学习法的统一。对于高校教师来说，掌握科学的教育方法，是进行专业课和思政课协同育人的助推器，能够有效指导教师开展教学活动，培养学生成为全面发展的人。对于学生来说，正确的学习方法能够更快更系统地形成正确的价值观念和扎实的专业技能。调查表明，80.1%的学生认为自己在专业课课堂上接受过课程思政教学，其中有33%的艺术类学生称没有接受过课程思政教学，当前课程思政教学仍然存在一些亟待解决的问题，专业课教师和思政课教师任重而道远。就当前的情况，协同方法的缺点和不足较为明显，如"生拉硬拽"将两者的教学内容进行融合，在专业课教学过程中生硬加入思政育人故事，重理论轻实践，"大水漫灌"式教育等问题屡见不鲜。同时也需要反思在现有体制下，是否有其他行之有效的方法手段呢？这同样取决于体制决策负责人本

身对于这一事情的认知及解决问题的思路。采取什么样的手段才能更高效地推进协同育人的开展？虽然，目前学界专家学者提出了许多种协同的方法手段，要么方法常规化，难以保证效果；要么方法理想化，对机制体制有挑战，对教师有挑战，对学生有要求。

2.5.4 协同案例，特色难以推广

近几年来，许多高校在推进专业课与思政课的协同育人时，一个突出的成果就是建立案例库，虽然目前主要大多只是课程思政案例库，但也有少量思政课程案例库。建立的案例库大多从本专业共有的思政元素入手打造案例库，比如，陈爱军等人构建的"道路勘测设计"课程思政案例库，分为杰出人物、著名工程、道路设计不当引发事故、环保可持续发展、唯物辩证法五个板块，兼顾专业性与适用性。调查表明，81.2%的专业课教师主张建设课程思政案例库，却只有35%的学生认同专业课教师的案例式教学方法。由于思政课的特殊性，很难讲出趣味性，只有借助一些有意思或有感染力的人物故事、历史事件，才能给理论性较强的课程增添趣味。加之，将思想政治教育融入专业课程也需要一些具有交叉性的事物作为桥梁，才能很好地将两者协同起来，因此，建立案例库是辅助教师进行协同育人的有效方法。从当前各校建立的案例库上看，教师确实进行了积极的改革创新，试图找寻到较好的课程思政的思路与方法，许多案例确实形式与内容皆有所突破。其中，一些课程思政案例库得到正式出版。但考察其案例库的内容发现，教师在探索过程中充分利用和体现了校本特色，可谓特色鲜明，其教学效果应该是可以预期的。恰恰因为如此，一门课程或一次课堂，教师在教学当中应是充分结合其个人的专业能力、针对专业学生的学习情况来实现的，且在讲授过程中能够得心应手，产生较好的效果。但是拓展开来，效果能不能保证则有待验证。事实上，如果这样好的案例真的可以复制，那么课程思政建设也就不是一件难事了；而且在教学上，不说课程思政，即便是常规教学，很多教学案例也很难推广。

对于每一位教师来说，教学不是一个简单复制的过程，它是与每位教师自身的素养相结合的，最终会发力到学生身上。以当前线上教学资源为例，随着教育

部推进线上一流课程建设，许多教学名师的教学资源纷纷上线，在几大教学平台上提供给学生进行学习。专业课与思政课协同育人是一项系统工程，拥有海量的育人资源，非常考验教师对教学资源的开发与利用。调查发现，同样的教学资源运用到实际的教学活动时，不同学校的学生反馈信息相差较大，有的觉得老师讲得很简单，有的觉得很难懂，当然也有的觉得正好。不同高校的学生基础不一，同样的案例面向不同基础的学生，其效果显然是无法保证的。比如国内职业院校普遍更加侧重培养职业技能型人才，专业课与思政课在建立协同育人案例库时选取的更多是实践类的案例。同时，应该注意到，一些专业特色太显著的案例又难以推广，可能更多的只是在本院校有育人效果，所以在打造案例库时，必须考虑到差异性问题。此外在很多情况下，专业课教师其实并不是缺乏课程思政案例库资源，只是缺乏足够的对蕴含思政元素的案例进行解析和运用的能力。总之，一方面我们希望积极推广一些效果显著的案例，为教师开展协同育人工作提供资源；另一方面发现推广之后的效果却难以保证，需要投入更多的人力、物力和财力去完善。

2.6　协同机制尚未确立

从中国高校教育实际来说，专业课与思政课的协同育人要真正落实，只有建立起合适的协同机制，才能保证其长效性。教育部文件中强调要建立起相应的协同机制，但至少到目前，似乎一个行之有效的协同机制尚未真正建立起来。各高校展现了一些协同育人上的做法，也取得了相应的实效。但透过这些新闻宣传的背后，却发现协同机制的建立还在路上。

2.6.1　机制探索，缺乏系统思考

我们经常说要建立协同机制，但问题在于，我们要建立什么样的机制呢？这个机制涉及哪些方面呢？如果仅仅从学校层面去讨论这个机制，几乎全部相关学院和行政部门都可能牵涉其中。那么，这样的机制有或者没有，真的很重要吗？因为如果机制涉及学校绝大多数部门的话，譬如召开协调会，几乎通知到学校绝

大多数部门，那么对于这些部门来说，只不过是其部门职责或功能上增加一项内容而已，那么利用原来的体制机制是否就可以了呢？如果一定要建立一个与以往机制不同的机制，那么这种机制应该是什么样的呢？换句话说，即便是各部门在原有基础上增加一项新的职责或功能，至少也要明确，这项新的职责或功能的内容与目的是什么。不得不说的是，恰恰在这个问题上，似乎我们的思考仍然不足。调查表明，虽然大部分专业课教师参加了学校课程思政辅导培训，但只有53%的专业课教师了解到课程思政教学研究中心，而其他的专业课教师只是把它当成教务部门组织安排的又一次教学培训辅导活动而已，缺乏探索建立协同机制的主动性。

高校专业课与思政课协同育人机制就是高校在落实课程思政和思政课程育人要求时，一般是将专业课程与思政课程二者蕴含的教育元素有机结合，达到同向而行，最终实现协同育人目标。专业课程与思政课程在教学目的、教学资源、教学手段等方面都有差异，但其核心要义都是"育人"，都是为国家培养高素质、高技能人才，要加强专业课与思政课之间的双向协同，互相配合，彼此支撑，实现立德树人的教育目的。协同育人机制的构建内含双重功能：一是推进协同育人深度、广度，形成协同育人大格局；二是提高教学成效，促进学生的全面发展。如何构建协同育人机制需要系统思考，构建什么样的协同机制在专业课中融合思政教育，结合专业课程教学特点开展育人工作。如何将两者协同起来，同向同行，在教学效果上形成相互补充的良性作用，共同推动学生的全面发展。譬如，思政课与专业课协同育人缺乏实践协同，不考虑学生实际情况组织参观旧址馆，不要求学生提前去了解历史渊源，学生只是被动接受讲解员的灌输，没有发挥学习的主体能动性，参与度低，而且更多的同学是为了实践课学分而去敷衍式、应对式参加，并没有真正投入实践教学，达不到实践协同育人的教学要求。课程思政作为国家政策导向，也不过几年时间，此前虽有探索与推广，但在没有制定规范的政策之前，其课程负责人的主动积极及校党委的大力支持尤为重要。此后作为一项政策来贯彻落实，似乎是顶层设计在先，而机制建设在后。因此，需要系统地进行关于机制建设的思考。

2.6.2　机制内容，牵一发动全身

以课程思政为总抓手，教育部要求各高校建立党委统一领导、党政齐抓共管、教务部门牵头抓总、相关部门协同联动、院系落实推进、自身特色鲜明的课程思政建设工作格局。专业课与思政课的协同育人几乎牵涉学校绝大多数部门，涉及不同主体，聚集多方力量，需要在这些部门的原有基础上增加一项新的职责或功能。对于这项新的职责与功能，不论我们的思考结果如何，至少有一点需要掌握的是，任何新的职责与功能的增加，都会带来一系列的连锁反应，可谓牵一发而动全身，不仅包括人、财、物等各方面，更包括对原有资源体系的调整。专业课与思政课的协同育人需要各部门相互配合，从全局的高度把握育人机制的建立，需要动员多方力量，在课程实施过程中对机制的内容进行有益探索。由于思政课对学生的成长影响巨大，因而在高校需要建立某种机制，去保障其育人工作的开展。在高校中建立某一种协同育人机制固然很简单，但要对这一机制的内容进行界定，形成一个多种机制相互协调的系统育人机制，并保证这一系统机制长期有效运行，却并不容易，且需要做各方面的考虑。稍有考虑不周，哪一方面没跟上，就可能在诸多方面产生问题、矛盾和挑战，这些不良结果就会影响协同育人全局。

协同育人机制具有系统性，各个育人机制的内容是相互联系、相互补充的，共同构成一个育人整体。各高校在制定协同育人机制时，需要做到统筹兼顾，时刻注意各个机制之间的关联性，而不是简单地在内容上进行叠加。目前，部分高校对协同育人机制的内容理解还不够透彻，未形成一套系统的常态化协同育人机制，大部分是针对当下出现的问题，提出相应的育人机制。协同育人工作极其复杂，面广点多，在实际工作中会出现各种问题，一旦出现一个问题就提出一个机制，这样会导致很多机制在内容上是重复性的。我们要做的是全盘考虑、积极探索、不断总结，争取用一种机制堵塞一批漏洞，再针对个性化需求给出具体意见，建立稳固的长效机制。很多高校已经形成了课程思政的创新做法和先进经验，但是还未形成值得推广的专业课与思政课协同育人的系统机制。因此，各高校应该更积极主动打造内容联系紧密、完善健全的育人机制，充分吸纳各方意见

修改完善，并大力推广，形成协同育人新格局。考虑到这些问题并不是教师单方面就可以解决的问题，教育部门、学校党政部门和全体教师有必要担起责任，加强组织领导、强化专业支持、营造良好氛围，互帮互助，着力解决突出问题，推动协同育人内容的制定，打造专业团队展开系统设计。

2.6.3 机制运行，形式大于实效

目前，专业课与思政课已经在各高校迅速开展，在一定程度上建构了协同育人机制。譬如，定期举办研讨会、定期邀请专家学者来校讲学、定期举办工作坊、定期举办教学比赛、每年出版一部论文集，等等。协同育人教学活动开展得比较热烈，媒体或刊发或转载相关新闻报道，其社会影响正逐步扩大。专业课教师及思政课教师也应努力推进课程思政建设，或主动或被动参与上述各项活动，积极地推进课程思政的落实，并探讨提升其效果。不过，即使有这些活动，协同机制的作用仍然只是外在地推动着专业课与思政课的协同育人，这种外在的表现，只是在形式上完成了二者的协同，进而导致只是完成了形式上的协同育人工作，而未真正对学生的成长起到正向引导作用。而且由于未形成协同育人长效机制，很多机制并不能很好地实现一个机制解决一批问题的效果，而只是在需要的时候用一下，很难贯彻到日常的协同育人教学活动中。高校还需在层层递进的分析和探究中，聚焦学生个性化多样学习需求，在育人机制改革创新上下功夫。

在近几年的实践中，一些学者在分析总结协同育人的现状时，仍然指出目前资源的融合仍然不力，制度与政策仍然不足，更突出的是，专业课教师与思政课教师的协同育人意识仍然不够。换句话说，在目前看来，正在建立的机制，可能形式大于实效。在传统的课堂教学中加入协同育人元素，对于老师们本身就是一个挑战，能做到已是不易，加之学生普遍缺乏对思政课重要性的认知，短时间内实现协同育人成效几乎是不可能的，这就需要专业课教师和思政课教师做好"打持久战"的准备，将协同育人贯穿于教学过程的始终，一学期一学年地坚持。那采取什么措施将协同育人机制落到实处呢？讲得最多的解决措施就是紧密联系学生的生活，要求教师从生活中的感性材料出发，将这些蕴含思政元素的感性材料结合到思想政治理论的相关具体原理。在大多数情况下，少有老师能做到这一

点。提到协同育人，并不是将老一套思政课教学模式颠覆，过于极端地去追求将专业课程与思政课程协同起来，一节课下来都是拼拼凑凑的知识点，但是学生在课堂上学到了什么？无法回答。必须拒绝这种表演式的协同，要采取一定的措施改善形式与实际脱节的问题。总之，面对新的教学内容，教师的教学手段也在随之改变。例如，科学技术的运用、各种故事的掺入、实践活动的开展给学生带来了很多新奇感，学生对思政课程确实兴趣更大了，也愿意参加各种教学活动了。但不少人又发现：这些课程表面热闹，实则空洞。于是就出现了分歧，在大兴课程思政的同时，有些老师认为还是传统的教学模式能传授知识给学生，对学生更有利。也有很多人徘徊在改革与守旧之间，并没有弄明白真正有效的专业课与思政课协同育人应该是怎样的。那教师如何在协同育人的前提下将育人成效体现出来，进而提高课堂的效率呢？如何使得形式与实效得以平衡，这是检验协同育人成效的重要凭证。

2.6.4　机制建立，需要动态交流

协同育人机制的建立要与教育教学的发展同步，只有不断地创新其内容才能实现育人效果。调查显示，关于建立协同育人机制对学生的利弊，其中认为有利于学生树立正确的三观，占比 86.67%；认为有利于学生提升政治素养，占比 80%；认为有利于学生提升职业素养和引领社会风气，均占比 68.89%；认为有利于学生培养工匠精神，占比 60%。总之，在大多数人看来，协同育人机制的建立对学生是有利的。专业课与思政课协同育人能够帮助大学生进行观念建设和提高思政素养，然而大学生作为一个个人需求和发展变化较大的群体，相应的教学过程也应时刻处于动态发展中，因此，协同教育是一个不断发展的过程，协同育人机制也要随之进行更新。在这个过程中，必须进行深入探讨，认真分析不同年级、不同专业的大学生的差异性和阶段性，根据这些特征更新机制的制定和运行方式，即正确把握大学生的思想动态，因人、因时、因地建立相应的机制。近几年来，各高校积极探索推进专业课与思政课协同育人，实行了一些育人机制，取得了显著的育人成果，但协同机制运行仍然存在一些突出问题，最明显的就是高校在建立机制时缺乏交流，没有及时地反馈信息，这也是为什么各高校在进行协

同育人，但是目前还没有建立起系统的育人机制的原因。

建立常态化联系交流协同育人机制需要联系各方力量，涉及高校各个部门和不同教育主体。高校之间要进行沟通交流，以立德树人为根本立足点，交流各自的创新做法，促成思维观念的转变，不断调整协同育人的内容与方法。学校领导干部与教师之间要进行常态化交流联系，以学校领导班子率先垂范，二级学院（系）中层干部带头，通过作报告、召开座谈会、定期约谈等方式，做好上传下达工作，推动协同育人落小落实落细。教师之间要搭建全方位的多样化的沟通平台，专业课教师、思政课教师以及辅导员、学校各教辅单位的教师都应如此，要始终强化以学生为本，推动教师全员参与，让学生全员受益，把思想政治教育落到学生心坎上。同时，思政课教师作为进行思想政治教育的领头人，应发挥好沟通桥梁纽带作用，听取需求诉求，以自己的专业知识为其他教师提供帮助，提升协同育人的实效性。教师与学生之间的交流是开展协同育人的基本环节。当前，很多高校是辅导员全程跟踪学生的生活和心理情况，虽然也会与学生进行面对面对话，但是当前高校辅导员工作忙碌、事务繁杂，很难关注到学生的心理健康，单纯将这个工作给到思政课教师又不现实。因此专业课教师与思政课教师应通力合作，组织精准对接，及时了解学生的心理状态，给予正确引导。整体来看，各高校教师在沟通交流方面已经做得很好，但是关于协同育人方面的常态化交流机制还未全面落实。

第3章 高校专业课与思政课协同育人的基本原则

高校专业课与思政课协同育人需要遵循四个基本原则，即"政治-学理"的正当性原则、"知识-价值"的功能性原则、"主体-导向"的适当性原则、"育人-育才"的目标性原则。

3.1 遵循"政治-学理"的正当性原则

从学科功能来看，思想政治教育学科的首要功能就是坚守意识形态阵地，捍卫国家意识形态安全。因此，在思想政治教育中必须明确政治立场，突出政治性。诚然，对政治性的坚持必须做到以理服人，必须使政治价值观的真理性得到透彻的阐释和广泛传播，使受教育者因真理的强大力量而感到震撼，自觉自愿在个人的社会实践中践行真理。中国共产党的政治代表了最广大人民的根本利益，是以人民为中心的政治，为人民认识世界和改造世界提供科学的世界观和方法论。因此，必须坚信，"理论只要说服人，就能掌握群众；而理论只要彻底，就能说服人"[①]。大学不仅是知识的殿堂，还是意识形态建设的重要场域，承载着国家和民族的希望。因此，需要基于明确的政治立场来讲理性、讲学理，"以政治来统领学理，以学理来阐释政治"[②]。

---

① 马克思恩格斯文集(第1卷)[M]. 北京：人民出版社，2009：11.
② 刘建军. 论高校思想政治理论课教育教学的"八个统一"[J]. 教学与研究，2019(7)：16.

3.1.1 高校专业课与思政课要有鲜明的政治属性

首先，高校专业课与思政课必须坚持马克思主义在意识形态领域指导地位的根本制度。党的二十大明确提出，要坚持马克思主义在意识形态领域指导地位的根本制度。这是以习近平同志为核心的党中央全面总结党的意识形态工作历史经验而得出的科学结论，为高校专业课与思政课教学的展开提供了根本遵循和实践指南。

"课程思政"使思想政治教育延伸至所有专业课，而且这种延伸并不是思政元素的强行灌输和注入，而是充分发挥课程自身优势的基础上结合不同课程的特点挖掘和激发课程内蕴的人文和价值元素，并将其与课程的知识传授结合起来，实现课程融思政，思政寓课程，为受教者补足精神之钙，培育和弘扬社会主义核心价值观。从这个意义上来讲，坚持马克思主义在意识形态领域指导地位的根本制度，就是要明确专业课与思政课的教学模式、内容、实践等方面需要坚持的政治立场与育人方向，在政治导向与育人实践相统一中服务于社会主义建设者和接班人的培养。

其次，高校专业课与思政课的政治属性决定了高校办学的基本方向。"社会主义"这一定语，决定了高校培养什么人的本质规定。树立"两个理想"（即共产主义远大理想和中国特色社会主义共同理想），是专业课与思政课教学活动和育人实践的重要内容，做不到这一点，培养社会主义建设者和接班人就是一句空话。这一点，无论是在高校思政课教学中，还是在专业课教学中，都是适用的。加强青少年的政治信仰教育是育人环节的重要内容，但不是唯一内容。除此之外，还有专业知识教育，包括"思想道德教育、文化知识教育、社会实践教育各环节"①。只用专业知识育人是不够的，要坚持政治信仰与专业知识的有机结合，将"两个理想"以润物无声的形式贯穿于教学活动全过程，贯穿学校工作各环节，贯穿学生学习内容始末，使学校形成化育为人的文化氛围。

最后，高校专业课与思政课的政治属性和教学过程中隐藏的意识形态偏见相

---

① 习近平. 论党的宣传思想工作[M]. 北京：中央文献出版社，2020：351.

斥。2021 年，习近平在世界经济论坛"达沃斯议程"对话会上的特别致辞中曾专门谈到"意识形态偏见"的问题。他从"世界上没有两片完全相同的树叶"说开去，以人们习以为常的生活元素说明世界上"也没有完全相同的历史文化和社会制度"。习近平以树叶的例子说明世界上没有相同的文化和制度，其用意并不是强调不同国家间的历史文化和社会制度的区别，而是说明它们"各有千秋，没有高低优劣之分"。这里的"各有千秋"具体表现为：能否与各国不同的历史实际和现实实际相结合，能否取得民众的支持和拥护，能否从政治、社会、民生等方面带来显著改善，能否从世界发展格局的高度造福全人类。习近平对"意识形态偏见"的排斥，是基于"各国历史文化和社会制度差异自古就存在"的历史经验作出的正确结论，这恰恰揭示了人类文明的内在属性。因为人类文明本身就是多元化发展的，没有过去繁荣发展的各种文明，就没有人类文明本身。从这个意义上说，历史文化和社会制度差异并不是妨碍人类文明进步发展的因素，真正阻碍其发展的是把人类文明按不同等次进行划分的傲慢、偏见和仇视，以及把自己的历史文化和社会制度强加给他人的做派。① 虽然，这段论述谈到的"意识形态偏见"问题，针对的是不同历史文化与社会制度，但同样适用于高校专业课与思政课的教学。

社会环境的变化与发展，给高等教育事业带来多元文化与思潮的冲击。世界经济与文化交流日趋频繁，为多样化社会思潮提供了发展的温床。这些影响在学术研究领域逐渐显现并呈现出蔓延态势。譬如，西方世界倡议科学无国界，但一些所谓的科学研究背后往往显示出鲜明的意识形态色彩，他们以学术外衣作粉饰，却不能掩盖以政治偏见从事学术研究的实质。与此同时，西方主流意识形态则不厌其烦地声称，马克思主义只是披着"科学"外衣的意识形态。这种偏见是西方意识形态无力解决政治和学理统一性的结果。自康德始，现象和"物自体"、科学和伦理的二元论就逐步成为西方的主流意识。科学解决生存条件，信仰解决生存意义，似乎是天经地义。正因为如此，科学必须"价值无涉"，必须去意识形态，马克思主义是意识形态而不是科学也似乎成为"不证自明"的教条。因此，

---

① 习近平. 论把握新发展阶段、贯彻新发展理念、构建新发展格局［M］. 北京：中央文献出版社，2021：491-492.

在高校专业课与思政课教学中，明确马克思主义的科学性，就是要确立打破政治和学理的二元对立的认识；就是要强调马克思主义作为整体性把握世界的科学思想体系在专业课与思政课教学中的不可替代性；就是要同专业课与思政课教学中的"非意识形态化"倾向进行不懈斗争。

隐藏的意识形态偏见是高校专业课与思政课面对的难点。对此，课程思政在教学活动中进行隐藏的意识形态偏见祛魅，不能简单地将社会主义核心价值观植入专业课或思政课，而应在思想政治教育对所有专业课实现全覆盖的基础上，针对不同专业特点、学科内容，对其潜藏的价值观、人文精神等与思政元素相关的内容进行挖掘分类和甄别，将其有机融入专业知识传授过程，激活背景知识，发挥课程育人功能，使人格的培育和价值引领在潜移默化中实现。

3.1.2 高校专业课与思政课应具备充分的学理性

首先，高校专业课与思政课应以马克思主义理论为学理依据。以思政课"主导"、专业课"协助"的"课程思政"协同育人格局的形成，为消除过去由学科壁垒而形成的专业课教育对思政课教育的"主观偏见"、思政课教学绕开专业课教学走向"孤芳自赏"的"两张皮"现象创造了条件。

就专业课与思政课的本质而言，不应以人文科学或自然科学而界限分明，因为它们都是关乎"育人"的学科。人文科学与自然科学根据研究对象的差异划分出不同研究领域，但是，所有的研究都是直接或间接地与人的问题相关联，都是以人为根本目的。实现人的全面发展是所有学科共同的价值追求，在这里并无人文科学或自然科学之分。这样一个共同价值追求的主导为所有学科革新发展观念、超越学科自身的逻辑羁绊提供了根本的思想保障和强大的动力支持。

马克思主义是指导全人类走向自我解放的理论指南。习近平指出，"马克思创建了唯物史观和剩余价值学说，揭示了人类社会发展的一般规律，揭示了资本主义运行的特殊规律，为人类指明了从必然王国向自由王国飞跃的途径，为人民指明了实现自由和解放的道路"[①]。实践唯物主义作为指导人类走向自由和解放

---

① 习近平. 论中国共产党历史［M］. 北京：中央文献出版社，2021：198.

的道路的科学理论,自然能够为以实现人的全面发展为共同的价值追求的学科(包括自然科学)提供理论基础。

习近平新时代中国特色社会主义思想是当代中国化马克思主义、二十一世纪的马克思主义,是中华文化和中国精神的时代精华,实现了马克思主义中国化新的飞跃。高校专业课与思政课应以习近平新时代中国特色社会主义思想为学理依据,自觉将其融入思政课话语体系、专业课话语体系,为学科话语体系建设提供科学的理论指引,为教材话语体系建设提供充裕的解释资源,为教学话语体系建设提供权威的参考典范。

其次,高校专业课与思政课教学应以"说理""说服"为授课导向。在古代汉语里,"说"通"悦","说服"即"悦服",代表心悦诚服之意。《现代汉语词典》也把"说服"解释成"用理由充分的话使对方心服"①。说话是一门艺术,说服更是艺术中的艺术。从某种程度上说,以"说理""说服"为授课导向的高校专业课与思政课教学模式,可理解为"说服人的艺术"的学科。

在高校专业课与思政课教学中,所谓"说服",主要是以教育者为主体,通过恰当的、感人的、有充分理由的话术使受教育者认同、接受某些思想、观念、看法等,从而达到言说育人的目的。这就规定,高校专业课与思政课教学,不仅需要研究说服人的话语、技巧,更要研究说服人的理论,把说服提升到理论高度。这是扩展"课程思政"的重要内容,更是推进"课程思政"取得实效性的重要途径。

习近平指出,马克思主义是"有说服力的真理力量"②。"马克思主义经典作家十分重视并善于运用唯物辩证法来认识和探索人类社会发展中的矛盾运动规律。"③这就要求,在专业课与思政课教学中,要以彻底的思想理论说服学生,运用符合客观规律的马克思主义理论、观点,为学生释疑解惑,帮助其确立科学的世界观、人生观、价值观,正确看待现实问题尤其是政治问题;要用真理的强大

① 中国社会科学院语言研究所词典编辑室. 现代汉语词典[M]. 北京:商务印书馆,2016:1232.
② 习近平. 论党的宣传思想工作[M]. 北京:中央文献出版社,2020:9.
③ 习近平. 论把握新发展阶段、贯彻新发展理念、构建新发展格局[M]. 北京:中央文献出版社,2021:84.

力量引导学生，使学生在接受真理、科学知识中得到政治熏陶，促使其更加自觉地学习、掌握、坚持马克思主义、社会主义的政治立场和观点。

3.2 遵循"知识-价值"的功能性原则

"知识传授与价值引领是育人的基本实现形式，也是学校最具效能的实现形式。"①在育人实践中，对受教育主体进行知识传授和进行科学的价值引领是相互交织的。在这个过程中，专业课教师与思政课教师既要关注对传授知识的积累与消化，又要凝聚知识底蕴，挖掘和实现知识的价值，为受教育主体的全面发展奠定知识基础和价值基础。在教育教学中，知识性和价值性相统一的科学内涵可理解为课程同时承担知识传授和价值观引领的双重职责，使受教育主体知识、技能的学习与道德修养和政治觉悟提升的相互渗透、相辅相成，分别化解"知"与"不知"、"信"与"不信"的矛盾，以强化受教育主体的意志和行为的真理性。

3.2.1 高校专业课与思政课要在知识传授中解决"知"与"不知"的矛盾

在信息化高度发展的现代社会，随着移动电脑、智能手机等设备在学生群体中的普及，人们获取知识的渠道得到极大拓展，获得知识的内容得到极大丰富。从某种意义上来讲，智能化间接推动了青年学生对知识的渴求，使其表现出一种热烈的"求知欲"。

中国始终坚持对外开放的基本国策，与之相随的是，各种外来文化蜂拥而至。其中，既有值得我们学习借鉴的优秀文化，又有应该摒弃批判的腐朽文化。当代青年正处于人生成长的关键时期，在"知识体系搭建尚未完成，价值观塑造尚未成型，情感心理尚未成熟"②的综合背景下，难以分清和抵御腐朽文化的诱

---

① 高德翼，宗爱东. 从思政课程到课程思政：从战略高度构建高校思想政治教育课程体系[J]. 中国高等教育，2017(1)：44.

② 中共中央文献研究室. 习近平关于青少年和共青团工作论述摘编[M]. 北京：中央文献出版社，2017：37.

惑和侵蚀。若不对其思想观念、价值取向、精神风貌加以正确引导，就会严重影响培养社会主义建设者和接班人的代际传递，继而阻碍中华民族的伟大复兴。因而，在授课内容方面，需要注意"因时而进""因人而异"的问题。

首先，知识内容要"因时而进"。"因时而进"是强调高校思政课教师或专业课教师，能够准确捕捉和把握教学契机，善于联系、分析课程内容与民族传统、国家发展、社会热点等相契合、相融通之处，进行主题式教学，以情入境，实现教师与学生在思想上、思维上的碰撞与交融，进而实现育人功效。同时还要注重结合时代优势，不断拓展课程思政渠道和增强教学模式自我更新。此外，"因时而进"的另一层要求在于，专业课与思政课的教学活动和育人实践不能与民族、国家、政党发展中所折射出的种种关乎社会状态、经济状况、政治要求、文化方向的新动态相脱节，要与这些新动态对高校思政工作提出的新要求相呼应，以推动"供给"与"需求"相统一。

其次，知识内容要"因人而异"。所谓"因人而异"，即能满足学生群体之间的思想差异。通常而言，课程思政有根本目的与具体目的的划分。其中，课程思政的根本目的是一个远期目标，它需要经过人们长期努力奋斗方能逐步达到。而长期奋斗目标又由一个个具体目的组成，在根本目的的指导下，我们在逐步实现一个个具体目的后才能最终实现课程思政的根本目的。可见，课程思政的具体目的是多元的。这种多元性是与专业课、思政课面对的受教育主体的层次性相匹配的。由于高校青年学生成长于不同的社会环境、学习背景之中，应该正视他们在知识水平、人文素养方面的差异现状。可能有些学生存在的"知"的问题，在其他学生看来，属于"不知"的范畴，这对专业课和思政课教师来说是一个难点。因此，针对不同专业学生群体进行课程思政教育，需要遵循思想政治工作规律、教书育人规律和学生成长规律，因人施教，因材施教。

3.2.2　高校专业课与思政课要在价值引领中化解"信"与"不信"的矛盾

习近平总书记强调，思想道德、社会风气以及每个人对这些问题的反映和态度，与坚持走中国特色社会主义文化发展道路紧密相关。因此，就文化事业、文化产业繁荣发展格局而言，需要围绕社会主义核心价值体系、理想信念等方面的教育展开。①

首先，价值引领主体要坚信和践行社会主义核心价值观。思想政治状况是衡量和评价高校教师思想政治教育工作成效的一个重要指标，同时，它决定和影响着高校教师在思想政治教育和专业知识传授内容的基本立场和价值导向的基本方向。这个基本方向要与意识形态红线同向同行，既不能与国家教育方针相背离，也不能有违师德师风要求。这一基本方向还决定了高校思想政治教育工作的前置环节，即加强教师师德师风、思想政治状况工作。《新时代高校教师职业行为十项准则》为加强教师师德师风、思想政治状况工作提供了根本遵循。它要求高校教师做到课上与课下保持一致，一言与一行保持统一，既要清楚自身政治定位，又要明晰所肩负的育人职责和使命，将社会主义核心价值观融入专业知识传授，不仅让学生收获知识，还让他们明晓为国为民的社会使命。

其次，以社会主义核心价值观为引导，铸牢学生的政治理想信念。习近平总书记强调，"当代中国价值观念，就是中国特色社会主义价值观念，代表了中国先进文化的前进方向"②。

一是加强教育引导这项培育和弘扬社会主义核心价值观的基础性工作。在专业课和思政课教学活动中，要注意区分层次、突出重点，广泛开展社会主义核心价值观宣传教育。同时，教师的言行、举止、思想动态等方面，对受教育主体有着很强的示范作用，很大程度上影响着他们的社会主义核心价值观认同，同时也关乎政治理想信念稳固与否的问题。因而，高校教师需要带头践行和弘扬社会主义核心价值观，用自己的模范行为和高尚品德感召学生、带动学生，"把社会主义核心价值观的基本内容和要求渗透到学校教育教学之中，体现在学校日常管理之中，做到进教材、进课堂、进头脑"③。

二是推进社会主义核心价值观与学生日常生活学习相融合。习近平总书记指出，"一种价值观要真正发挥作用，必须融入社会生活，让人们在实践中感知它、

① 习近平. 论党的宣传思想工作[M]. 北京：中央文献出版社，2020：48.
② 习近平. 论党的宣传思想工作[M]. 北京：中央文献出版社，2020：49.
③ 习近平. 论党的宣传思想工作[M]. 北京：中央文献出版社，2020：58.

领悟它，达到'百姓日用而不知'的程度"①。达到这个程度，就要求社会主义核心价值观在学生的日常生活学习中具有不可替代的作用。关于这方面的例子，中国古代"士大夫"做到了极致，将道德教育渗透到衣食住行、言谈举止各个方面，通过各种礼仪、制度来规范和约束人们的言行，强调"非礼勿视，非礼勿听"，"礼者人之规范，守礼所以立身也"。中国古代士大夫将道德规范与日常生活相融的做法，为高校教师推进社会主义核心价值观与学生日常生活学习相融合提供了基本遵循和方向，要求我们注意抓细、抓小，在落实细节上下功夫，善于以各种纪念活动、节日庆典、民族传统形式等契机，鼓励、支持、组织学生以"线上+线下""互联网+"等形式开展纪念庆典活动，传播主流价值，增强学生的认同感和归属感。

最后，以社会主义核心价值观为引领，实现学生"德""专"共振。爱因斯坦说，用专业知识教育人是不够的，对专业知识的价值有所理解并产生情感上的回应是最基本的要求。除此之外，他更要求区分道德与非道德、善与恶、美与丑的辨别力。② 人无德不立，育人的根本在于立德。立德为先，修身为本，这是人才成长的基本逻辑。德育既是学生入学的第一课，也是学生离校前的最后一课，必须贯穿学生学习始终，贯穿学校工作各方面各环节。因此，在尊重课程专业性的前提下凸显思想引领，帮助学生实现价值塑造、专业知识和专业技能的同频共振，落实课程思政与思政课程在立德树人目标上的根本一致性。

3.3　遵循"主体-导向"的适当性原则

在专业课与思政课协同育人机制语境下，主体包括教师、学生、学校有关职能部门与行政机构的工作人员，以及社会中具备教育、教化功能的组织机构。为了发挥协同育人作用，必须"三位一体"开展教育工作，这里的"三位"就是"教师、学生、学校"，"一体"就是"主体"。学校主要负责顶层设计，做好协同育人

---

① 习近平. 论党的宣传思想工作[M]. 北京：中央文献出版社，2020：58.
② [美]爱因斯坦. 爱因斯坦文集(第三卷)[M]. 许良英，范岱年，编译. 北京：商务印书馆，1977：310.

政策支撑；教师要做学生和学校的中介，既将学校的政策落实到实际育人活动中，也要将协同育人成效反馈给学校；学生作为直接的受教育者，是整个协同育人工作的出发点和落脚点，要充分发挥自觉能动性，与学校和教师协同起来，实现自我全面发展。

3.3.1　教师主体导向机制

就目标而言，思政课教学的主要内容围绕着大学生的马克思主义理论教育展开。通过教育、引导的方式提升学生以马克思主义的世界观和方法论认识、分析和解决问题的能力，不断健全学生综合素养，培养优秀道德品质，促使其成为符合新时代发展要求的优秀人才。

首先，立德树人是教师主体实现自我价值的主要方式，其内容包括强化对受教育主体政治立场和道德品格的教育。老子说："道生之，德畜之。"(《老子·第章》)这是说，天地万物全体之自然谓之"道"，各物个体所得之自然谓之"德"，这是老子说道生万物而德畜之的意义所在。在这里，"道"为物或人所共有，"德"为物或人所自德。因而"德"要顺应"道"也就是自然或社会规律，并按这一规律行事，进行自我提升。正所谓，德行是人之所以立之于社会的根本。大学作为学生进入社会的前站，是学生形成世界观、人生观、价值观的重要平台。而在这个平台中承担价值引导、道德教化主体的高校教师，更应该以学生道德修养为抓手，仔细认知和总结教学规律，在遵循教学规律的基础上增强学生政治素养，增强学生的民族认同感和自豪感。这要求高校教师遵循政治性与科学性相统一的基本原则，不断增强授课内容的学理性与说服力。然而，从现有教学成效的经验来看，这一原则的落实并不理想，其中缘由可从两个层面解读：一是教师主体存在理论素养不足的问题。这一基本前提，决定了教师主体对思想政治理论学科体系的掌握程度。若从量化指标去分析，教师主体对理论知识掌握程度直接影响着其能否将知识内容理解吃透，并进行理论表达。这些知识是否符合理论事实，或是否具有逻辑条理，当它呈现在学生面前，又打多少折扣，都是教师主体要解决的重要问题。二是教师主体理论知识与实际脱节的问题。教师主体的职责和使命不仅限于知识的传授，更要以符合社会实际需要的要求进行教学工作。理论与实际脱节的授课内容，不可能使学生对当今世界国内国际形势，以及国内当前社会主要矛盾有所了解，也难以引导学生辨别各种错误思潮的政治立场继而作出正确判断。因此，教师主体需要时刻加强理论武装，并对国际国内复杂形势加以深刻理解和把握。

其次，教师主体应以专业课与思政课的实践价值为导向，以教学空间为载体、以教学内容为要点、以服务社会为追求，构筑合乎科学性、规律性的知识践行体系，即探寻一条连通理论知识与社会实践相互转化的精神桥梁，实现从教书到教学的转变，让学生有效地融入社会，促进学生德智体美劳全面发展。这就要求学生不只具备一定的知识储备，还要具备高尚的道德表现力、清晰的逻辑表达力、强健的身体运动力、高雅的鉴赏审美力、勤勉的实践劳动力等。马克思主义认为实践是检验真理的唯一标准，只有实现理论与实践的高度统一，才能获得正确的理念，才能形成正确的实践。新时代的教学改革需要以马克思主义实践观为指导，重视实践为育人成效注入活力，在实践中发展，在发展中实践。学校要强化思政课实践教学的机制建设，研究专门的实践教学大纲，进行思政课实践教学设计，加大实践力度。教师主体主导的思政课教学模式和实践应当以不断增强与激发学生主体的道德修养、逻辑表达、强健体魄、审美判断、实践劳动等方面能力为旨归，使其收获除知识储蓄之外的各项综合能力，为拓展其理论视界，培养其创新精神、科学精神奠定综合基础。

3.3.2　学生主体导向机制

我们常以受教育者的标签对应学生主体，将学生禁锢在被接受的层面，但事实上，过于强调学生主体"受"教育的方面，容易降低他们在思想政治教育体系中的主体地位，束缚了学生的发散性思维，弱化了教育的效果。在课程思政背景下，学生主体导向机制同样不能缺位。当前学生主体参与积极度与活跃度的问题，是制约思政课教学成效的原因之一。数字化浪潮在带来信息共享的同时，也造成了学习注意力的分散和学习成就获得感的不足①，学生在利用专业课程教学

---

① 敖祖辉，王瑶. 高校"课程思政"的价值内核及其实践路径选择研究[J]. 黑龙江高教研究，2019(3)：128-132.

资源进行主动学习及持续学习上存在明显不足，教师需要引领学生找到学习的原动力，让学生主动积极学习而不是被迫参与。

首先，提升学习主动性。通常，学生作为受教育者处于被动状态，如何改变这种状态，提升学生的学习主动性，是教育者一直倾力研究的重要话题。想要提高学习的主动性先要让学生"懂"，懂知识的内涵，懂学习的重要性。学生"懂"了，就会对知识有了兴趣，自然就有了学习的主动性。一般而言，提到思政课，大多数学生会觉得是一门讲大道理、枯燥乏味甚至无实际用处的课程。相比专业课程教学资源的严谨性、专业性和枯燥性，智能手机上获取信息的趣味性、快捷性和便利性更容易"夺走"学生的注意力。兴趣是学生主动学习的前提，正如教育家孔子所说，"知之者不如好之者，好之者不如乐之者"（《论语·雍也》）。能力是学生主动学习的基础，学生知道学什么、怎么学，自然就会从被动转为主动。这就需要从主观能动性出发，探索课程思政新理念、方式、渠道，为学生创造成功的条件，寻求专业课程教学在趣味性与专业性之间的平衡，以"夺回"学生对专业课程学习的主动性。

其次，保持学习持续性。学习是一个漫长的过程。相比于社会文化和教育心理诉求的不断变迁，专业教材所固有的创新性、高阶性和挑战度逐渐给学生带来越来越强烈的乏味感和疲劳感。这就需要从心理层面和精神层面出发，通过课程思政有针对性地激发学生在专业课程学习中形成坚持不懈和攻坚克难的"士气"，激发其内在动力以促进其持续学习。马克思主义的质变量变规律认为，事物发展是质变和量变的统一，量变是质变的基础，当量变积累到一定程度时就会产生质变。学习也是一样，只有持续性地学习到一定程度时，才能获得成长。成长也是一点一点积累下来的，需要用持续性的学习促进持续性的成长。思想政治教育是一门铸魂育人的课程，不能停留在某一环节、某一步骤，不能因为一时的成效就止步不前，而是要将思想政治工作贯穿于育人全过程。保证思政育人工作在时间上的不间断性，构成"大中小一体"的思政育人局面，同时，要保障过程上的可持续性，不能断断续续，要为学生进行系统全面的思想政治教育。

在学习的过程中，学习主动性和学习持续性的形成既需要原动力，又需要责任感，二者缺一不可。具体而言，原动力解释"为什么学习、学习是什么"，责任感解释"怎样学习"。

3.3.3　主体合作导向机制

专业课与思政课协同育人机制是一个复杂思政育人机制。要收获思想政治教育预期成效，不仅需要教师与学生诸主体之间的彼此合拍与互动，还要校内外兼具育人功能职能部门的协调与配合，在多向度的互动育人过程中，确保三个教育主体处于同一个教育体系中，以实现各主体之间的有机衔接。

对于主体合作导向而言，多主体参加教育工作导致课程思政教学模式多样化。以课程资源为例，通常包括线上与线下两个维度，如实体教材、超星学习通等。在推进主体合作导向机制中，以针对"课程思政"元素挖掘和设计为内容，课程主体或课程负责人可与社会出版机构通过紧密协作，在出版社机构自身课程思政体系的基础上，结合学校不同学科特点和学科所属行业特色，将传统文化与现代文明有机融合。例如，提升主体合作观念认知，深刻认识三个主体之间的内在联系；坚定教育协同发展的观念，学校、教师和学生各自承担相应职责。通过建立合作导向机制，了解三大主体协同发展中的核心价值，解决以往教育协同效果不佳的问题，促进三者形成教育协同效应，将合作观念转化为自身行为准则，主动融入协同教育工作。打造线下实践平台和线上资源共享平台，为不同教育主体的合作搭建载体，构建模块化的学习平台，提高学生学习效果。构建融合培育人才的课程体系，以促进教师展开对学生的教育，进而强化对学生的综合素养的培养。构建融合培育人才的评价体系，以促进学生对教师的教学进行反馈评价，从而加强教师与学生之间的联系，进而打造主体合作导向机制，营造协同育人环境，提高协同教育培育人才的质量。

学校、教师和学生三者在平等的合作交往中呈现出交互主体性，这就要求在协同育人中要有针对性地制订育人资源的具体融合方案，发挥各自优势，着力研究不同主体协同育人对接策略，主动探索育人机制，达成主体间合作的共同目标，推进协同育人工作健康有序发展。这里以《礼记·大学》（传统）和《社会主义核心价值观》（现代）为例，按照"格物、致知、诚意、正心、修身、齐家、治国、平天下"8 个分类元素自成体系，贯穿于教材和慕课之中，构成一个有机的整体，形成线上线下协作的课程思政教学资源体系。同时，每个思政元素的教学活动过程都包括：内容导引、展开研讨、总结分析。这是一个完整的课程思政教学过程，老师和学生以及社会出版机构都参与其中。在教材和慕课资源的案例讨论、行业发展、专业资讯等内容中，挖掘其中蕴含的"格物、致知"（主动学习的原动力）、"诚意、正心、修身"（持续学习的原动力）、"齐家、治国、平天下"（学用结合的原动力）等元素，再结合社会主义核心价值观"富强、民主、文明、和谐"（主动学习的责任感）、"自由、平等、公正、法治"（持续学习的责任感）、"爱国、敬业、诚信、友善"（学用结合的责任感），设计出每一章节的课程思政元素构成。

3.4 遵循"育人-育才"的目标性原则

习近平总书记指出，"教师对学生承担着传授知识、培养能力、塑造正确人生观的职责。教师要成为大先生，做学生为学、为事、为人的示范，促进学生成长为全面发展的人"①。高校教师要坚持党的教育方针，紧紧抓住"为党育人、为国育才"这一根本要求，秉持正确的政治方向，同党中央保持高度一致。

3.4.1 高校专业课与思政课要解决好立德树人根本任务

首先，落实立德树人根本任务，就是要理直气壮地开好、办好思政课。浇花浇根，育人育心，思政课作为落实立德树人根本任务的关键课程，思政课教师必须扛起"立德树人"大旗。在这一点上，相较专业课而言，思政课具有不可替代性。

从历史经验来看，注重思政课建设是党的历史传统。20 世纪 50 年代以前，中国共产党开设思政课的形式和内容是多渠道和多元化的，大中小学思政课一体化格局已初现雏形。譬如中国共产党在红军大学、苏维埃大学、抗日军政大学、陕北公学等高校开设"党的建设""中国革命运动史""马列主义""辩证唯物主义""科学社会主义"等课程，在列宁小学开设"社会工作"课程，在解放区的小学、

---

① 习近平在清华大学考察时强调：坚持中国特色世界一流大学建设目标方向 为服务国家富强民族复兴人民幸福贡献力量[N]. 人民日报，2021-04-20.

陕甘宁边区的中学开设"政治常识"课程。20 世纪 50 年代后，大中小学思政课一体化格局得到继续与发展。譬如，"中国革命史""马列主义基础""政治经济学"和"辩证唯物论与历史唯物论"等课程纷纷被列入高校课程体系；中学教学计划还包括"中国革命常识""共同纲领"等课程。这两个时期的课程安排略有区别，但仍不离马克思主义三大体系的经典框架。中国特色社会主义进入新时代后，我们既延续"用马克思列宁主义、毛泽东思想武装青年"①的革命传统，又"用习近平新时代中国特色社会主义思想铸魂育人"②，为建设社会主义现代化强国做好人才储备。综上可见，高校课堂的底色是以正确价值引领、理想信念教育、科学世界观和方法论为内容的，它要求各类专业课和思政课以知识传授为契机，寓核心价值教育于知识价值体系中，自觉以习近平新时代中国特色社会主义思想铸魂育人，引导大学生增强"四个自信"，"厚植爱国主义情怀，把爱国情、强国志、报国行自觉融入坚持和发展中国特色社会主义事业、建设社会主义现代化强国、实现中华民族伟大复兴的奋斗之中"③。

高校思政课教师应传承党的优秀传统，理直气壮地开好思政课。习近平指出，"办好思政课，有不少问题需要解决，但最重要的是解决好信心问题"④。信心与理直气壮是相互关联的。思政课教师如果不够自信，或对所教授内容不信，如何能做到理直气壮？所以，信心是做到理直气壮的底气。那么，高校思政课教师的信心从何而来？一是中国共产党对教育工作高度重视，对思想政治工作、意识形态工作高度重视，始终坚持马克思主义指导地位，大力推进中国特色社会主义学科体系建设，为思政课建设提供了根本保证。二是中国共产党对执政规律、社会主义建设规律、人类社会发展规律的认识和把握不断深入，开辟了中国特色社会主义理论和实践发展新境界，为思政课建设提供了有力支撑。三是中华民族几千年来形成了博大精深的优秀传统文化，我们党带领人民在革命、建设、改革过程中锻造的革命文化和社会主义先进文化，为思政课建设提供了深厚力量。四

---

①　习近平. 论党的宣传思想工作[M]. 北京：中央文献出版社，2020：373.
②　习近平. 论党的宣传思想工作[M]. 北京：中央文献出版社，2020：376.
③　习近平. 习近平谈治国理政(第三卷)[M]. 北京：外文出版社，2020：329.
④　习近平. 论党的宣传思想工作[M]. 北京：中央文献出版社，2020：376.

是思政课建设长期以来形成的一系列规律性认识和成功经验，为思政课建设守正创新提供了重要基础。上述四点基础和条件，是思政课教师理直气壮讲好思政课的信心之源。

其次，落实立德树人根本任务要发掘专业课中的思想政治元素。不仅思政课要落实立德树人根本任务，专业课中的立德树人教育也不能缺位。《关于深化新时代学校思想政治理论课改革创新的若干意见》首次以中央文件提出"整体推进高校课程思政"，强调要"深度挖掘高校各学科门类专业课程蕴含的思想政治教育资源，解决好各类课程与思政课相互配合的问题"。在尊重课程专业性的前提下凸显思想引领，帮助学生实现思想政治品德升华、专业知识学习和专业技能提升的同频共振，落实课程思政与思政课程在立德树人目标上的根本一致性。

一是专业课课程目标实现了思政课的部分目标。无论是专业课还是思政课，都有课程本身所需要完成和实现的目标，由于专业课之间、专业课与思政课之间的差异性，各类课程的课程目标不尽相同，但它们之间因一致的育人目的而彼此相连。专业课的课程目标包括知识传授与实践能力方面的培养、塑造学生健康心理与完善人格等。其中，通过知识传授，让学生了解各自学科的基础理论、专业知识是专业课程的首要任务。学生对专业课程基础理论、专业知识的掌握程度决定了他们在实践能力方面，能否有据可循，能否依据原理知识分析、研究和解决专业领域方面的问题。从理论和实践两个维度获得的知识，是健全学生人格的基础，它有助于培养学生坚忍不拔、积极向上的健康心理。因而理解专业知识或专业理论的价值，不在于它的工具价值，而在于它对人生价值的指引和引导。从这个意义来看，专业课程注重对学生专业知识、实践能力方面的培养，但这个培养最终要起到对学生健康心理与完善人格有益的作用，否则这门专业课程是不完善的。就专业课程在塑造学生健康心理与完善人格方面的功效可见，它与思政课的课程目标有重合的地方。可以说，思政课与专业课最终达到的目标都是育人，只是二者达到目标的方式方法不同。

二是专业课教学内容应该融合思政课教学内容。从专业课教学内容来看，似乎与思政课教学在政治目标、价值目标方面的功效并不能联系起来，然而事实上，这种认识是不充分的。因为专业课授课内容中蕴藏着的思想政治教育元素对学生在政治目标、价值目标方面的培养上能起到积极作用。那么，专业课教师如何利用、开拓现有教程资源，进一步挖掘专业课教学内容中蕴藏的思想政治教育元素，成为专业课教师落实立德树人根本任务亟待解决的重要难题。众所周知，大学专业课千差万别，其教学内容也差异极大，那么，如何挖掘各专业教学内容中的思想政治教育元素是专业课教师需要思考的问题。这要求专业课教师不能仅强调知识性，不能为了应付考试让学生死记硬背知识点；更要求他们能够透过知识、原理背后的底层逻辑，探寻知识、原理形成的历史由来，通过介绍知识、理论形成的波澜壮阔、精彩纷呈的历史故事影响学生，让他们既知其然，又知其所以然。

三是专业课教学方法应贯穿思想政治教育元素。大学是学生走向社会的前站。在人才竞争日趋激烈的当下，大学生要走向心仪岗位，实现远大理想抱负，就需要不断完善自身不足，提升自我竞争力。人的竞争力是多方面的，既包括对专业知识的掌握程度和应用程度，还包括理想信念、品德德行、人格素养方面的内容。从立德树人的角度看，这两点都是任何专业课程无法回避的。因为"立德"就是坚持德育为先，培养高尚的思想政治品德，强调道德修养；"树人"就是坚持以人为本，培养高素质专业化的人才，强调能力素质。"立德"与"树人"是有机统一体，"立德"是"树人"的前提，"树人"是"立德"的目标。二者是学生在社会生活中站得住、立得住的基础。因此，专业课程在教学方法上应做出相应的调整，以适应和满足新时代大学生成长成才的现实需要，落实立德树人根本任务。例如，针对课程思政建设及教学实施中的难点与痛点，组织团队成员深度挖掘专业课程中蕴含的思政元素，建设不同专业的课程思政元素案例库；基于专业教学与思政元素融合，深化三全育人改革，系统设计专业人才培养方案，重构课程标准，将课程思政元素融入教学设计及教案，落实专业课教学方法应贯穿思想政治教育元素。

四是明确专业课教师与思政课教师教学目的统一性。习近平总书记在党的十九大报告中提出，教育"要以培养担当民族复兴大任的时代新人为着眼点"①。

---

① 习近平. 决胜全面建成小康社会　夺取新时代中国特色社会主义伟大胜利——在中国共产党第十九次全国代表大会上的报告[M]. 北京：人民出版社，2017：42.

国务院办公厅发布《高等学校课程思政建设指导纲要》《关于深化新时代学校思想政治理论课改革创新的若干意见》等，要求把思想政治教育贯穿人才培养体系，全面推进高校课程思政建设，发挥好每门课程的育人作用，提高高校人才培养质量。这些为新时代高校专业课教师与思政课教师教学目的指明了方向。立德树人乃教育之根本，因此，在育人目标上，无所谓专业课或思政课之分。具体而言，德行修养是育人之重要内容，授课之际并不能厚此薄彼，注重专业知识而忽视德性培养。虽然学科有界，但德性修养之培育却是彼此相通的，这不仅是思政课教师之专职，更是所有高校教师之职责。专业课教师与思政课教师应基于思政元素与专业教学融合，深化三全育人改革，分课程类型打造"思政金课"，建设精品课程思政示范案例库；探究课程思政与专业课程有效融合教学方法、教学组织形式、教学评价机制，研究构建课程思政与机械类专业课程教学有效融合教学模式。例如，从目前教学情况来看，高校学生患抑郁症比率持续攀升的现状值得高校教师予以关心和关注：一方面应从心理建设入手，找准心之"顽疾"，有针对性地进行疏通、疏解、疏导；另一方面需要关注学生日常学习生活的精神状态，及时发现、干预、治疗。对于这两项要求，需要专业课教师与思政课教师彼此沟通、配合，在立德树人这一共同价值追求的引领下，扫清学科壁垒。

3.4.2 高校专业课与思政课要解决好"三个培养"的根本问题

所谓"三个培养"，即"培养什么人""怎样培养人""为谁培养人"的根本问题。习近平总书记强调，"我国是中国共产党领导的社会主义国家，这就决定了我们的教育必须把培养社会主义建设者和接班人作为根本任务，培养一代又一代拥护中国共产党领导和我国社会主义制度、立志为中国特色社会主义奋斗终身的有用人才"①。古往今来，按照政治要求培养人才是每个国家的教育使命。加强和改进思想政治工作是中国特色社会主义大学培养"时代新人"的独特优势。从改革的政治立场来看，作为人才培养行动创新的课程思政，坚守为党育人、为国

---

① 习近平. 坚持中国特色社会主义教育发展道路 培养德智体美劳全面发展的社会主义建设者和接班人[N]. 人民日报，2018-09-11.

育才的使命，很好地回应了社会主义高校"培养什么人""怎样培养人""为谁培养人"的根本问题。

首先，培养社会主义建设者和接班人。"培养什么人"是教育的首要问题。从历史和现实的角度看，教育是任何国家、任何社会维护政治统治、维系社会稳定的基本途径。教育兴则国兴，教育强则国强。习近平指出，"我国是中国共产党领导的社会主义国家，这就决定了我们的教育必须把培养社会主义建设者和接班人作为根本任务"①。社会主义中国之教育，规定了教育内容本身不离培养社会主义建设者和接班人之初衷，其意义在于以代代传递式育人途径，培养以拥护党的领导、坚持社会主义制度、建设社会主义为精神追求的人才。

一是培养社会主义建设者和接班人要在坚定理想信念上下功夫。青年的理想信念关乎国家未来，青年唯有以坚定的理想信念，才能顺利完成党和人民赋予的历史使命和时代重托。理想信念教育是培养社会主义建设者和接班人的基本前提。在和平年代，青年学生人生阅历有限，他们并不一定能够对战争年代的苦难生活和艰苦奋斗感同身受，年代隔阂的差异并不能通过思政话语的想象和描述在短期内弥补。因此，无论是思政课还是专业课，都可以拓展话语想象的边界，利用多元化视角给学生讲清楚，社会主义如何在民族危亡之际，引领中华民族冲破迷雾，带领有理想的中华儿女在攻坚克难中用热血与激情点燃革命的火焰，走向民族复兴征程的历史，进一步增强学生的"四个自信"。

二是培养社会主义建设者和接班人要在厚植爱国主义情怀上下功夫。爱国主义教育是世界各国教育的必修课，是提高全民族整体素质的基础性工程。近代中华民族的苦难历史刺激着中国先进分子纷纷走出"书阁"，探索中国何以走向现代化。其中，中国马克思主义者率先冲出与各种思潮的纷争，为中国找到了一条通往社会主义现代化的道路。从反对半殖民地半封建到探索社会主义现代化的历史，实际反映了中国共产党的革命史。这是高校专业课与思政课培养社会主义建设者和接班人的宝贵思想资源。教育作为促进中华民族振兴的一项重要工作，高校教师要引导学生把自身的理想同祖国的前途、把自己的命运同民族的命运紧密

---

① 习近平. 习近平著作选读(第二卷)[M]. 北京：人民出版社，2023：350.

联系在一起，深刻领悟民族振兴、国家富强的重要意义，树立正确理想和信念，从历史观、民族观、国家观、文化观等维度开展思想政治教育，让思想政治教育落到实处、深入人心，告诫青年以振兴中华为己任，促使其拓展历史格局、增强民族认同、增进爱国意识、践行社会主义文化。

其次，以德智体美劳全面发展为方向培养人才。培养社会主义建设者和接班人，要在增强综合素质上下功夫。传统中国历史文化十分注重人的综合素质培养，譬如周朝的官学就要求学生掌握礼、乐、射、御、书、数"六艺"，可谓文理兼备。中国特色社会主义进入新时代后，更加迫切需要在德智体美劳等方面综合发展的人才。高校教师要教育引导学生培养综合能力，帮助学生学会自我管理、学会同他人合作、学会过集体生活，以激发其好奇心、想象力，培养其创新思维。要把创新教育贯穿于教育活动的全过程，倡导"处处是创造之地，天天是创造之时，人人是创造之人"的教育理念，鼓励学生善于奇思妙想并努力付诸实践，以创造之教育培养创造之人才，以创造之人才造就创新之国家。

一是加强品德教育。品德既有个人品德，也有社会公德、热爱祖国和人民的大德。品德是青少年健康成长的先导因素，高校专业课和思政课教师，要坚持教育引导学生培育和践行社会主义核心价值观，成为具有大爱大德大情怀的人，做到品德润身、公德善心、大德铸魂。要加强对学生的法治教育，使学生养成遵纪守法的良好习惯。

二是增长知识见识。学习知识是学生的本职，《论语》云："博学而笃志，切问而近思，仁在其中矣。"高校专业课和思政课教师要引导当代大学生珍惜在校学习的宝贵时光，心无旁骛地求知问学，在学习中增长见识、丰富学识、通晓天下道理、掌握事物发展规律，做到敏于求知、勤于学习、敢于创新、勇于实践，沿着求真理、悟道理、明事理的方向前进。

三是强化体育锻炼。青少年身体素质是社会广泛关注的热点问题，要树立健康第一的教育理念。从现实来看，青少年体质健康水平仍是学生素质的短板。这就要求学校和全社会行动起来，关心、关爱青年群体的身体健康。毛泽东指出，青少年要文明其精神，野蛮其体魄。即青少年既需要勤学上进、追求卓越，又要拥有强健体魄、健康身心。在课程思政中，同样要树立健康第一的教育理念，鼓励和帮助学生走出"寝室""图书馆""自习室"等，促使其自觉拥抱"体育场""健身房"，劳逸结合。大学生要在体育锻炼中享受乐趣、增强体质、健全人格、锤炼意志。

四是走向美的历程。习近平总书记指出，"美是纯洁道德、丰富精神的重要源泉。没有美的滋养的人生必然是单调的、干涸的人生"①。美在青年学生的精神世界中占据着重要位置，它谱写了青年学生精神世界中美丽的童话，绘制了云彩、花朵、鸟鸣等交相辉映的美丽大自然。如果青年学生内心世界中没有这些美丽的童话、美丽的自然，不进行艺术爱好和艺术修养的培养，在综合素质方面是有所缺憾的。高校教师要坚持以美育人、以文化人，挖掘更多美育元素、增强审美韵味，提高学生人文素养，使得美术、艺术与科学、技术相得益彰。

五是弘扬劳动精神。劳动精神是中华优秀传统文化的重要组成部分，始终是中华民族创造辉煌成就的强大精神动力。习近平总书记强调，"劳动可以树德、可以增智、可以强体、可以育美"②。要引导学生崇尚劳动、尊重劳动，懂得劳动最光荣、劳动最崇高、劳动最伟大、劳动最美丽的道理。只有多进行劳动实践，才能在不断的实践之中得以进步。特别是要采取适应当前环境和条件的有效措施，加强劳动教育，组织好形式多样的劳动实践，让学生在实践中养成劳动习惯、学会劳动、学会勤俭。学生在走向社会后，只有通过辛勤劳动、诚实劳动、创造性劳动，才能树立为社会主义现代化事业拼搏努力的信心，在平凡的岗位上脚踏实地，在创造性劳动中挥洒自己的智慧，将个人梦想变为现实。

---

① 习近平. 论党的宣传思想工作[M]. 北京：中央文献出版社，2020：350.
② 习近平. 论党的宣传思想工作[M]. 北京：中央文献出版社，2020：350.

第4章　高校专业课与思政课协同育人的机制建设

　　随着思想政治教育的深入发展，思想政治工作内部结构的"分化"不断凸显。从当前各高校的思想政治工作体系来看，这种现象不仅涉及马克思主义学院，同时还涉及学生工作部、团委、党委宣传部、教务处等各个不同部门，是随着教育系统内部的分工而形成的。在具体的工作中要设定合理的工作机制，让各部门相互配合，围绕共同的教育目标和内容开展工作，不断推进学生思想政治素质的养成。因此，推进高校专业课与思政课的协同育人需要从不同方向推进，从体制机制上进行总体设计。

　　党的二十大报告指出："必须坚持系统观念。"①高校在建立专业课与思政课协同育人机制方面必须坚持系统观念，使育人体系更加完整和广泛。单个教师不会成功，需要对接所有教学单位示范引领，进行全覆盖；单个平台不会成功，需要对接移动互联网专注内容，使类型丰富；单门课程不会成功，需要对接修订培养方案打通专业，层次递进地进行；单个学科不会成功，必须对接所有育人课程同向同行，互相支撑。从高校教育的实际和特点出发，结合思想政治教育的特殊性，高校专业课与思政课开展协同育人应从以下几个方面展开。

4.1　理念协同

　　理念是人们对客观世界在人脑中的映象，是思维活动的结果，指导着人们的

---

　　①　习近平. 高举中国特色社会主义伟大旗帜 为全面建设社会主义现代化国家而团结奋斗——在中国共产党第二十次全国代表大会上的报告[N]. 人民日报，2022-10-26.

决策和行为，对事物的发展有着重要的作用。一般来讲，每个行为都有对应的指导思想，不同的理念会产生不同的结果。在实践活动中，每个人对客观世界的反映不一样，对同一个事物的看法和思考也不尽相同，因此就会产生不同的实践结果。理论对实践有着指导作用，可以反作用于实践。因为理念的差异，人们改造世界的过程也会有所不同，世界发展也变得丰富多样。理念协同是指专业课教师与思政课教师应树立协同育人的共同理念，这是开展协同育人工作的首要条件，只有专业课教师和思政课教师在育人观上拥有相同的理念，才可以保障其他育人工作的顺利进行。

高校专业课与思政课的协同育人需要理念协同做先导。先导是事物正式发展的前提与基础，对事物的发展起着重要的关键作用，是事物能否顺利发展的重要因素。理念是人们在社会历史中智慧的结晶，是人们在以前的实践活动中的经验教训的总结，对当代人们开展实践活动有着重要指导作用。一些规律性的认识，即使时代发生了变化，但是仍然可以有效地指导今天的实践活动。离开了理念的先导作用，人们的实践活动将从零开始，难以在短时间内达到比较发达的状态。在高校专业课与思政课协同育人活动中，需要以理念为先导，在理念的指导下对各方力量施加影响，共同推进受教育者思想政治素质的形成。这一理念关乎教育的内容、形式等各方面因素，是推动这项工作的"总开关"。课程思政实质是一种课程观，不是增开一门课，也不是增设一项活动，而是将高校思想政治教育融入课程教学和改革的各环节、各方面，实现立德树人润物无声。在理念协同的思想驱动下，把"大思政"内化到各门课程的开展中，更新教学内容，广泛参照以往经验教训，从中汲取理论智慧，为推动高校专业课与思政课协同育人提供智力支撑；同时，高校专业课与思政课要做到多样性和统一性相统一，充分发挥思政课本身的交叉性，注意教学侧重点，尊重客观差异，结合各自特点在课程设置、内容传授、教育方法等方面进行科学调整，以达到和谐统一的状态，激发教育改革活力，使这两者在协同育人方面同向发力，才能讲好每一堂课，提升学生的学识和素养。

4.1.1 理念协同的强大功能

(1)理念协同可以更好地凝聚高校专业课与思政课协同育人的力量

共同的理念可以凝聚不同群体为着共同的事业而奋斗，这是理念协同的一个重要作用。在实际工作中，我们常看到各种统一行动、构建共同目标的宣传语，其作用之一就是广泛宣传人们的共同理念，让广大人民群众在共同理念的指引下为着同一目标而努力奋斗，共同推进事业的发展。比如武汉纺织大学六十周年校庆主题"崇真尚美六十载，经天纬地百年梦"，就是号召纺大全体教职工和莘莘学子继续延续纺大精神；"中华民族一家亲，同心共筑中国梦"，就是号召各民族形成"团结奋斗"的共同理念，凝聚力量实现中国梦。在高校的教育体系中，不同学科的教师在教育中所扮演的角色不一样，专业课教师与思政课教师的教学任务和要求也不一样，各自在尽力完成各自的教学任务和目标，因而在日常教学工作中交流较少。但是所有学校在教书育人的过程中，应先"育人"再"育才"。在思想政治工作方面，育人是学校教育的第一个重要任务，是所有老师应该始终保持以德育人的理念。因此，对于不同学科的教师需要以理念协同来拉近两者间的距离，加大彼此的合作力度，挖掘各科课程思想政治教育元素，不断深化完善协同育人教学体系，构建思政课与专业课协同育人机制。高校专业课与思政课协同育人的共同理念可以很好地凝聚专业课教师与思政课教师两大群体，使这两者在共同理念的指引下合理分工，相互渗透，注重课程体系的整体性设计，共同让学生的思想政治素养得以提升。当然，在实际工作中推进专业课与思政课的协同育人不仅只有这个群体的理念协同，还需要职能部门在管理中的理念协同。通过组建教研团队、搭建多种教学平台、拓宽教学渠道等方式，使得不同的职能部门在各自的职责范围内，本着为学生成长成才的初衷制定相应的管理制度，进一步完善系统管理，为专业课、思政课教师更好地发挥其育人作用提供保障，形成全方位的思想政治教育体系。

(2) 理念协同可以史好地体现高校专业课与思政课协同育人的系统性

中国传统文化中有一句广大人民群众耳熟能详的成语——"道不同，不相为谋"，体现了人的理想、理念、想法很多、很丰富，如果人的理想不同，那么就没有必要一起谋划事情，由此可见"道"的重要性。系统性要求在同一个系统内部各要素充分调动起来，彼此之间有着清晰的逻辑关系，构成一个整体并为了共同的目标而奋斗。理念作为系统内部的指引性事物，是影响事物发展方向的重要因素，可以很好地凝聚各方力量，不断强化事物发展的系统性。改革开放以来，中国在经济、文化和教育等方面发生了巨大变化，归根结底就是思想观念的改变，这种改变促使我们大刀阔斧地进行深化改革和对外开放，取得了令人瞩目的伟大成就。高校思想政治教育要想办好、办大，必须有各自的协同育人理念。首先要有先进教育理念，然后才会有高水平的教学团队和高质量的教学效果，因此要加强高校专业课与思政课协同育人系统性的第一个重要问题就是理念协同，只有在理念上达到协同育人，才能在实际行动中自觉对学生进行思想政治教育。教育的系统性不仅表现在教育的各个阶段、各个环节，同时表现在教育的不同内容、方法、方法等方面。教育的系统性要求不同的教育主体要承担相应职责，有计划地、系统地开展教学活动，因此要推进理念协同以强化思想政治教育的整体性、系统性，这是开展高校专业课与思政课协同育人的重要内容。学生的需求是多元化的，它要求教师不断更新教学内容，调整教学方式，从而帮助学生全方位发展。在引导学生成长成才方面，各科教师的目标都是一致的，都有共同的价值诉求，这要求高校专业课教师与思政课教师以思政素养为抓手，在协同育人理念上具有一致性，教学与科研一肩挑，积极发挥已有的科研基础和优势，为了共同的目标开展育人工作，教育好、塑造好具有高素质强技能的新时代青年。因此，在这个共同的理念协同下，专业课教师与思政课教师才能更好地凝结起来，系统推进思想政治教育的发展。

（3）理念协同可以更好地指引高校专业课与思政课协同育人的发展方向

事物的发展方向是由其本身所固有的性质所决定的，同时，正确的理念也能够反映客观事物，是客观事物发展规律在人们思想观念上的反映，指引着事物朝着前进的方向发展。高校专业课与思政课协同育什么人？怎么育人？达到什么育人成效？这些问题都需要专业课教师与思政课教师通过理念协同来解决。高校作为培育人才的重要基地，必须充分贯彻协同育人的理念，才能从根本上推进专业课与思政课协同育人的步伐。高校教师要在当前教育的各个要素和环节中体现出思政育人的重要性，才能打破专业课与思政课之间的壁垒，让协同育人的理念深入人心，做好两者的有效互动，充分发力，辅之以日常课程的思政教育，从而建立协同育人机制。从当前的实际来看,大部分高校专业课与思政课协同育人理念已经形成,但是也有小部分高校仍然处在摸索阶段,这就需要加大各校之间的联系和合作。比如 2018 年由浙江大学和上海交通大学等高校建立的"全国高校思想政治理论课实践教学联盟"就为高校进行交流沟通和资源分享提供了一个很好的平台,有助于专业课和思政课协同育人的发展。同时,高校的宣传部门也必须重视宣传工作,将党和国家关于建设"大思政课"的会议精神传达到位。宣传工作是思想或理念形成的重要环节,在协同育人理念发展过程中起着"引领育人方向、澄清认知误区、服务协同大局"的作用。调研是宣传工作的基本功,更是发表言论的前提,因此,必须做好专业课与思政课协同育人的调研工作。在进行调研时,了解显性育人情况容易,不能被表面现象所敷衍,要实实在在反映情况,科学实施,掌握专业课与思政课协同育人中包含的隐性、特殊和动态的那部分内容,如实报道真实现状,建立理念协同机制,引导专业课与思政课协同育人朝着正确的方向发展,充分发挥思政教育应有的作用。

高校是思想政治工作的主渠道、主阵地,很长一段时间,高校的大部分专业课老师重视科学研究,但对教学却不够重视。很多老师不注重提高自己的人文情怀和政治觉悟,无法将对学生的正确价值观引导和课堂传授专业知识有效结合起来,甚至还有一部分老师认为思政工作是辅导员和思政课老师的事情,与自身没有关系。因此,在高等教育中推行专业课与思政课协同育人是非常迫切的。在"大思政"背景下,各高校正有条不紊地开展思政课与专业课协同育人教学活动,但是仍然有部分院校只是在履行育人政策,在实际工作中未能落实协同育人,使得协同育人理念和实际育人工作相脱离。首先,部分高校教师对思想政治教育的重要性认识不足,没有形成协同育人理念的氛围。随着社会发展步伐越来越快,教育"内卷"化严重,科技竞赛压力、升学压力、就业压力等给学生带来的负面影响,"唯分数、唯升学、唯文凭、唯论文、唯帽子"的论断深入人心,在无形中降低了思想政治工作的重要性。这样的社会大环境给学生的心理健康发展造成了很大的阻碍,如频频发生的跳楼事件、抑郁症、焦虑情绪和成瘾问题等不容小觑。高校思想政治教育正面临巨大挑战,在追求高学历、就业率的同时更应关注学生的健康状况和思想状态。高校思政课老师必须与专业课老师一同制订科学的、整体的、长远的计划，及时对学生进行引导和教育，营造协同育人氛围。其次，部分高校教师对协同育人理念的理解不够深刻，思想认识不到位。党和国家高度重视高校思想政治工作，多次召开专题会议，出台一系列相应的政策和措施，但是由于没有出台系统的协同育人机制，很多高校教师仍然不能真正理解为什么要进行协同育人，认为专业课程就是通过理论学习、技能培养和专业实践活动等，提高学生的专业能力，思政课就是对学生进行思想政治教育的课程，各自为政，这种理念相对偏颇。部分院校过于注重技能培养，缺乏统筹和规划，协同育人理念滞后，致使协同育人效果不佳。高校思政课通常采取大课模式，每堂课人数在一百人左右，对于这种形式的课堂，教师并不在意学生能学到什么，是否掌握了本节课的知识点，只是为了完成自己的教学任务，最后的结课考试也是走走形式，很少有挂科现象。长此以往，学生将对思政课提不起兴趣，敷衍了事，会因为长期不接受正确的价值引导和心理健康教育，对其成长造成不利后果。面对这些实际问题，需要思政课教师和专业课教师形成协同育人大格局，具体分析，找到最适宜的方案，破除协同育人理念滞后的困境，让学生真心喜欢思想政治教育课程，将知识内化于心、外化于行。

4.1.2　理念协同所要遵循的原则

(1) 理念协同需要遵循客观规律

客观规律是事物发展过程中表现出来的相对稳定的变化，是事物联系和发展本身所固有的规律。因此，掌握事物的客观规律对推进实践活动具有重要作用。在充分发挥主观能动性改造客观世界时，如果仅凭主观臆断做事，则很难得出正确的实践结果；只有按照规律办事，客观分析事物的变化发展，实践工作才能少走弯路，更高效地推进事物的发展。符合规律的理念才是科学的理念，按照科学的理念办事，才能得出正确的实践成果。理念的协同，是人们在思想方面对某一件事物的认同，代表着不同主体间对同一件事物的共同看法。而要把不同主体的思想统一起来的前提就是要尊重事物发展的客观规律，在客观规律的指导下办事，尊重客观规律，使之更好地运行和为人类服务。高校专业课与思政课协同育人要遵循教育的客观规律、人的发展的客观规律、社会发展的客观规律等诸多方面的客观规律。物格而后知至，知至而后意诚。这些规律都是人们在长期的社会实践中逐渐总结凝练成的理论思考和经验总结。遵守客观规律才能促进教育的发展，才能取得事半功倍的育人成效，才能达成高质量教学水平。教师要在这些规律的指导下深化大学生的认识，在共同目标的感召下统一认识，形成共识。专业课和思政课在教学内容和目标方面具有很大的差异性，就像陈云同志所践行的"不唯上、不唯书、只唯实"，在协同育人的过程中要实事求是，注重两者之间的不同学科属性的客观规律，找到两者的交叉点，多学习获取规律、多研究发现规律、多实践验证规律、多反思总结规律，互相推进彼此的发展。教育是科学，科学的价值在于求真，如果只是在专业课中生硬地加入课程思政的内容，很显然不能达到育人的目的，甚至有可能会让学生对专业课产生反感情绪；如果思政课完全不融入专业课的基本概念，那么就很难引起学生的学习兴趣，思政课的感召力和吸引力就会减弱。只有做到两者的有效协同，让思政课有力度，让专业课有温度，才能达到立德树人的育人目的。因此，在充分尊重基本规律的前提下开展思想政治教育工作显得极为重要。

(2)理念协同需要凝聚各方共识

共识就是人和人之间的共同认识，比如，中华民族能经久不衰，就是因为56个民族具有团结一心的共识，都在为了更好的中国而奋斗。共同的认识是采取统一行动的前提，是推进协同育人的基础，理念协同必须凝聚各方共识，这里的各方包括教育实践活动的组织者、实施者和受教育者。不同学科的差异性大，其中一部分专业课蕴含的思政元素少，挖掘难度大，但是在"大思政课"的背景下，完全不融合思想政治教育的内容又不合适，不利于学生的发展。"术"和"道"应该同时具备，只教授专业知识而缺少思想道德素养的教学是有缺陷的，严重制约着学生个人的发展。如何解决现实中的这一对矛盾，专业课到底是否需要讲思政是需要解决的第一个重要问题。在解决好这一思想困惑的基础上再考虑讲什么、如何讲，这是广大专业课教师面临的重要问题。在这里，就必须形成共识，即专业课与思政课协同育人是必要的，只有将专业课程与思政课相结合，提升当代大学生的思想认知与文化水平，才能让其成为德才兼备的社会主义新青年。因此，推进高校专业课与思政课协同育人的理念协同具体表现在不同学科教师群体之间共同意识的形成。高校党委要充分重视，学校为课程开设配备最优质资源保障。在选题上，要深深植根学校办学优势，激发学生学习动力。各高校"中国系列"课程均和学校优势学科相结合，与人才培养目标相贴近，课程既有学术积淀又充分激发大学生的求知需求。在师资上，要聚集顶尖师资团队，强调团队组合。"中国系列"课程为专题式教学，每个专题授课主讲教师均为业内领军人物。在方法上，要注重开拓创新，在形散神聚中增强教育教学的吸引力和感染力。专业课教师与思政课教师要充分吸收各方的意见，充分考虑思想政治教育的特殊情况，针对青年学生群体的特点来展开教育活动。以思政课老师牵头，专业课老师积极参与，建言献策，主动践行，只有这样才能达成共识，为理念协同做好铺垫，为思想政治教育合力的形成打好基础。只有形成协同育人共识，才能丰富专业课与思政课协同效应的相关理论，对高校专业课与思政课协同育人的发展有着重要意义，更有效地促进全员、全过程、全方位育人。专业课教师与思政课教师如果没有达成共识，理念协同无从谈起，更不用说协同育人。要在遵循客观规律的基础上达成共识，在共同目标的驱动下进一步提升思想政治教育工作的实效。因此，高校专业课与思政课的理念协同需要凝聚思政课与专业课教师的共识，共同商议如何推进这一项工作。

（3）理念协同需要通过实践落实

理念是行动的先导，行动是理念的践行。马克思主义实践观认为仅仅通过简单的理论解释还远远不够，而是应该将所获得的理论投身于实践中去，才能改变客观世界，实现理论与实践的高度统一。中国共产党人一直以来都坚持马克思主义实践观，始终秉持着理论与实际相结合的方法。毛泽东提出没有调查就没有发言权；邓小平冲出了"两个凡是"的禁锢，使我国改革开放坚定不移地走一切从实际出发的道路；习近平倡导大兴调查研究之风，等等，这些表明了我们党对于实践的重视程度。党的十八大以来，中国步入新时代，新时代更需要马克思主义的贯彻和实践的不断注入活力，在实践中发展，在发展中实践。因此，贯彻马克思主义实践观将作为一种恒久的观念长存于中国特色社会主义建设的全过程。实践是为了实践主体而存在的，专业课与思政课协同育人理念也需要通过实践才能落实。要将协同理念与教学实践结合起来，既为教育教学活动提供理论支撑，又通过教学实践验证协同理念的正确性。用理念协同去启发专业课教师与思政课教师达成共识，用实践带动老师们投入协同育人实践。当前，全国各高校都在开展协同育人工作，如何处理好多元教育主体之间的关系是重中之重。学校各相关管理部门应加强指导和管理，让专业课教师和思政课教师打好合力牌，牢固树立并科学践行协同育人理念，形成合作关系，实现多元行动主体的"乘数效应"，才能提升专业课与思政课的协同育人成效。思政课教师应该做好树立理念协同的牵头工作。办好思政课关键在思政教师，思政教师要充分理解"大思政课"的真正含义，坚持教育者先受教育，明确为何需要理念协同、如何做到理念协同。只有把理念协同想清楚想透彻，才能不断提高自身教学水平，践行立德树人的重任。这就要求，既要立足理论，扎根实践，在日常教学中既要做好思政课堂的育人工作；也要充分发挥思政课的交叉性，帮助专业课教师在课程中融入思政元素，不断更新教学内容，科学践行协同育人理念，真信真用，同向发力，为了共同的育人目标前进。

4.2 任务协同

任务协同是在一定理论的指导下，各部门按照各自的要求和特点开展工作，以促进大学生思想政治素质的不断提升。任务协同是理念协同的具体体现。理念协同是人们意识的共识，而落实这些共同意识需要体现在具体的各项任务中。理念协同是在人们的普遍认可下达成的共识，在具体的任务中就应有所体现。任务协同与理念协同在时间上有先有后，但从其具体内容来看是同步的，理念的内容是体现在任务的内容之中的，有什么育人理念，就能够形成什么育人任务。高校专业课与思政课的理念协同包括教学目标、教学方法等不同层面，在具体的任务、内容中就需要对这些理念有所体现。

全面推进高校课程思政建设是落实立德树人根本任务的战略举措。高校"三位一体"的人才培养目标包括知识传授、能力培养和价值塑造,其中第一任务就是价值塑造。高校课程思政建设在传授知识和培养能力的同时,还引导学生形成正确的人生观、世界观和价值观。这一举措奠定了为中国特色社会主义培养合格和可靠接班人的基础,甚至影响国家长治久安。任务协同的表现之一是在制定任务的目标上,即大目标下要制定合理的若干小目标,以每个小任务的实现,形成量的积累,最终实现大目标。小目标和大目标的价值指向是一致的,不仅思政课教师的目标育人是一致的,而且不同学科所有专业课教师的小目标都是为了大目标的实现。对各类教学目标进行综合安排,保证目标的实现和分布的均衡,这样可以总体把握整个教育活动的进度,以合理的目标为总任务的达成提供保障。在任务内容的制定方面,要区别不同阶段学生的情况,根据不同阶段学生的实际制定不同的任务内容,要关注学生的不同性别、不同年龄、不同地区、不同民族等信息,并且根据这些实际情况来拟定合理的教育内容,制定合适的任务目标。这些都是理念协同的基本内容之一,在任务协同中需要具体落实。因此,任务协同需要从多个方面来考虑,把形成共识的理念协同落实在每一项具体的任务中。在制定教学任务时要考虑全面,不仅要对学生的知识掌握情况进行考核,还要重视学生的情、意、行等方面的发展。特别要注意,任务的下达必须有明确的任务内容,不能模棱两可。只有这样,教师才能展开具体的教学工作,明确育人的方向。再就是教学任务的设定要难易适中,要设定符合情况,通过努力能够达到的教学任务,而不是设定一个宏观而抽象的任务,加大教师的教学难度,这样将不利于协同育人工作的展开。同时,这个任务的落实是要便于开展评测的,因此应尽可能设定可以计算出来的量化任务,或者能够观察到的外显行为。简而言之,就是要把教学任务具体化,形成一个个具体的小目标。

4.2.1 任务协同是高校专业课与思政课协同育人的关键环节

理念只是人脑中的思想、观念,最为重要的是将这些理念落实在具体的实践中以改造世界。在高校专业课与思政课协同育人的环节中,所有事物都是围绕在理念指导下的具体任务而展开,这是思想政治教育活动的依托,离开了这个依托,思想政治教育的其他方面就是没有存在的价值。理念和任务是相辅相成的,有了理念才会有符合理念的任务内容，同时，只有形成具体的任务目标，理念才得以体现。在这个关键环节中，专业课和思政课相互合作，以具体实在的形式开展大学生的思想政治教育。正是因为有了这个关键环节，才有了后面的方法协同、平台协同、资源协同等内容，所有的这些都是以任务为中心，为了完成特定的任务而衍生出来的。教师的共同育人追求体现在制定的教学任务上，任务的明确对于推动专业课和思政课进行协同育人工作至关重要。因此，要认清任务协同的关键地位，扎实做好这一关键环节，其他几个方面的内容才有意义。围绕这一关键环节，从不同方面推进思想政治教育工作，确保教育达到效果，达成目的。作为高校专业课与思政课协同育人的关键环节，推进任务协同需要不同主体从不同方面推进，在确保这一环节得以完全落实到位，为思想政治教育质量提供保障。同时也要找到不同任务的交叉点和协调点，专业课教师和思政课教师从具体的任务目标入手，推动协同育人大目标的实现，织好任务网，实现对学生德、智、体、美、劳的全面培养。

4.2.2 任务协同是高校专业课与思政课协同育人的行动指南

首先，任务协同机制为开展协同育人工作提供育人方向，即"立德树人"，解决"育什么人"的问题。立德树人是教育的根本任务，是高校进行教育教学活动的出发点和落脚点。高校要以"立德树人"为纲，系统设计任务协同机制，对新时代建设"大思政课"育人格局具有重要价值。习近平总书记多次围绕"立德树人"展开讲话，在党的二十大报告中再次强调贯彻党的教育方针，落实立德树人根本任务。这不仅是高校思政课教学的育人方向，也是大中小所有学校的根本任务，要在教学过程中一以贯之。正是因为有了育人任务，教师所采取的教学行为才有了落脚点。任务目标为专业课和思政课教师的协同育人提供了行为指南，使得立德树人的根本目标通过系统化、模块化的任务协同机制得到落实。因此，高校在制定专业课与思政课的任务协同机制时要始终将"立德树人"作为总任务，其他的教学任务必须围绕这一根本任务展开，所有的教育教学工作都为实现这一任务而服务。

其次，任务协同机制为开展协同育人工作提供了办学方向，即"社会主义方向"，办具有中国特色的大学，建立专业课与思政课协同育人机制，为党育人、为国育才。习近平总书记指出要"在党的坚强领导下，全面贯彻党的教育方针……坚持社会主义办学方向"①。高校要积极响应党和国家的号召，坚持社会主义办学，让广大青年学生和教师深知中国共产党带领中华儿女奋斗到今日的不易。以习近平新时代中国特色社会主义思想为指导，坚持社会主义办学方向，落实立德树人根本任务，充分发挥所有课程育人功能，使各类课程与思政课同向同行，形成协同效应，构建全员、全过程、全方位育人大格局，培养德、智、体、美、劳全面发展的社会主义建设者和接班人。要发挥课堂教学主渠道作用，将大学生的培养与社会主义事业结合起来，在教学内容中加入历史知识的学习，加强党史学习教育，注重对学生进行历史思维的培养，让大学生成为筑梦复兴的主力军。

最后，任务协同机制为协同育人工作起到监督和保障作用。一般来说，衡量一个事情有没有完成就看它有没有达到既定的任务或目标，高校协同育人工作亦是如此。专业课教师与思政课教师有没有圆满完成工作，要看是否完成了育人任务，当然这一标准的前提是育人任务必须是全盘考虑，符合实际的育人任务。任务协同机制的制定使得监督工作变得更制度化、规范化。通过任务协同机制，使得教师和学生对协同育人工作有更大的监督权和知情权，随时可以将教师的育人成效与任务进行衡量，还能对教师的育人行为起到驱动效用。教师与教师之间形成互相影响、互相制约的关系，学生对教育过程进行监督，有利于学生充分发挥主体性，积极地参与到协同育人过程中。教师自觉接受监督，围绕"立德树人"的最终任务和各种阶段性任务展开育人工作。同时，任务协同机制的建立为专业课教师和思政教师开展教学活动提供了一定的保障。学生在知晓教学任务后，也会自觉地将教学任务与自己要完成的学习任务进行对比，自主配合教师的教学活动，发挥教师和学生的双主体效应，共同完成协同育人任务。

当前，建立高校专业课与思政课的任务协同机制仍存在着以下两个亟待解决

---

①　坚持中国特色社会主义教育发展道路　培养德智体美劳全面发展的社会主义建设者和接班人［N］．人民日报，2018-09-11（1）.

的问题。其一，复杂的网络环境影响任务协同机制的建立。网络空间鱼龙混杂，充斥着很多虚假的事物，教师在进行任务协同机制的制定和落实时会因为信息来源不当、受人误导等原因出现差错。青少年在接受网络信息时会因为缺少理性判断，很难进行信息的筛选，分辨出事实真相，从而对事物产生错误的认知，影响自己的世界观、人生观和价值观。甚至还会因为舆论的引导，无所顾忌地发声，从而产生错误和不当的言论。正因为这种现象的发生，使得高校在建立任务协同机制时必须将这些因素考虑进去，加大了育人难度，不仅改变了任务协同机制的内容，甚至还会改变其整体走向。在互联网时代，必须加大对学生的网络安全教育，因此，要采取措施，尽量减少网络上负面信息对学生的影响。一是虚拟环境下出现任务机制的建立失调。虚拟网络的实践具有隐匿性，在网络空间里的实践主体是可以随心所欲的，摆脱了传统社会的管制，只要在法律允许的范围之内，很少考虑自己的行为和言语是否失之偏颇，是否符合道德伦理，甚至有人会享受制造恶意舆论和不当行为带来的快感。二是无序条件下出现任务机制的建立失控。在网络空间里活动，一个人在同一时间可以扮演不同角色，不受管制，缺乏统一。很多人打着"自由""民主"的旗号，做着违反道德的恶行，甚至是超越法律红线，给社会造成不利影响。在这种情况下，任务机制的建立会受到不利因素的影响，不利于育人活动的展开。互联网的确为专业课与思政课的任务协同机制的建立搭建了一个新的平台，但是，由于其虚拟性、无序性，加之大学生思想政治素质的未完成性和不确定性，很可能造成对网络的使用不当，从而产生负面影响。

其二，缺乏问责机制，导致任务机制的落实成空。协同育人本就是一项全员育人工作，如果缺乏清晰明确的问责机制，或者实施力度小，就会出现不作为现象，甚至出现乱作为行为。问责主体不明确，会导致教师淡去责任意识，对协同育人任务形成"事不关己高高挂起"的心态。思政育人的成效是全体教师促成的，教学任务也是由大家一起完成的，在协同育人过程当中，很难明晰具体哪个步骤出了差错，无法定位到具体老师的身上，职责划分不明确。因此，在安排教学任务时就要具体到人，具体到事，让教师都明晰边界和责任。问责结果有失公正，在很多情况下是大事化了，小事化了，会让执行者责任意识淡漠，使得专业课教师与思政课教师协同育人成效大打折扣，不公平的问责结果，会使教师失去育人热情，甚至会使普通教师对领导者能力产生怀疑，产生反对情绪。

为了解决高校专业课与思政课任务协同机制上存在的上述问题，任务协同应通盘考虑各方实际。不同的环节、不同的主体所面对的实际情况不一样，需要辩证看待这些问题。对于客观存在的事物，需要我们主动去探求其中的规律，在掌握规律的基础上，运用这些规律来办事。这样才能让事物朝着好的方向发展，否则就违背了事物发展的内在规律，其结果可想而知。因此，我们在推进高校专业课与思政课协同育人的过程中，要通盘考虑各方实际，求各方面情况的最大公约数。具体而言，就是尽量考虑到各方的实际情况，照顾到各方的特殊情况，尽量让各方工作顺利推进。

其一，任务协同要考虑学校的实际情况。在制定教学任务时，要充分考虑综合型院校和专业型院校在人才培养模式、人才培养目标以及教学要求等方面的实际情况。其中，普通本科教育和院校职业教育有着本质上的差异。职业教育更偏向于专业技术型人才的培养。在课程内容上主要是为学生打造过硬的就业技能服务，将理论与实践相结合，按照岗位所需要的技术和能力来设置，以实用为原则，强调实用性和针对性。因此，这类大学在设定任务目标时要突出对学生专业技术的培养。其二，要考虑不同专业的实际情况。思政课与专业课有着各自的特点，在思想政治教育过程中，专业课由于其特殊性往往难以实施，特别是对于一些数学、机械等专业性强的课程。这时，在推进任务协同的过程中需要充分考虑到这些特殊问题，要制定相关方案，研究教材，充分挖掘其中的思想元素，设计好从哪些方面融入、如何融入等基本问题。譬如，体育学科为了达到体育课程与思政课同向同行的目标，通过加强生命至上观念建设，培养正确的体育价值观；多维度挖掘中华体育精神，深化体育思政融合育人理念；打造特色教学案例，发掘体育课程的"思政功能"；整合教学资源，构建高校体育课课程思政教学体系等措施，建立高校体育课程思政长效机制，促进教育工作根本任务的完成。其三，将学生的需求作为重要的行为指向。为何要设置任务？设置什么任务？这一系列问题都是围绕学生的需求展开的，都是为了培养学生的综合素质和能力而服务的。因此，思政课要结合不同专业学生的特点，在举例说明等环节要充分考虑到这些因素。只有考虑到这些具体的问题,高校专业课与思政课协同育人才能做得好,才能有效果;否则,只能是流于形式,难以达到预期效果。树立一切工作以学生为中心,关注学生的个性需求,巧用德育课堂,打开学生心灵,培养学生健康向上的人格。

其次,任务协同需按一定的计划实施。在充分考虑实际情况的基础上,预先设定计划,在这个计划之下开展思想政治教育工作,逐步完成既定目标。因此,任务协同需要一定的计划。作为一个预先设定的计划,在实施的过程中会遇到一些事先没有考虑到位的情况。计划既有确定性,也有不确定性。计划的确定性表现在因为掌握了客观规律,所以大部分情况是在客观规律的支配下发展着;其不确定性表现在一些突发情况往往是难以预先考虑到。因此在制订计划时需要留足一定的空间,以备遇到难以解决的问题时提供方便;同时应多制定几套方案,以应对不同的情况。因此,在制订计划时,应仔细充分考虑到不同情况,特别是要考虑到一些难以应对的情况。譬如,在面对重大突发事件时,群体思想政治教育应如何展开?如何引导学生解决突发的情况?这些情况在常规的思想政治教育活动中难以遇到,但要做好预案并体现在计划中,让全体教育工作者均熟悉相关内容,在遇到情况时可以按照既定预案实施,以求得最大的教育效果。在高校专业课与思政课协同育人的过程中,要顺利地推进任务的完成,应该严格执行计划。计划可以对任务协同进行管理,在制定协同育人任务时,需要客观评估该任务的难度系数和完成时间,按照育人计划对任务完成的进度进行全局管控,了解育人进展,以利于管理者进行动态管理。教师按照既定的计划展开教学,完成每个阶段的教学任务,有助于团队协作,更高效地完成育人任务。

最后,任务协同应全面落实到位。对于既定的方案和计划,就应该要全部落实到位,不能选择性地落实,或是有些落实只是走形式。全面落实是扎实推进思想政治教育协同育人的基本要求,无论是思政课教师,还是专业课教师,都应全面落实思想政治教育的相关要求。通常来讲,人们的惯性思维认为,加强大学生的思想政治教育工作是思政课教师的事,而与专业课教师关联度不大。但从人的发展来看,大学生思想政治素养的形成不只是关乎思政课教师,专业课教师也对其产生了重要的影响。因此,需要特别注重以专业课教师为抓手推进思想政治教育工作。任务协同全面落实到位的工作重心在于专业课教师的落实到位，对于思政课教师的教学，国家、省、学校等均有一定的要求，但是对于专业课教师的要求相对较少，需要从不同方面改进这一问题。全面落实思想政治教育的任务，不仅要从量的方面加以保证，同时也要追求质的要求，要高质量地完成相关计划，让大学生在教育活动中切实得以成长，特别是要保障思想政治素质有所提升。高校教师要不断强化责任意识，构建"责任精准落实到个人"的任务协同育人机制。要发扬"马上办"的精神，拿出务实举措，拧紧环环相扣的责任链条，形成任务闭环。学校领导班子要系统谋划，坚持严管与厚爱并重，失责必究，问责必严，加强对任务落实的全程管控，责任单位具体实施，力争每个育人队伍都要有成果，真正把问题解决好。

4.3　方法协同

方法是人们在认识、实践的过程中，为了达到一定的目的而采用的手段、程度的总和。方法不能单独存在，依附于人们的认识或实践，是人们对客观事物规律的把握。在思想政治教育过程中，为了达到一定的教育目的，必须采用一定的教育方法。思想政治教育方法是教育主体采用一定的方式服务于教育目的，与教育任务紧密相连。教育方法与教育主客体密切相关，不同的教育主体运用的教育方法不一样，面对不同的教育对象所运用的方法也不一样。不同的教育目的、不同的教育任务、不同的教育对象，所采用的方式不尽相同。教育所涉及的方法包括实事求是法、矛盾分析法、目标引领法、问题导向法等，多样化的方法要求专业课教师和思政课教师在育人过程中达成共识，构建方法协同机制。通常来讲，教育方法是人们在长期的实践中总结出来的经验，需要上升到理论。

高校专业课与思政课的方法协同具有重要的意义。不同教育主体运用不同的方法开展思想政治教育，这些方法是实现思想政治教育目标的重要手段。在开展思想政治教育的过程中，如果不会使用方法或是方法不当，就会使得教育效果大打折扣，甚至会起到反作用。因此，使用一定的方法来开展思想政治教育具有极为重要的作用，思政课教师与专业课教师应加强联系，相互借鉴教学方法，以求得最大的效果。在推进方法协同的过程中，各学科专业的教师要注重学科特点，有机融入教学内容，既要借鉴他人的好做法，又要充分考虑自己学科的特点，让学生对不同的方法融会贯通，在实际工作中灵活运用这些方法。

教育方法还是教育主客体联系的纽带，起中介作用。高校专业课教师和思政课教师的方法协同，进一步凸显了方法的纽带作用，是联合开展思想政治教育活动的基本要求。思想政治教育过程的正常运行不仅需要教育主体的教育活动、受教育者的学习活动，而且还需要教育方法的中介作用，搭建起两者之间的联系，如果没有中介的有效介入，主客体之间则难以发生联系，那么就无法构成思想政治教育活动。要充分发挥人的主观能动性，探寻事物内部的客观规律，从不同方法、不同角度对事物进行剖析，以求得其规律性。无论是专业课教师，还是思政课教师，都应发挥主观能动性，既要摸清学生的特点，又要结合思想政治教育的规律和本科学知识的特征，重视方法的运用，充分发挥方法在思想政治教育活动的功能，不断提升思想政治教育的实效性。

科学思想政治教育方法是保证思想政治教育活动得以顺利进行的重要条件。作为一种方法，应该客观反映客观事物的内在规律，只有这样才能体现方法的科学性。在实际工作中，主体根据自己的理念采取一定的手段施加影响，若方法使用不得当或错误，没有按照客观规律办事，可能造成事情的发展偏离主体的预期，导致事情不能按照既定设想发展导致难以完成任务。可见，科学方法在思想政治教育中具有重要作用。高校专业课与思政课的方法协同就是科学方法的协同，需要尊重各自学科的特点，结合受教育者的特征，以求得两者的最大公约数。如果方法协同不合理或错误，那么专业课与思政课协同育人就起到不协同效果，最后各自为政，协同就会名存实亡。因此，要重视科学的思想政治教育方法，更要寻求科学的方法协同。教学是学校工作的中心，是教师和学生组成的双边活动，只有教师"会教"、学生"会学"，才能促成教学活动的高质量运行。教师完成教学任务需要正确的教学方法作为基础。对学生展开思想政治教育不仅要求教师具有高超的育人水平和良好的政治素养，还需要根据教学规律和原则，使用正确的教学方法进行教学活动。正确的教学方法才能够激起学生的学习主动性和积极性，向受教育者传递思政育人知识，使其能够内化为自身的认知，引导其塑造正确的价值观。如果教学方法不科学，不仅达不到育人目标，还会适得其反，导致其缺乏主动学习的意识，甚至产生厌学的心理，对其成长造成不利影响。学生实现学习目的需要正确的教学方法作为支撑只有掌握了正确的学习方法，才能节省学习时间，在相同的时间内可以学到更多的知识，提高学习效率，才能提升学生应对竞争的自信心；才能促使其形成科学思维，掌握学习技能和技巧，积极主动地吸取知识，形成想学、乐学的积极心理，进而提升会学、优学的学习能力。

科学思想政治教育方法是促进思想政治教育活动提质增效的必然要求。方法作为实现教学任务的必要条件，影响着整个教学系统功能的实现。只有正确的教学方法才能顺利开展育人活动，促进学生核心素养的养成和人才培养质量的提高。教学方法是贯穿于教学育人活动的全程的，教学有法，但无定法，教师要根据不同的教学内容，采取不同的教学方法。就课堂教学来说，课堂的导入环节就可以采用情景导入、问题导入、视频导入等方法。特别是对于青年教师来说，刚进入高校，处在对育人环境的适应和教学方法的摸索阶段，容易出现教学方法不当，课堂时间不够用，甚至不知道该如何将一个问题讲得更清晰和深入，有时候会把简单的问题复杂化，这些是很正常的现象。如何打造节奏紧凑、氛围活跃、结构完整、效果良好的课堂，需要教师掌握正确的教学方法。只有正确的教学方法才能完成育人目标。教学方法是决定育人成效的重要因素，教学方法适当，学生就会准确、迅速地理解和掌握知识点。针对大学生群体的思想政治教育工作，所使用的教学方法更不能单一固化，要建立动态的方法协同机制。一旦学生对教学活动缺乏足够的反馈，教学效率随之下降，就无法完成育人目标。只有正确的教学方法才能达到育人成效。学校提高教学质量需要正确的教学方法作为手段。教师要不断创新教学方法，在尊重教育的客观规律和原则，根据教学的安排和学生的需求，选择适当的教学方法，培养学习者独立思考的能力，培养他们的创新意识和创造能力。协同育人工作给专业课教师和思政课教师提出了更大的教学难度，在教学方法的使用上，需要全体教师参与研究，找到最适合的教学方法，并在实践中践行多样化的教学方法，推动思想政治教育活动提质增效。

随着"大思政"格局的逐步构建，各地高校不断推进思政教育改革的深化和发展，构建"三全育人"的思想教育体系，不断创新育人方法，取得了可观的育人成果。当前，高校教师积极投身于思想政治教育研究中，研究视野正在不断拓展，不断强化专业课与思政课教学的有效协同，跨学科教育教学研究成为常态。但是，由于协同育人机制的建立还处在探索阶段，在育人方法上仍需要加大研究力度。从实际情况来看，高校在进行专业课与思政课协同育人时，采用的教学方法较为落后，仍然以"标准化"的教育方式为主，教学方法缺乏创新。协同育人作为新的育人理念，很明显遵循传统的育人方法会严重降低教学质量。由于学科性质和育人目标的差异，不同专业的教师采用的育人方法相差甚远，专业课与思政课要协同起来，达成共同的育人目标，这就要求高校教师必须革新以往育人方式，探索合适的协同育人方法。在教学过程中，教师采取传统的教学方法讲授"新的育人内容"，不仅讲不透知识点，无法达到育人目标，还会导致很多学生不喜欢，对"新的育人内容"的认同感降低，甚至产生排斥感，不利于协同育人教学活动的开展。

要解决这些问题，就要尊重事物内部的客观规律。不同的事物，其发展规律不一样，客观世界的规律相对来说变化较慢，主观世界的发展规律相对较快。尊重事物内部的客观规律需要对事物有着比较清晰的了解，在学生的思想政治教育具体过程中需要对学生的特点有所了解。不同地区的学生，由于地方的经济条件、风俗习惯不一样，对待事物的看法就不一样，这是造成思想差异的原因之一。如农村地区的学生和城市地区的学生因为其成长环境不一样，看待问题、处理问题就会有差别，当然这种差别没有好坏之分，只是各具特点。对于不同年级的学生，对于师生的看法不一样，对于学习的认识也会有差异，特别是在学习的行动力方面有差别。不同专业的学生，对待事物的态度也会有所差异，特别是对待思政课的态度有所区别；理工科和人文社科专业的学生在学习不同的课程时，学习态度会有明显的差异，在方法协同的具体过程中要关注这些问题并提前做好计划。当然，不同性别的学生的思想会有差异。青年男生与女生对待事物的态度不一样，在思想政治教育的具体活动中要注意区别。因此，不同学科的教师既要看到一般的思想政治教育的规律，同时还要看到这些有差异性的规律，根据实际情况采用有效的方法。同时，教师要注意不能以经验代替调查研究，不能用以前自己的经验来推测今天的学生，因为不同时代的人的成长环境变化很大，思想会有很大的差异。实事求是地对教育对象展开调查研究，是尊重事物内部客观规律的基本要求。

方法协同的主体是施加教育影响的教师，高校专业课与思政课的方法协同需要不同学科的教师开展广泛的交流，保持在方向、目标和价值追求上的一致性。对于专业课教师来讲，对思想政治教育内容的体系不了解，运用适当的方法是专业课教师的一个难题；整体上难以系统推进思想政治教育，也是专业课教师开展思想政治教育活动的一大难点。对于思政课教师来讲，由于面对全校所有专业的学生，难以兼顾到所有专业的特点开展有针对性的思想政治教育活动，一个老师不可能同时了解所有学科的基本内容。当然，随着各学科的深入发展，学科之间壁垒越来越高，这是导致不同学科之间融合难的基本原因之一。基于这些实际情况，为了整体推进学生的思想政治教育工作，不同学科教师应加强沟通交流。既要了解学生的特点，更要了解学科的特点，特别是不同学科的特点及教学知识点。教学知识点是思政元素的载体，如何通过知识点讲解融入思政元素是广大专业课教师面临的一个难题，需要思政课教师与专业课教师共同商议。专业课教师与思政课教师应通过交流，逐步打破一些学科壁垒，共享教学方法，吸收成功的经验和失败的教训，由此推进方法协同。各高校教师要树立协同育人理念，积极主动进行协同教学研究，将专业课内容与思政课内容相结合，改革和创新育人方法。方法协同需要各方力量，在尊重学生个性的同时寻找共性，让不同学科的教育朝着同一个方向努力，共同提升学生的思想政治素养，保障大学思想政治教育健康发展。

4.4 平台协同

平台是人们在开展活动时所需要的条件或环境，是开展某一项工作而搭建起来的舞台。高校专业课与思政课的平台协同是指不同学科共同推进大学生思想政治教育工作所需要的条件，是思想政治教育管理者的一项重要工作，为创新发展育人手段、拓展育人新渠道提供了平台支持。

　　思想政治教育的平台不是天然存在的，是人们为了推进思想政治教育活动而搭建的。在具体工作中，不同学科分布在不同的单位，各单位之间存在着一定的壁垒，在人员的安排、资金的使用等方面都有较大的差异。如不同单位的集体备课制度需要学校相关部门牵头，不同学院之间是平等关系，无法干预另一个学院的人工作安排。在经费使用方面，不同单位的制度有其限制，难以具备统一的渠道；在考核机制方面，不同学科也存在着很大差异性，如在专业课的考核机制中，思想政治教育所占的比重是多少，如何评价其思想政治教育效果都是一个难题。因此，为了推进高校专业课与思政课的协同育人，就要从各个方面打破这些壁垒，打通它们之间的隔阂，让不同学科不同专业的教师汇集在一起，共同推进大学生思想政治素养的提升。平台协同由此而产生，只有专业课和思政课在同一平台上一起发力，才能推进思想政治教育工作的发展，为学生的成长成才提供思想保证。高校思政教育平台的建设，应以专业的教学内容为基础，依靠互联网技术为支撑，以高校教师和学生为主要用户群。高校教育者要积极搭建高校思政教育平台，弥补传统思政课教学的缺陷，创新思政育人方式，提升高校思想政治教育的整体水平。

4.4.1　平台协同为深入推进大学生思想政治教育提供了可靠保障

　　开展大学生思想政治教育工作需要一个平台把不同群体集合起来，在这个平台上，各群体充分发挥自己的长处与优势，彼此之间相互借鉴，合力推动大学生思想政治教育的发展。大学生的思想政治教育是不同教育主体共同参与的结果，单纯依靠思政课教师难以高质量完成思想政治教育的任务；专业课教师的主要任务是把学科专业知识向学生传授到位，让学生增长学科知识，服务其将来的就业。因而，协同育人平台不仅可以把专业课教师、思政课教师、学工队伍等不同群体集结在一起，同时也可以从经费、制度等各方面予以支持。在这个平台上，专业课和思政课教师可以按照思想政治教育的规律办事，协调各方力量推进这项工作，特别是对于群体思想政治教育工作尤其需要各方力量的相互配合。对于在工作中遇到的难题，通过平台的日常交流机制可以相互研讨，集合各方面力量及时解决，为丰富思想政治教育方法提供了方便。因此，平台协同为高校专业课与思政课协同育人提供了人员保障。同时，平台协同也提供了制度保障。由于不同单位分管的工作不一样，对于在大学生思想政治教育工作中遇到的一些实际问题，需要多部门联合推进，这时就需要平台提供制度保障。平台建设的一个重要内容就是制度建设，这种制度会打破不同单位的壁垒、不同学科的限制、不同教师的局限，从项目扶持、人员安排、经费使用等各方面推进。在这个总体设计下，各方力量按照既定计划推进大学生思想政治教育活动。创新发展了大学生思想政治教育渠道，以新媒体技术为支撑，为学生自主学习提供了线上平台，也方便了教师云端授课。教师要积极主动进行教学研究，熟悉线上教学平台的使用，将教材内容融入其中，确保专业课与思政课协同育人平台的高效运行，进一步明确进行协同育人的任务，加强对学生的思想政治教育。

4.4.2　平台协同为专业课教师和思政课教师进行协同育人创造了条件

首先，实现了资源的优化配置。各高校在思政育人上积累了充足的教学资源，其中包括马克思主义学院提供的专业内容，如各种数字化思政课教学资源，以及丰富的实践资源和各种教研活动、科研项目等资源。教学平台的创建，可以让教师根据知识点选择合适的育人资源，从而提高协同育人的质量和实效。同时，师资队伍也因平台而稳定，如有专职辅导员负责在校学生的思想政治教育、心理健康等方面的工作，有专业素养和政治素养较高的思政课教学团队。在高校当中使用教学平台的一般就是学校教职工及大学生，是一个庞大且稳定的用户群，为平台的使用和运营带来了稳定的流量。平台是各种教学资源与课程教学实现有效衔接的承担者，打通了不同学科之间的教学资源壁垒，实现了各种优质资源的合理配置，使得教学平台更加优质。其次，有利于展开联合备课。专业课和思政课教师在进行教学活动时会选择适当的平台作为辅助，通过建立平台协同机制，为联合备课创造了有利条件，方便了不同学科的教师在育人目标、方法和手段上进行交流，让全体教师在研究中真正提升专业素养，为教师参与课程建设提供了有利渠道。大学教师在对学生进行思想政治教育时，不仅要做好教科书的"忠实执行者"，而且还要创新德育工作方法和内容，拓宽教育资源，与其他教育者共同研讨如何提高协同育人的实效性，共同打造协同育人的学科课程，参与学科课程的开发和建设，加强对大学生进行思想政治教育。

随着"课程思政"的开展，各高校构建了专业课与思政课协同育人的平台，但是在这一过程当中出现了一些比较明显的问题。首先就是各平台之间形成了资源孤岛现象。各类育人平台都是由各教学部门组织开展的，牵头人会为了突出特色，在育人资料方面会有所选择地添加，难以满足学生全面成长的需求。每个平台都有自己的一个系统，导致在育人目标、方法、资源等各方面缺乏整体性和系统性，各自维系平台的运转。学生在各种平台接受片段化的信息，很容易造成学生在各种平台"漫无目标"地搜索信息的现象，不仅不能满足学生全面发展的需求，还难以保证其发展方向的正确性。其次就是没有统一的教学平台。每位教师都有自己的育人方式，因此，在选择育人平台时，大多数人会按照自己的一个想法去选择平台，很少考虑适不适合其他课程，是不是能够为学生所接受。因此就导致这样一个现象，学生和教师在不同的平台上进行教学互动，选择平台时容易出现分歧，不仅会让老师没有精力去做好不同平台的备课，也使学生在不同的平台反复"跳跃"。同时，从当前的情况看还缺少高质量平台，没有建立系统化的育人平台，老师们大多根据各自的教学需求选择各种平台。线上教学平台作为当前运用比较多的平台，其实际效果有待考证，如缺少互动、不方便教师管理等问题依然没有得到解决。最后，运营落后，效果不佳。建设思想政治教育教学平台的运营需要人员和技术为支撑，需要组建专业的团队对教学平台进行运营管理，但是目前很多高校缺乏对教学平台进行运营的专业团队。很多教师只是将教学平台作为自己展开教学活动的一个辅助工具，不会充分挖掘平台的育人功能，更不用说更新资源进行后期运营了。当遇到技术难题时，由于缺乏技术支撑也不会解决，导致不能够及时回复学生在学习过程中遇到的问题。很多教师不会去利用学校提供的教学平台，导致教学平台的利用率有所下降，平台访问量不高，甚至形同虚设。

4.4.3 平台协同需要思想政治教育管理者牵头组建

思想政治教育管理者是平台教育的牵头人和服务者，因而应以思想政治教育目的为指引，为了达成教育目标而搭建平台为广大师生服务。管理工作的重要作用是保证作用，其本身不创造效益，但不能忽略其重要价值。科学的管理工作在思想政治教育活动中起着协调、纽带作用，对促进思想政治教育的发展也有着重要的推动作用。缺乏管理的思想政治教育会失去其系统性，教育效果也会受其影响，导致从整体上拉低教育水平。在实际工作中已有很多平台，但这些平台多是服务于某一项或是几项工作，难以承担起思想政治工作的全部内容。平台协同需要思想政治教育管理者牵头，把各个小平台整合到一个大平台中，提升平台的承载能力，特别是增强平台服务于大学生思想政治教育工作的功能。当然，若现有平台不能满足工作的需要，就需要思想政治教育管理者根据新的教育目标和任务搭建新的平台，把各类人员整合到这个平台上，以满足教育目标的达成。无论是旧平台的整合，还是新平台的搭建，都需要思想政治教育管理者积极作为。要根据实际情况，以教育目的和任务为核心，从人员、制度、经费等方面推进工作，切实为大学生思想政治教育工作提供相应的平台与环境。因此，在高校专业课与思政课的平台协同中，思想政治教育管理者应起到引领作用，为不同学科教师提供支撑，为大学生思想政治素质的提升做好服务工作，切实加强新时代大学生的思想政治教育工作。

4.4.4　平台协同需要不同学科教师的积极参与

平台的核心是人，离开人这个主体，平台就会失去存在的意义。在思想政治教育的平台中，不同学科的教师是主体，是发挥作用的力量。因此，在推进高校专业课与思政课的平台协同中，离不开各学科教师的广泛参与。无论是专业课教师，还是思政课教师，都需要广泛地参与平台的建设。各学科教师应结合不同专业、不同年级的学生特点，围绕思想政治教育的内容，齐心协力解决大学生思想政治教育工作中遇到的各种问题。在专业课与思政课的协同育人中，对于专业课教师，既要讲好专业课的知识，还要根据教育目标融入思政元素，不断提升学生的思想政治素养；对于思政课教师，既要讲好思政课，还要结合学生专业特点融入专业元素，进一步提升课程的授课效果。在这个过程中，专业课教师与思政课教师都会遇到困难，主要是不同学科之间的壁垒难以打破，需要两者进行有效融合后相互借鉴、相互学习。只有这样，平台的作用才能发挥出来，不同学科教师的能力才能提升。因此，平台的建设离不开不同学科的教师，需要他们积极参与这项工作，为平台的建设建言献策，使平台产生虹吸效应，让更多的人参与这项工作，提升平台的用户数量，为平台输入可持续的流量。还要加深对平台的了解，不断丰富思想政治教育平台的内容，在平台上面与学生共同探讨感兴趣的思政课教学内容，提高平台资源的利用效率。学校、学院则应该提供技术、资金、人才等方面的支持，以维护平台的后期运营。只有在广大教师的普遍参与下，大学生的思想政治教育工作才能做得更好，思想政治教育的时效性和有效性才能凸显。广大教师在这个平台上可及时交流问题、解决问题，及时回应社会热点问题，及时帮助需要帮助的学生，以促进学生的成长、成才。

4.4.5　平台协同需要网络技术的支持与运用

构建基于大数据的专业课与思政课协同育人平台，首先要加强信息化顶层设计，建立协同育人资源大数据平台。大学生是互联网的常住民，更倾向网络上的表达方式与话语体系，网络上的用语对他们来说更具亲和力。网络平台使学习更具灵活性，没有了人员、场地和时间的限制，随时随地可以进行在线学习，学生也可以按照个人需求去寻找资源，最大限度地发挥了资源效用。同时大数据会记录使用者的偏好，通过数字化分析，推送类似的学习资源，但也不可避免地出现同质化的学习资源，特别是一些热点问题。教师需要依托新媒体技术，对学习资源进行筛选整合，避免重复堆砌，提供更加舒适的使用体验，同时要建立规范的管理机制，做好数据规范和安全保障工作，确保涉及的数据与内容的安全。其次要依托科学技术，建立网络思政课程教学平台。就教师角度而言，可通过借助网络课程的协助工具，将学习资料共享，对学生的学习情况进行大数据管理；将书本上抽象的概念以图像、视频的方式向学生解释，以加深学生对知识的印象和了解程度。就学生角度而言，可以建立自主学习模式，根据自己的学习情况以及喜欢的方式，利用网络平台，选择感兴趣的专题，进行自我学习、自我检测。最后要搭建大数据"精准思政"工作新模式，建设经验分享平台。要利用网络平台精准识别学生的需求，建立学生成长"公式"，向学生提供个性化的服务；进行精准教育，研发"思政智库"系统，打造网络思政案例库。例如，武汉大学马克思主义学院就通过打造课程思政特色课(西方哲学史)、课程思政公开课(MOOC+三方座谈)、测绘学概论(上天)、比较文学(入地)课程思政跨学科对话节目(教师)、课程思政+党史中的经济史(学生)等互联网产品,进行精准服务,建设思政课示范课堂,落实协同育人机制。根据学生的反映情况,为学生提供多样化的选择。总之,互联网技术为建立专业课与思政课的平台协同机制提供了各方面的支持,建立了线上育人平台,拓宽了育人渠道,提高了育人成效。

4.5　资源协同

资源是推进某一项具体工作的过程中所需要的外部条件的总和。不同专业的老师所使用的育人资源都有着明显的专业特色,因此,专业课与思政课的协同育人需要各方面的资源联合起来发挥作用,但是,不能简单地将各种资源相加,而要找到各种资源的相通点,对各种思想资源、价值资源和内容资源等进行整理汇总,产生"1+1>2"的效果。资源协同是指在高校专业课与思政课协同育人的过程中,充分利用各种资源,统筹好人力、物力、财力的使用,把单一的资源汇集起来发挥出更大的作用,增强资源的利用效率,同时要强化资源的共享,进一步推动专业课与思政课协同育人资源应用赋能。打造资源协同机制是为了弥补不同学科在育人资源上的不足和短缺,使各种育人资源得到最大化的利用。专业课教师与思政课教师要加强沟通交流,整合资源,打造育人优势,有针对性地形成思政育人资料库,不断提高合作效能。同时,院系部门应出台相应措施,提供政策支撑,要畅通不同学科教师的沟通对接平台,遇到资源壁垒时就一个一个研究,一项一项推进。要出台优化资源共享的工作举措,制定标准化的共享方式,提供专业化的共享平台,更好地发挥协同育人的作用。

在思想政治教育中,平台与资源明显不一样,但它们却有着相同的功能,即旨在推动大学生思想政治教育的发展。从概念来看,平台与资源有着明显的差异,平台是指为了推动高校专业课与思政课协同育人而搭建的平台,包括在线教育平台、科研创新平台、德育实践平台、就业服务平台等;资源是指为了推进思想政治教育所需要的外部条件总和,包括基础设施、师资力量、教学材料、科技支持、课外活动等。但是，这两者对推进大学生思想政治教育有着重要的推动作用，都是专业课教师和思政课教师进行协同育人时不可或缺的辅助手段。

4.5.1 资源协同有利于不同学科教师用好共享资源

不同学科教师的资源不一样，同一学科的不同教师的资源也不一样。推进高校专业课与思政课的资源协同机制的建立，让各学科优质育人资源共享更规范化、体制化，可以让更多的教师享用更多的资源，让每个人手中的资源发挥出最大的积极效益。思政课教师与专业课教师所拥有的教学资源有着明显的差别，专业课教师的资源专业化，思政课教师的资源通识化。由于专业课有专业知识的壁垒，需要有一定的专业知识作为前期知识储备；思政课作为一门公共课，在课程教学中要兼顾到所有专业学生，因此相对来讲其知识点就要大众化一些，相应的资源也通俗易懂，但富含哲理。资源协同可以让这些资源更好地发挥作用，将优质资源放到育人平台中，帮助各科教师使用不同类型的资源，可进行互换，进一步提升教学效果。同一学校不同专业之间不仅可以资源互换，不同高校之间也可以资源共享，研修学习，发挥校际师资联动效应，切实做到共享师资优势。专业课教师在恰当的时机运用思政育人知识进行总结，可以做到"润物无声"地引导学生形成良好的道德品质；思政课教师偶尔运用专业知识阐释人生道理，则能加强思政课与学生所学知识的联系，强化思政课的适用性，让学生对思政课更感兴趣。在高校专业课与思政课协同育人的过程中，资源协同可以让各学科教师利用好这些共享资源，特别是在教学过程中所需要的一些通用资源，以更好地开展教学活动，进一步提升课堂的抬头率。在课程思政过程中，学生的成长和发展是中心环节，教师应该是主角。

4.5.2 资源协同促进了不同学科方法论的交叉运用

不同的学科所运用的方法差别很大，专业课教师运用演绎的方法相对较多，这就要求列举大量的例子来阐明某一个知识点，让学生在实际案例中掌握并且能够熟悉运用这些知识点；但思政课教师运用归纳的方法可能相对要多一点，这就要求将思想政治教育理论运用于各类案例中，以此来论证知识点的正确性。因此，不同学科在具体的教学过程中因为其教学方法有些差异，所运用的教学资源也会有所不同。各科课程中蕴含着丰富的思政育人资源，资源数量可观但分布零散，有待挖掘和利用。通过建立资源协同机制，定位好不同课程性质特点，在挖掘深度上下功夫，不仅可以让不同学科的教师共享不同的资源，起到事半功倍的效果；同时，还可以促进不同学科间教学方法的交叉运用，推动跨学科之间的合作交流，为创新育人方式提供良好契机。在资源协同的过程中，各学科教师不仅可以通过这些资源总结出其对应的方法，同时还可以利用好这些资源创新方法。特别是不同学科的方法可能会引发教学思维方法的大变革，引起方法论的创新，产生新的思维方式，有力地推动不同学科间的相互发展，推动教学的发展与变革。在多种教学方式并用实施的过程中，教师可以关注学生的情感状态，利用项目或者案例中人物真实的经历和体验对学生进行引导。比如，在采用案例教学过程中，教师利用情感等技巧来激发起学生的同情心和同理心，引导学生对案例的关注和思考。因此，这些方法论的交叉运用能更好地推动学科的发展，促进不同学科的知识整合，打破学科之间的壁垒，解决单一学科无法解决的复杂问题，教学也会因此而有新意，从而推进思政课与专业课的共同进步与发展。

4.5.3　资源协同有力地提升了工作效率

课程资源建设是一个长期的过程，需要在教学实践中不断更新，特别是思政课的更新相对较快，教材版本的更新速度比一般的专业课要快。在高校专业课与思政课协同育人的过程中，资源协同可以减少广大教师在课程资源建设方面所花的时间，让教师更快更好地准备课堂教学。特别是针对同一学科不同教师之间的资源协同，教师可以有效地利用这些资源迅速地投入教学过程，从而缩短教学的准备过程，提高工作效率；不同学科的资源可以较好地启发彼此学科的教学创新，以不同学科的方法激发创新，提升创新的效率和质量。在资源协同中，教师可以减少重复工作的时间投入，对于一些可以利用的资源直接拿过来使用，切实提升人们的工作效率。因此，从这个角度来看，资源协同不仅仅是资源的共享，其背后带来的是效率的提升和质量的提高，更可以为大学生思想政治教育带来新鲜的方法和内容，进一步提升思想政治教育的效果，进一步提升广大学生的思想政治素养。各二级学院要以协同育人为切入点和抓手，充分挖掘整合校内外思政育人资源，打造课程思政教学资源平台，建设具有推广意义的协同育人资源库，分享高校好的经验做法；还要全方位整合教学资源、教师资源、平台资源等，为思政育人提供源源不断的教学素材，为资源协同机制建设提供不竭的动力，促进思政育人资源的共建共享，最终构建"大思政"工作格局。

在"大思政"格局下，教学改革应该充分利用教育的协同效应，将思想政治教育与专业课程中的思政育人资源相结合，使德育与专业课程自然而然地融合在一起，以启迪学生的心智、提高学生的思想。将各种育人资源进行共享和协调，这样既提升了思想政治教育的效果，也有利于实现不同专业课程的教学目标，还能更好地提质增效。虽然在资源协同方面，各高校通过教研活动和项目的开展，已经采取了一定的措施，取得了一定的成效。但是，由于各高校协同育人机制的建设，整体还处于发展的初期，在资源挖掘、资源整合、资源利用等方面的发展并不充分，有待进一步完善机制体制，做好保障工作。目前，对学校资源的挖掘已经有了阶段性成果，但是由于专业壁垒的局限和学科话语的差异，思政育人资源的挖掘存在阻碍。例如学校、家庭和社会作为一个育人闭环，由于家庭和社会协同联动较少，对家庭和社会中蕴含的育人资源的开发仍不够，特别是对于家庭育人元素的挖掘几乎是盲区。若忽略了家庭和社会的育人作用，将使得协同育人工作构建力度不够。另外，高校联系家庭和社会的主动性不高，更无法进行有效资源的搭配提取。党的二十大报告提出，要"健全学校家庭社会协同育人机制"①，如何形成家校社有机联动，需要发挥三方力量，树立协同育人的责任意识和合作意识，加强彼此之间的紧密度与合作深度。同时，还存在部分学科过于重视培养学生的专业技能，缺乏对学生进行德育培养的自觉意识，以及专业课教师思政素养发展不充分等问题。

4.5.4 资源协同需要各方力量用好各类资源

推进高校专业课与思政课的资源协同，要把各类不同的资源利用好，既要用

---

① 习近平. 高举中国特色社会主义伟大旗帜 为全面建设社会主义现代化国家而团结奋斗[M]. 北京：人民出版社，2022：34.

好教师资源，同时还要用好学生资源；既要用好以前的旧资源，也要善于开拓新的资源；既要用好不同学科教师的资源，更要用好同一学科不同教师的资源。教师资源是开展思想政治教育的主要材料，需要把这些资源协同起来，把以前的资源进行合理的归纳，分类整理后供大家更为方便地参考，同时要针对新时代大学生的特点去挖掘新的材料以满足学生的需求，让思想政治教育更为贴切地融入学生。同一学科不同教师的资源可以丰富知识阐述的基本内容，不同学科教师的资源可以启发新的教学方法，对于课程创新具有重要的意义。当然，资源协同还需要用好学生的资源，要掌握学生感兴趣的事物，然后将这些事物进行截取或是改编后运用于教学过程。这样可以运用学生熟悉的内容讲解课堂基本知识点，不仅可以提升学生的兴趣，同时也可以提升学生的学习兴趣，拉近师生之间的关系，让教师更好地融入学生。譬如，天津公安警官职业学院结合学校实际情况和学生特点，打造了"六个一工程"思政课教学模式，突出思政实践教学，充分利用了"天津市廉洁文化研究联盟""李大钊烈士纪念室""马克思主义政治人才培养工程人员挂职工作基地"等思政育人元素。该院充分整合利用各类资源，营造轻松快乐的学习氛围，精心打磨特色亮点，增强思政课的魅力和吸引力，让学生获得不一样的教学体验，育人于心于行，在实践中落实思政教育。

4.5.5　资源协同需要不同学科教师共同建设

资源越是丰富，人们的参考范围就越广，受到的启发就越大，教学效果就会更好。资源协同需要不同学科的教师广泛参与，共同建设。如果没有不同学科教师的共同建设，那么就不能称为资源协同，也难以达成协同育人。不同学科教师共同推进资源协同是高校专业课与思政课协同育人的基本要求，需要各学科教师广泛地加入这项工作，把思想政治教育元素有机融入高等教育的全过程、全方位。在课程思政建设过程中教师应该处于最主要的位置，要针对不同专业学科开展具有专业特色的课程思政教育，针对不同类别高校创办具有自身特色的课程思政案例。要以思政课为核心引领课程思政教育，立足办学特色拓展通识课程思政内涵，立足学科优势挖掘专业课程思政资源，健全顶层设计建设课程思政育人长效机制。从高校的课程设置来看，思政课开设的学时从总体上与专业课相比较少，对学生的影响力不如专业课。因此，专业课教师在平时的课堂教学中融入思政元素可以更好地推进大学生思想政治教育。这是推进专业课和思政课要协同育人的重要原因之一。在实际工作过程中，只有不同学科的教师都参与进来了，资源才能更加丰富，才能让不同教师更好地相互借鉴，不断丰富、更新、提升资源。

4.6 队伍协同

高校专业课与思政课协同育人的核心问题是主体的协同，即队伍协同，离开了人这个主体，那么教育实践活动就不可能存在。教师是一个学校最基础的构成元素，是最重要的教学主体，对学校的稳步发展和学生的成长有着重要的作用。第一，建好高质量的教师队伍有助于提升教育教学水平。第二，要保障每个教师的发展，才能带动整个教师队伍的建设，才能使得教学质量的整体水平得到提升。只有建好高质量的教师队伍有利于促进教育教学改革。教师是进行教学活动的第一人，也是促进教育教学改革的中坚力量，只有打造高质量的教师队伍，才能促进教学体制的优化升级。第三，建好高质量的教师队伍有利于增强学校软实力。优秀的教师队伍是学校未来发展的基石，为学校的发展航向掌舵；同时，优秀的教师才能够引进好的教育资源，能为学校打造更强的文化软实力。因此，在推进高校专业课与思政课协同育人的过程中，要重视队伍协同，把不同学科的教师发动起来，在推进大学生思想政治教育工作的同时，让这些教师从中受益。在协同育人过程中，不仅提升教师的教学水平，更是要提升其专业课和思政课的授课效果，进一步提升教学质量。

队伍协同是高校专业课与思政课协同育人的基本要求。协同育人的主体是教师，因此需要不同学科的专业教师组成一支队伍来推进大学生思想政治教育。这决定了队伍协同的基本要求，也决定了协同育人是一项基础性工作。在协同育人队伍中，不同学科教师一起研讨思想政治教育的基本内容和重难点内容，能够解决大学生面临的困惑，不断提升思想政治教育质量。高校进行专业课与思政课协同育人要求全员参与，形成强大育人合力，这需要建立队伍协同机制，通过不同主体之间的分工合作，对学生进行有针对性的引导，形成协同育人新格局。教师是整个教学工作的直接参与者，无论是哪一门学科的教学活动，都少不了教师的直接参与，离开了教师的参与不能称为教学，而是学生的自学。从这个方面来看，队伍协同体现了思想政治教育的基础性作用。教师是协同育人工作的组织者和践行者，是大学生思想政治工作的创新者。开展思想政治教育活动离不开教育者的创新活动，如教育内容、方法等要与受教育的实际情况相符合，需要教育主体密切关注受教育者情况的变化，灵活运用不同的方法开展工作。教师的参与对于加强各育人主体之间的交流学习，充分认识政治教育工作的价值引领功能，对于推动协同育人工作的展开，促进协同育人队伍功能的发挥有着重要的作用。队伍协同进一步强大了队伍的力量，由以前零散的状态发展成体系的整体，将充分带动全校教育工作者参与协同育人，打造队伍协同机制，进而将协同育人目标落实到位。

队伍协同是"大思政课"建设的生动体现。思想政治教育不能只是依靠思政课教师或是学校教育，而是需要社会各界力量协同起来发挥作用，共同营造良好的思想政治教育氛围。"大思政课"强调的不仅仅是课堂教学、学校教育，同时还有社会教育，让社会各界的育人力量都协同起来与高校思想政治教育同向而行。无论教育者还是其他社会成员都自觉承担起对学生进行思想政治教育的责任，有效构建全员、全过程、全方位的育人体系，推进协同育人工作的开展。"大思政课"强调的是理念大、视野大、格局大，以系统观念推进思想政治教育的发展，以社会各界的共同发力推进大学生思想政治素养的提升。显然，这其中就包含学校教育系统中不同学科专业的教师协同开展思想政治教育工作。"大思政课"的理念落在实处，就体现在非思政课教师应该在教学工作中结合具体情况提升学生的思想政治素养，包括课堂教学、课余辅导、科学研究、行政管理等各个方面。在这一理念的指引下，就要优化育人队伍——专业课教师和思政课教师协同发力，不断提升思想政治教育的质量，共同营造良好的教育氛围，提高思政育人效果。因此，从这个角度来看，思想政治教育队伍协同是"大思政课"建设的生动体现。

队伍协同对提升教师素养具有重要作用。队伍协同是指不同专业的教师在一起推进思想政治教育工作，因此各学科专业教师可以相互学习，取长补短，共同进步。对于专业课教师来讲，思政课教师对思想政治教育理论知识点有着系统的把握，可以成体系地学习其中的内容，可以一起研讨思政元素如何融合到课程中，运用哪些案例，从哪些方面切入；对于思政课教师来说，专业课教师的一些教学案例或是科学发展史对思想政治教育的知识点起到了很好的补充效果，用一些简单的学科原理或是故事来点缀思想政治教育的内容，可以让晦涩的理论更具趣味性、可读性，也更容易引起不同专业学生对思政课堂的兴趣。在队伍协同中，各科教师的一些教育理念或是教学方法对其他人有着一定的启发作用，可以借来为自己所用，对提升教师素养起到间接作用。协同育人要求高校全体教职员工都作为育人者，紧密围绕"立德树人"主旋律，发出正能量，承担起育人职责，实现人人育人。队伍协同意味着方法的革新，各学科教师可以学到新的方法，成为教学工作的直接受益者，从这个方面来看，队伍协同对教师素质的提升也起到了一定作用。

推进队伍协同需要不同学科教师提高协同育人的意识和本领。育人先育己，专业课教师和思政课教师要按照"四有"好老师标准严格要求自己，提高协同育人的意识和本领，以获得"彼此联系、相互促进"的育人成效。专业课教师要摒弃旧观念，明确不仅要向学生传授专业知识，更要承担起为学生进行思想政治教育的职责，在育人目标、方法上与思政课教师形成协同效应。要矫正思维、统一育人理念，突破学科壁垒，将思政元素有效融入专业课程，共同制定课程体系。思政课教师要发挥优势，为专业课教师提供思想政治教育指导，要向专业课教师请教不同学科的育人特色以及学生特点，彼此学习，吸取教学素材，提高大学生对思政课的参与度和认同感。首先，专业课教师和思政课教师要破除思想束缚。通常人们认为，专业课教师无须进行思想政治教育，只需要把专业课的知识讲清楚就行。但是思政课不仅能够提升学生的思想道德修养和政治素养，同样能增强学生的文化知识水平，二者虽在教学重点上不同但都是为了培养更高素质的人才。从立德树人这一教育的根本任务来看，学生只是学好专业是远远不够的，德字优先，必须加强学生的思想政治素养，强化学生为国家作贡献的本领。因此，专业课教师要破除专业课教师无须开展思想政治教育的思想束缚，从人的全面发展的角度推进学生的全面发展。在教学工作中，专业课教师的主要任务是把本学科的知识点讲清楚，让学生学到具体的专业知识，但是也不能忽略专业课程中所蕴含的思政元素，如科学发展史上的一些爱国科学家、舍小家为大家的医生护士等。要在传授专业知识的同时在实际教学过程中融入思政教育，在课堂上把思政教育故事讲好，让学生从中受启发，感悟爱国主义等这些思政元素。因此，专业课教师在教育工作中要本着服务学生成长成才的思想，从立德树人的高度开展教育教学活动，在提升学生的专业能力的同时，更要注重学生的思想道德素养，帮助学生树立为祖国发展作贡献的思想，鼓励学生树立正确的世界观、人生观和价值观。其次，要加强自身道德修养。习近平指出，"要不断提高学生的思想水平和政治觉悟"①。教师要对学生进行思想政治教育，先要保障自己的道德素养是否达到了育人标准。正所谓"教育者要先受教育"。所以，专业课教师和思政课教师要以习近平总书记关于教育的重要论述为思想指导，讲明政治立场，始终与党中央保持高度一致；讲透政治理论，筑牢人才培养的思想根基；坚持"八个统一"，培育"时代新人"的家国情怀，引导大学生理解马克思主义的真理，反对教条主义和本本主义，形成正确的价值取向；引导学生正确把握中国特色社会主义的历史必然性，以民族大业为重，要"勇做走在时代前列的奋进者、开拓者、奉献者"②。

推进队伍协同重在教学工作的深度融合。专业课程与思政课程虽然在教学内容、方法、目的上面有不同，属于两个独立的教学体系，但是两者最终都是为了实现立德树人根本目标，都是为培养学生的全面发展而服务的，具有高度交叉点和重合点。两者相辅相成，各自发挥其育人价值，助力"1+1>2"育人目标的实现。思想政治教育的主体是人，是各不同学科的教师，让这些教师汇集在一起，其主要目的是推进思想政治教育工作的发展。队伍协同只是一个外在形式，其核心是队伍里的教师在教学工作中深度融合。通过实现专业课教师和思政课教师双向内容供给、思政课教师为专业课教师提供课程思政内容供给、专业课教师为思

---

① 习近平. 习近平谈治国理政(第二卷)[M]. 北京：外文出版社，2017：377.

② 中共中央文献研究室. 习近平关于青少年和共青团工作论述摘编[M]. 北京：中央文献出版社，2017：54.

政课教师提供思政课程案例、专业课教师和思政课教师常态化交流机制，实现真融合。组建队伍是高校专业课与思政课协同育人的第一个重要内容，在人员得到保证的情况下，其核心工作就是如何发挥各学科的优势与特长来推进思想政治教育。推进队伍协同，就是要让各学科的教师在教学准备工作中一起研讨，商议在各自学科中如何开展思想政治教育活动，如何让学生在不同学科的学习中提升个人的思想素养。在队伍协同的过程中，各学科教师应充分交流，把自己的难点和经验摆出来，让彼此进行深入的交流，为课堂教学提供经验。对于一些热难点问题，要及时把问题提出来，让不同学科的教师一起来"把脉问诊"，一起分析、解决这些问题。只有在队伍协同中推进教学工作的深度融合，专业课与思政课协同育人的作用才能体现出来。

推进队伍协同需要明确不同学科的界限。不同的学科有着不同的知识，其彼此界限是非常明显的。在高校专业课与思政课协同育人的过程中，队伍协同并不意味着不同学科之间的界限就消失了，只是在某些问题中需要不同学科的教师一起来研讨解决，但更多的是教师自己解决本学科问题。思想政治教育虽然无处不在，但思政课的理论性还是其他课堂难以比拟的，思政课不是简单地讲故事，更要把故事后面的道理讲清楚，特别是要把中国的历史发展讲清楚，让广大学生对世情、国情、党情有更深的了解。因此，思政课教学的内容相比于专业课的思政元素来讲更具系统性和整体性。专业课中的思政元素是在课堂教学的某个时机融入思想政治教育的相关内容，是一种碎片化的知识点，相对来讲体系化程度就要弱一些。因此，在推进队伍协同的过程中，要看到这些实际问题，不能把思政元素强加于专业课教学中，不能融合关联度小的思政元素于专业课教学中，这样将会起到反作用，难以发挥专业课开展思想政治教育的效果。高校教师不能因为害怕厚此薄彼，就将专业课育人和思政课育人混淆，专业课教师要做好的是专业育人，培养学生的专业技能和素养。思政课要明确自己的教学任务和教学目标，不能一味想着提高思政课的吸引力就是在思政课程内容中加入专业课程内容。还要避免出现专业课"思政化"，思政课"通识化"现象，做好"明确界限"和"打破壁垒"这一辩证工作，搭建系统化科学的队伍协同机制（见图4-1）。

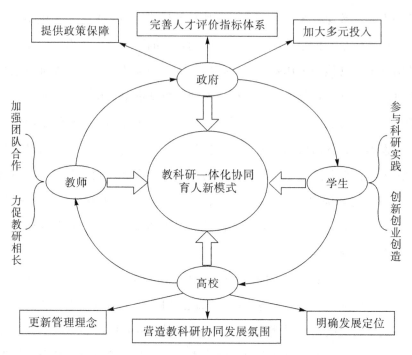

图 4-1　教科研一体化协同育人新模式

4.7　实践协同

实践是人的基本活动，实践育人是高等教育中的一项基本内容，协同创新是高校实践育人的时代要求。在高校专业课与思政课协同育人中，天然就包含着实践协同这一基本要求。教学实践有着诸多特点，不同专业、不同学科的教学实践都有所不同。实践协同需要专业课教师与思政课教师在教学实践中合作，在课程设置、教学过程等方面联合起来，把思想政治教育元素有效融入课堂当中，让学生在学习的过程中受益，进一步提升各不同学科的教学质量，增强学生实践环节的获得感，提升思政课实践教学的实效性。习近平总书记强调，"要把立德树人融入思想道德教育、文化知识教育、社会实践教育各环节"①。因此，要在实践

————————

① 习近平. 坚持中国特色社会主义教育发展路 培养德智体美劳全面发展的社会主义建设者和接班人[N]. 人民日报，2018-09-11.

中强化学生对马克思主义理论和中国特色社会主义理论体系的理解，确保实践教学对学生专业成长的培养与提升，保证学生实践目标的完成，引导大学生在实践活动中认识国情、增长才干、锻炼能力、培养品格，实现立德树人根本目标。让学生明白只有在不断的实践之中世界才能不断地改变与进步，才能达到改造世界的目的。要积极参与社会实践活动，在实践中发挥自己的作用，在社会主义现代化事业的建设中拼搏努力，在平凡的岗位上脚踏实地，在实践中挥洒自己的青春力量，将个人梦想变为现实。要不断增强学生服务国家服务人民的社会责任感、勇于探索的创新精神、善于解决问题的实践能力，不断提高学生的思想水平、政治觉悟、道德品质、文化素养，坚定中国特色社会主义道路自信、理论自信、制度自信、文化自信。实践育人是一种由诸多因素共同作用的育人活动，需要充分发挥人的主观能动性，充分考虑到不同方面情况，及时总结经验教训，培养大学生的创新精神和实践能力。要建立实践协同育人机制，发挥实践育人协同创新的强大动力，推进与深化高校实践育人的时代发展。

实践协同是高校专业课与思政课协同育人的基本形式。教育活动本身是一种实践活动，是人类传授技能或思想的活动。教育活动的实践性要求，要落实教育理念，就应该重视教学实践活动，让学生在具体的教学实践活动中有所收获、有所成长。高校教育不仅要教授学生专业知识，更为重要的是推进学生思想政治素养的提升，专业能力和思想素养两者缺一不可。作为高校专业课与思政课协同育人的基本形式，实践在提升学生思想政治素养中发挥着重要作用，是将理念、任务、方法等内容落在实处的基本形式。作为协同育人的基本形式，要把实践深入推进，从实践的目的、任务、形式等各方面做好规定，落实思想政治教育的基本要求，有机融入重要的知识点。实践既是落实理念的举措，还是理论形成的来源。因此在实践过程中，既要把既定的理论落实好，还要在实践中形成新的理论。各学科的教师在教学实践的过程中也要不断深化认识，根据掌握的学生实际情况及时调整教学手段，切实推进思想政治教育的发展。《国家中长期教育改革和发展规划纲要（2020—2030）》指出，要"鼓励学生积极参加科研活动，加强实践教学环节"，进一步指出要加强实践育人。正所谓"道不可坐论，德不能空谈"，高校要加大社会实践的力度，构建实践育人体系，从劳动和实践两方面入手，加强学生的理论研究能力和创新实践能力。

实践协同是提升高校专业课与思政课协同育人的有效举措。协同育人最终是落实在实践工作中，是专业课教师和思政课教师在日常的教学工作中协同发力的结果，广大学生在教学实践的过程中思想政治素养得以提升。理论研究和教学实践是教育工作的两项重要内容，两者相辅相成，彼此共同发展。离开了理论研究的教学实践没有深度，理论研究可以为教学实践提供丰富的理论资源，回应了教学实践中的一些具体问题；离开了教学实践的理论研究是空中楼阁，教学实践在理论的诞生过程中起到基础性作用，是推进理论发展的源泉。因此，要让理论研究、教学理念落在实处就必须通过实践得以实现。只有在教学实践中，所有的预先设想才能落实，才能验证其正确性。在高校专业课与思政课协同育人的过程中，要重视实践的作用，要把协同育人过程中的这些理念在实践中逐步体现出来，以检验这些理念的正确性。同时可以让其中正确的理念得以贯彻实施，让错误的理念得到修正，推进实践工作的开展，使学生掌握社会实践活动的基本流程与方法，以及社会实践活动的选题和方案设计的基本理论知识。还要培养学生的团队合作意识，以及确定选题、完成方案设计和开展社会调查能力，提高他们分析问题和解决问题的能力，确保实践教学对学生专业成长的培养与提升。更要强化学生对马克思主义理论和中国特色社会主义理论体系的理解，引导大学生在实践活动中认识国情、增长才干、锻炼能力、培养品格，自觉投身于中国特色社会主义建设事业。

实践协同对不同学科教师的发展具有重要的推动作用。教师的发展是教育发展的关键，教师作为教育活动的主体具有重要的引领作用。在实践协同中，无论是从教学理念来看，还是从教学方法、教学效果来看，教师都得到了一定的发展。马克思主义认为，"生产劳动、智力教育、体育结合，不但是提高社会生产力的一种方式，而且是培养个人全面发展的唯一方法"①。这表明实践对促进全面人的发展有着重要的作用，有利于优化实践主体的思维与认知。实践协同是落实理念的基本形式，通过实践协同，各学科教师在教学理念上会发生一个转变，

①　马克思恩格斯选集(第 2 卷)[M].北京：人民出版社，2012：230.

即由以前专业课不讲思政转变到现在专业课应讲思政,从"不讲"到"应讲",在观念上发生了重大变化,促使其进一步完善个人的教育理念,切实落实立德树人这一根本任务。习近平总书记强调,"要加强道德修养,注重道德实践"①。因此,要通过实践加强道德修养。在教学方法上,由于各学科的方法不一样或是同一学科的不同教师方法各异,通过实践协同,各位教师掌握了更多的教学方法,可以更好地运用在教学实践活动中,有力地提升教师的教学水平。从教学效果来看,由于实践协同,学生在学习的过程中,不仅在专业课中体悟到了思政元素,在思政课上看到了专业元素,更为重要的是,学生对学习的热情有了提升,达到了思想政治教育的目的和效果。因此,实践协同对教师发展具有重要的推动作用。

实践协同需要充分发挥人的主观能动性。实践协同需要各学科教师积极主动投入专业课与思政课协同育人的过程,需要他们充分发挥人的主观能动性。主观能动性是人区别于动物的标志之一,是人类从事实践活动的基本特征之一。从人类实践的要求来看,推进专业课与思政课协同育人需要发挥人的主观能动性,凝聚实践育人的认知共识和价值共识,利用思政课程教学的主阵地,密切联系思政育人实践,加强对学生的德育教育、思想教育,培养学生的道德情操和品德素养。人类的实践活动是人们在认识世界、改造世界的过程,具体到专业课与思政课的协同育人中,人们就应该自觉、主动地去发现其中的问题,并且想方设法解决这些问题,这既是人的本性,同时也是教育活动发展的需要。从教育的根本任务来看,推进专业课与思政课协同育人需要发挥人的主观能动性。立德树人中的"德"不是只体现在某一个方面,而是体现在各个方面。因此,教育的根本任务不是某一个教师或是某一学科的教师可以完成的,需要不同教师在不同的领域全面推进,要让学生不仅学到扎实的专业知识,更要具备过硬的思想素养。实践协同需要不同学科的教师广泛参与、充分发挥个人主观能动性,打造实践育人共同体,不断提升和巩固建设思政育人实践协同机制。

实践协同需要充分考虑到不同方面的情况。实践需要一定的条件,不仅受到

---

① 习近平. 习近平谈治国理政[M]. 北京:外文出版社,2014:172-173.

主体的限制，同时还受社会历史条件的限制，这决定了实践发展的永无止境。学校应根据学生实际情况及专业发展的需要，在学科育人的基础上，教师与学生集体讨论确定主题，设定详细实践方案，创新实践形式，通过研学、志愿活动、考察等方式走入社会大课堂，了解社会、认识国情，让学生用知识解决真实问题，培养自立意识、创新精神和实践能力。实践协同需要不同学科的教师广泛参与，但是不同的人的认识能力与行动能力都有所不同，直接导致实践的结果各有千秋。有些专业课教师对于思想政治教育的认识不足、不深刻，导致其教学实践的结果难以达到思想政治教育的效果；有些教师虽然意识到了这个问题，但是在执行力方面却有所欠缺，导致思想政治教育的效果难以达到预期。总之，人的这些差异性使得实践的结果不完全相同。同时，由于社会历史条件的限制，人类的认识在一定的社会历史条件下难以达到某一个深度，这导致实践不能达到某一效果。因此，在高校专业课与思政课协同育人的实践过程中，特别是不同学科教师的实践协同过程中，需要考虑到可能出现的各种问题，要从不同方面、不同角度考虑问题，尽可能全面地制订相关计划和预案，以便出现问题后可以找到应对方案。武汉纺织大学充分考虑学生成长需求，打造"专业实践+思政实践+社会实践"育人模式，旨在增强学生的知识能力、实践能力和创新能力，采用思政课实践教学"三合一"模式，面向全校本科学生，通过将思政实践课与"青春护农实践队""蓝灯志愿团""绿色环保协会"等"青年红色筑梦之旅"活动相结合，以及与艺术设计类专业实践相结合，由思政课教师指导学生将思政元素融入艺术设计等专业实践，推进思政实践与专业实践、社会实践相结合，形成体现鲜明专业色彩的思政实践成果，增强了思政课的教育作用与实效性。该模式探讨思政实践与专业实践、社会实践的结合点，既发挥了思政课的主渠道作用，也发挥了专业实践、社会实践的实践育人功能，使得三者既同向同行，又完成各自具体目标，最终取得了鲜明体现专业特点的思政实践成效。

实践协同需要及时总结经验教训。实践是理论的来源，只有在实践中才能寻得真理、发展真理、检验真理。一切脱离实践的理论都是靠不住的，这已为历史所证明。但是实践由于受到一定条件的限制，其发展不可能一帆风顺，不可能完全按照计划进行。一方面，任何实践都会受到各种主客观条件的限制，因而都具有不可能完全符合条件的局限性。另一方面，实践是社会的历史的实践，由于历史条件的种种限制，实践往往只能从后人的角度去出发、去证实，所得经验也有待考证。专业课与思政课协同育人的实践同样如此，需要在实践的过程中不断地总结经验教训，并把这些经验教训上升成为理论，以便更好地指导大学生思想政治教育实践工作。新时代、新形势下的教育不仅要求创新，更要经得起实践的验证。各学科教师在实践过程中，对于如何把思政元素融入专业课这个问题都有着自己的看法，有些是成功的经验，有些是失败的教训，应及时把这些内容进行归纳整理，形成相关理论。这既是实践的成果，也是教学研究的起点。只有不断总结、不断实践，思政教育才能有新的突破。要把教学实践和教学研究紧密结合起来，形成完整的实践研究体系，通过一定的理论分析后，为实践的发展提供建议，为专业课与思政课协同育人提供理论支撑。因此，在实践协同的过程要及时总结经验教训，并且及时和各学科教师一起研讨，汇集大家的智慧解决问题，这样既可以拓展大家的思路，也可以为教学实践提供思路和方法，不断提升大学生思想政治教育的时效性和有效性，培养德、智、体、美、劳全面发展的社会主义建设者和接班人，为后续的教育事业提供成功的素材，让教育事业的创新发展有迹可循。

党的二十大报告指出，教育是国之大计、党之大计。培养什么人、怎样培养人、为谁培养人是教育的根本问题。高校构建专业课与思政课协同育人机制，是贯彻落实习近平总书记关于教育工作重要论述的迫切要求，是培养新时代中国特色社会主义德、智、体、美、劳全面发展的建设者和接班人的有效途径。这就要求高校要构建专业课与思政课的协同育人机制，以理念协同为核心，形成协同育人的教育意识；以制度协同为前提，加强教学管理的顶层设计；以方法协同为支撑，掌握协同育人的有效手段；以资源协同为平台，实现协同育人教学资源的共享与互补；以队伍协同为保障，形成协同育人教学合作队伍；以平台协同为支撑，构建协同育人的新媒体平台；以实践协同为关键，通过专业课实践拓宽协同育人模式的协同育人机制，形成专业课与思政课协同育人氛围，做到"一院一体制""一院一特色"，发挥专业课与思政课协同育人的实效性。最终形成专业课与思政课七大协同育人机制，落实立德树人根本任务，培养德、智、体、美、劳全面发展的管理人才。

这七个协同机制是一个有机整体。立德树人是根本任务，是检验高校一切工作的根本标准，贯穿于整个教育过程，以立德树人为核心点设计协同育人机制。理念协同是首要基础，高校开展专业课程与思政课程都是为了培养全面发展的社会主义建设者和接班人，专业课教师与思政课教师都应该树立协同育人理念，筑牢协同育人意识。学校党委和基层党组织承担起协同育人的主体责任，落实国家政策，着眼于为国家培养高素质高技能的复合型人才，共同研讨协同育人措施，构建方法协同机制。专业课和思政课教师要分享育人资源，互学互鉴，相互补充，在整合资源的过程当中打造专业课教师与思政课教师的育人合作队伍，构建富有专业特色的队伍协同机制。全面贯彻党的教育方针、建设高质量教育体系等方面高位谋划、高点推进，统筹课程思政与思政课程，打通专业教育与思政教育紧密融合的"最后一公里"，不断催化二者同向同行、协同育人的合力。

实施专业课与思政课协同育人作为教育理念的重大革新，是对教育实践的重大革命，是将国家发展和个人价值紧密相连的必然方式。构建七个协同机制，提升思政课程与课程思政的协同效应，有利于提升高校立德树人实效，不断加强和改进大学生的思想政治教育。作为一种创新的教学方法和教育理念，它要求教学改革的目标是系统性和整体性的，在教学过程中，教师将和传授课程相关的思政元素点恰当自然地融入进去，培养学生正确的世界观、人生观、价值观、人文观、历史观。只有对中华优秀传统文化进行创新和传承，才能达到育人和育才的有机统一，使高校的育人作用在所有的课程中得到最大限度的发挥。

因此，高校要构建具有学校特色的课程思政育人体系，完善协同推进专业课与思政课协同育人的体制机制，实现全员、全过程、全方位育人。具体表现为：积极构建课程思政专业教育体系，实现专业建设与思政教育协同发展；以专业核心课程和通识核心课程为重点，建设一批课程思政示范课程；整体提升教师开展课程思政建设的意识和能力，打造一支深受学生喜爱的课程思政教师队伍；组织开展课程思政研究和教材建设，形成一批具有广泛影响力的研究成果和教材建设成果；实现价值引领、知识传授、能力培养一体化推进，促进学生在知识、能力、品格等方面的全面成长。

第5章　高校专业课与思政课协同育人长效机制的实践路径

探索高校专业课与思政课协调育人长效机制，并非简单地在专业课程中生硬地融入思政元素，也不是要求思政老师去学习不同专业课程，而是要求专业课教师与思政课教师牢牢把握协同育人理念，通过打造协同育人队伍，按照预先设定的育人目标，运用恰当的方式方法，充分整合和利用各种育人资源，创建多种平台和渠道，在实践中严格履行各自的职能，充分发挥各自拥有的育人优势，构建协同育人新范式，产生"1+1>2"的育人效果，共同打造高校专业课与思政课协同育人的庞大资源库和多方位育人模式。

新时代的社会主义事业呼唤有使命担当、有爱国热情、有创新意识、德技兼修的高素质技术技能人才。因此，高校专业教师应与思政课教师一道，结合当下国情、课程知识、高职学生特点，不断深入挖掘思政元素，使专业知识教育和思想政治教育同向同行、相互促进；将思政教育自然融入专业课程，将家国情怀、责任意识、工匠精神等思政元素融入教学内容，培养学生爱国敬业的职业道德、专业认同感和自豪感；组织协调与团队合作精神，以达到课程教学"融会贯通、德技并修"的效果。

为了适应新兴经济和产业的发展需要，学校培养的是具备较强的创新能力、实践能力和国际竞争力的高素质高技能复合型人才。其核心能力包括专业知识能力、学术研究能力、个人效率能力、技术运用能力及社会协作能力。当下许多高校着重提高人才培养质量、落实思想政治工作会议精神的共同目标就是如何用有效的思想政治工作增强人才人文软实力。在大思政课背景下，专业课改革的一个方向就是在专业课教学过程中有效地进行思想政治教育。因此，在教学的各个环节融入思想政治教育是实现"三全育人"的重要手段，对国家发展、民族复兴具有极其重要的现实意义。

5.1　纵向联动：坚持"上层—下层"的统筹布局

专业课与思政课同向同行，协同育人，需要形成"上层—下层"之间的纵向联动，加快形成全员全程全方位育人体系。

5.1.1　国家统筹部署

习近平总书记强调，"新时代新形势……我们要抓住机遇、超前布局，以更高远的历史站位、更宽广的国际视野、更深邃的战略眼光，对加快推进教育现代化、建设教育强国作出总体部署和战略设计"①。这里的总体部署和战略计划，是事关思想政治教育高质量发展的关键，意在加强思想政治教育体系的统筹部署，特指善于总结党在思政课建设长期以来形成的一系列规律性认识和成功经验，高站位实施谋篇布局，发挥指导性作用，进一步巩固和发展新时代思政课教学体系创新成果，推动思政课建设内涵式发展。

加强思想政治教育体系的"统筹部署"重点在"统筹"，需要在"统筹"上做文章。目前，国家统筹推进思想政治育人工作进行了统一筹划，持续投入各方面的支持，思想政治教育处于积极向好的态势，育人成效也在逐渐上升。同时，必须关注到思想政治教育体系是一个动态发展的系统，处在不停变化的条件中，长时间的停摆不利于其发展，更不利于学生的成长。因此要在整体上把握好思想政治育人系统的现状和未来发展方向，对实现专业课和思政课协同育人进行全面统筹。做好"统筹"工作既要差异对待又要两者兼顾。专业课程和思政课程培养学生的能力不一样，育人内容更是千差万别。对立统一规律表明，事物由多种矛盾构成，专业课和思政课是对立统一的辩证关系。对于专业课教师来说，做好思想

---

① 习近平. 坚持中国特色社会主义教育发展道路 培养德智体美劳全面发展的社会主义建设者和接班人[N]. 人民日报, 2018-9-11.

政治育人工作是最主要的事情，其次才是尽所能去培养学生的其他能力；对于专业课教师来说，做好专业知识和技能的培养和传授是本职工作，同时也要对学生进行正确的价值观引导。因此，在统筹思想政治教育体系时要分清主次、抓住关键。高校育人工作从来不是各自为政，要抓住"立德树人"这一主要问题，兼具专业课和思政课的各方面差别，以同一性为基础，善于将差异变为"百花齐放"的因素，有序开展协同育人各方面的统一筹划，畅通育人体系发展通道，朝着培养德智体美劳全面发展的目标坚定迈进。

加强思想政治教育体系的"统筹部署"关键在"部署"，需要在"部署"字上下功夫。历史经验表明，将各种教育政策方针落到实处才能真正促进我国教育事业的发展。必须准确理解习近平总书记关于思想政治教育的重要讲话精神，各个教育部门形成"点""面"结合，专业课教师和思政课教师同向发力，打造协同育人一盘棋，层层推进，形成协同育人强大合力。做好"部署"工作既要"抓紧抓实抓细"又要"抓大抓中抓小"（这里的"大""中""小"分别意为"大学生""中学生""小学生"）。思想政治育人工作复杂，需要全员参与、全程贯穿、全方位落实。因此，专业课与思政课协同育人体系的"部署"工作要"抓紧"。大部分本科学生在校时间仅四年时间，要想通过各类课程的教学对其进行德育，就要高度重视协同育人的重要性，把握教育时机，切实提高育人成效，以德育人，培养学生的道德素养和高尚情操。要"抓实"，德育工作是无形的，其检验标准具有很强的主观性。如何将德育工作落到实处是一个难题，需要开展各类教学活动，将育人知识内化成他们的品质，譬如可以组织学生参加公益活动，唤起他们的责任感，为社会作出更多的贡献。专业课与思政课协同育人体系的"部署"工作要"抓细"。大学生已经有了自己对世界的认知，主体意识强，加上各种压力的"折磨"，出现负面情绪是时常出现的事情，对其进行正确的引导更加重要。因此，教师要以敏锐的洞察力，时刻关注学生的学习动态和心理需求，多进行换位思考，消解学生对老师的心理防线，将育人工作做得更细致。同时，专业课与思政课协同育人体系的"部署"工作要"抓大抓中抓小"。自2019年提出大中小学思政课一体化问题，各教育部门和单位展开了系列探索和实践，取得了诸多成就，但依旧存在很多问题，因此必须做好大中小学思政课一体化的总体部署。党的二十大报告继续强调了这一问题的重要性，这一重大部署作为一项分阶段的战略性工程，首先要加强一体化建设的顶层设计，着力于强体系，充分了解学生在不同的学段的知识水平和心理素质，避免内容简单重复和脱节问题；其次要做好各方面的衔接，着力抓规律，不能学段错位、顺序倒置，使"大中小"育人体系成为循序渐进、相互联系的整体。

　　无论思政课建设发展方向如何，其最终目标还是贯彻落实立德树人根本任务。坚持立德树人作为教育改革发展的中心环节，决定了"思政课程"与"课程思政"同向同行、协同发力要坚持育德与育人相统一的教学理念。在巩固和发展思政课教学体系创新成果中要坚持围绕学生、关照学生、服务学生的理念，从学生的需求和阶段性发展特征出发，深化对学生的认知规律和接受特点的研究。同时，在课程设计上，还要增强"思政课程"与"课程思政"的连续性、承接性和贯通性，在体系设计上增进二者的"同频共振"。党的二十大报告对科技、教育、人才发展进行了统筹部署，就是综合多方面力量开展育人攻关。既谋划长远，又干在当下，加大宏观统筹部署力度，科学设置育人体系，完善育人系统，有序开展协同育人工作，才能持续推进"立德树人"育人目标的实现。

5.1.2　党委全面领导

　　习近平总书记指出，"加强党对教育工作的全面领导，是办好教育的根本保证"①。"各级党委要把思想政治理论课建设摆上重要议程，抓住制约思政课建设的突出问题，在工作格局、队伍建设、支持保障等方面采取有效措施。"②在对高校各级党委提出重视思政课建设要求的同时，习近平总书记要求各级党委在工作格局、队伍建设、支持保障等方面树立问题意识，高度重视、迅速行动，增强解决问题的主动性，防患于未然，将问题苗头扼杀在摇篮中。中国古语中有"条条""块块"一说，用在专业课与思政课协同育人机制建设上，"条条"就是指纵向

---

① 习近平. 坚持中国特色社会主义教育发展道路 培养德智体美劳全面发展的社会主义建设者和接班人[N]. 人民日报, 2018-09-11.

② 习近平. 用新时代中国特色社会主义思想铸魂育人 贯彻党的教育方针落实立德树人根本任务[N]. 人民日报, 2019-03-19.

的各个系统，包括国家、党委和学校等，"块块"是指横向的各个区域，包括教务处、学工部、团委，以及专业课教师、思政课教师等。党委领导一切，是思想政治育人工作的领导核心，承担着政治责任，发挥着政治和思政的引领作用。既然前面已经强调是"全面"，那就是党委总揽全局、协调各方。高校专业课与思政课协同育人的开展必须在党委的全面领导下改革创新，沿着正确政治方向和价值导向，形成协同育人长远发展的体制机制，开辟思政课建设新时代。

首先，要在党委全面领导下，敢于突破旧有工作格局之限度。例如，发挥高校思想政治教育主阵地的平台优势，在校与校、校内各院系部门之间推动分阵地的良性互动，整合各分阵地的优势资源，协调共进，大胆探索实践，推动树立"三全育人"的"大思政"工作格局。要抓住教师队伍"主力军"，将协同育人队伍建设得更加有力，以思政课教师为核心，其他专业课教师积极参与形成协同育人队伍，同时不能忽略其他教育工作者及社会人士的育人作用，做好教育培训，凝聚共识，汇聚全员力量对学生进行思想政治教育，充分发挥不同岗位的育人功效。要抓住课程建设"主战场"，创新人才培养模式，以教材为基础，向学生传授育人知识点，让学生先"懂道理"，再以教法为路径，通过创新人才培养方式，加大各类专业课与思政课的协同力度，实现价值塑造。在教学过程中，不断总结教育规律和经验，打破协同育人的壁垒，使得协同育人理念和实践贯穿教育全过程。要抓住课堂教学"主渠道"，实现协同育人工作方式不断发展，打造网络育人平台。随着线上教学的逐渐发展和完善，依托网络阵地开展育人工作已是新的教学方式，要逐步培养高校教师熟悉运用新媒体进行教学的技能，同时也要善用社会大课堂，依据实践需求拓展教学内容，从机制、教师、资源等多方面着力，打造全方位育人格局。

其次，要在党委全面领导下，加强高校"六要"①思政课教师队伍建设。办好思政课关键在教师，教师的思政素养和教学水平在很大程度上决定了思政课的成败，因而打造高素质思政课教师队伍是对学生开展思政育人工作的重要环节。思政课教师要坚定马克思主义的政治立场，坚持用党的科学理论铸魂育人。传统中

---

① "六要"是指"政治要强、情怀要深、思维要新、视野要广、自律要严、人格要正"。

国文化讲究"家国一体",是凝聚中华儿女的精神纽带,思政课教师要扎实践行爱国爱家情怀,用保卫家国的使命感召青年;要创新教学思维,因时而进、因势而新,坚持政治性与学理性的统一,做到"以理化情"。思政课的本质是讲道理,作为思政课教师首先要自己能明白道理的真伪和深层含义,才能向学生讲明白;要严格自我约束,以高尚师德师风的要求进行自我审查,严守政治纪律;要形成正直人格,将师德师风加入对教师的培训及考评标准。同时,学校党委要遵循教师个人素养与学科发展相一致、教师成长环境与教育发展相一致、教师职业发展与时代需求相一致的原则,完善教师的道德素养和增进教师的专业素养。从坚定马克思主义信仰、强化道德实践、增强理论素养、提升教学能力等方面加大对"六要"思政课教师的培育,建设专职为主、专兼结合、数量充足、素质优良的思政课教师队伍。

最后,要在党委全面领导下,发挥"关键少数"的引领作用,即高校党委书记、校长要发挥党政"一把手"的模范引领作用,强化政治领导。"关键少数"要主动承担起育人职责,深入一线了解学生思想动态,带头走进课堂听课讲课,侧重"形势与政策"课的讲授,并制定授课时长要求,打造长效性的授课模式;带头推动思政课建设,发挥牵一发而动全身的效用,以身作则,为思政课建设建言献策,采取更加利于学生成长的教学计划;带头联系思政课教师,带领全校教师开展协同育人工作,形成协同育人氛围。这就要求"关键少数"要实现从组织者、参与者到传播者、践行者的身份之变,从而丰富作为一名教育工作者的角色担当,服务学生发展。思政课的对象在"人",这里的人就是学生,是一切教育工作的主体。我们经常说的"社会主义建设者和接班人"到底是什么人?首先,肯定是具有良好的品德和正确的政治信仰的人。思政课作为进行思想政治教育的主阵地,必须以学生为中心,以学生的全面发展为旨归,了解学生关心的热点和兴奋点,找到开展思政课的切入点,顺利完成协同育人工作;认识到学生面临的困惑和难点,切实为学生解疑释惑,提供支撑理想的精神支柱。思政课的重点在"思",就是培养学生养成对事物有一个独立且正确的思考,对各种思潮有一个科学且辩证的判断。当然,教师作为传授知识的主体,不能"用知识代替思想",要引导学生成为会思考的人。思政课的方向在"政",办好思政课的关键在方向。

办学方向决定了思政课的发展方向，高校的"关键少数"要把握方向，不能偏离立德树人的正确轨道，以"人"为根，以"政"为干，以"思"为枝，将三要素统一起来，扎根中国大地办大学，培养"德才兼备"的建设者和接班人，彰显思想政治工作的育人成效，使高校成为意识形态工作的重要阵地，建设中国特色社会主义高校。

5.1.3 学校负责落实

在坚持党委统一领导的工作部署下，高校各级党政部门要坚决执行党委的工作安排，在贯彻落实立德树人根本任务的基础上不断"完善课程体系，解决好各类课程和思政课相互配合的问题，鼓励教学名师到思政课堂上讲课。各地区各部门负责同志要积极到学校去讲思政课"①。简而言之，就是要坚持"课程思政"与"思政课程"相统一，"思政课教师"与"非思政课教师"(如专业课教师、高校各部门领导干部等)相统一。办好思政课是一项系统工程，学校作为统筹教师队伍和学生队伍的中间平台，必须做好上传下达的工作，学校领导干部要率先垂范，切实担当起主体责任，做好协同育人工作。学校党委委员牵头，在推动政策落地上着力，制定专业课与思政课协同育人总体规划和目标，与其他工作同谋划、同部署、同落实、同考核。将党和国家的政策方针落实到实际教学过程中，明确各职能部门的工作任务，对各二级学院的协同工作进行统筹协调，形成全校上下齐心协力，采取科学恰当的引导措施解决突出问题，办好大学生思政课，力争达到嵌入式、渗入式的协同效应，形成协同育人长效机制。作为学校的管理者，必须落实党和国家的政策方针。第一，高校在遴选专业课教师过程中，除了注重教师的专业技术水平外，还应考核其自身的思想政治理论相关知识，这是从源头出发来提高专业课教师的政治素质；第二，高校应该对专业课教师进行思政专项培训，经常举办一些讲座或者与其他院校合作，借以提高专业课教师的育人能力；第三，每个学期末，应该对专业课教师在思政育人能力方面进行相应的考核，对于

---

① 习近平. 用新时代中国特色社会主义思想铸魂育人 贯彻党的教育方针落实立德树人根本任务[N]. 人民日报，2019-03-19.

考核不过关的教师，可及时进行培训提高，进而提高专业课教师队伍整体的思想政治理论水平。

首先，凝聚"立德树人"共识。"课程思政"的推行，意味着高校领导干部与教师之间有了一致的价值导向，即"立德树人"，这是所有高校教师工作者的职业使命和责任担当，在不同部门、不同科学、不同课程当中应当始终围绕"立德树人"的根本任务开展工作。心中有共识，工作有方向。学校要采取"线上+线下"联动方式，组织各二级学院教师进行教学交流和分享座谈，畅谈心得体会，积极交流思路和建议，深入研讨交流采取何种方式方法提高协同育人效应，探索学生成长规律，进一步统一思想、凝聚共识。为了确保理论学习成效，可以制订"一对一"帮扶计划，进行教育教学大讨论，充分发挥思政课教师的核心作用，对马克思主义学院的教师进行背景调查，根据思政课教师的学历背景和教学兴趣，将这些老师分批次分层次分任务纳入其他二级学院的日常教学过程，让思政课教师加入专业课教师的备课，指导专业课教师如何进行协同育人。两支队伍协力挖掘专业课中的思政元素，一起增强思政课的吸引力，不仅有利于教师的个人提高，也有利于学生的全方面发展。实践出真知，要重视实践教学，开展实践育人活动，构建实践育人工作体系，将立德树人活动化生活化。

其次，推动"课程思政"建设工作落实。"课程思政"建设是全校各级党委、部门、院系与教师职工之间的共同任务。在凝聚"立德树人"共识的基础上，应当将"立德树人"的理念贯彻落实在"课程思政"建设中，也只有这样才能真正做到"立德树人"。因此，各级党委、部门、院系与教师职工之间既需要统筹协调，需要各负其责，才能形成有效合力，把深化"课程思政"建设的要求和责任同步落实。以协同育人活动为载体，将思想政治教育知识点融入活动中；以实践为落点，强化研究探索，切实提高思政课的质量。各学院党政领导班子应做好统筹规划，与学校各部门协调联动，分工到人，大兴调查研究之风，深入师生群体，对"课程思政"建设工作的现状进行问卷和访谈等多种形式的调研活动，基于调研来发现问题、解决问题，更好地服务师生，将"课程思政"建设工作落实到具体工作中。

最后，形成协同育人合力。学校是对学生进行思想政治教育的主要场所，必须落实好育人责任。一要构筑"理念合力"。所有教师都应树立协同育人理念，同向发力、协同推进育人工作。二要协同"任务合力"。学校应把思政课建设摆在重要位置，以"立德树人"为根本任务。三要协同"方法合力"。教师要讲授好思政课，必须采取科学的教育教学方法。思政教育有其特殊性，不仅要在课堂教学的基础上，以言传身教、润物无声的方式引导学生建立正确的思想体系，还要在生活中以真心换真心，打通育人"最后一公里"，让学生真心喜欢且终身受益，提升学生的获得感和幸福感。四要协同"平台合力"。高校应创新育人方式，利用"互联网+"打造多渠道育人平台，为教师提供课程思政建设、交流和学习的教学平台。五要协同"资源合力"。在专业课程中并不缺乏思政资源，课程思政元素不能东拼西凑，再强硬加入专业课教学中，要分层分类挖掘。这就要求对思政育人有研究的老师带头深度挖掘不同专业的思政元素，并将这些元素合理地融入专业课程。这个过程工作量很大，且信息不断变化更替，需要各科老师积极配合。六要协同"队伍合力"。各高校必须保证思政课教师数量足且质量高，这是开展协同育人的重要条件，如果人员不够，可以采取"专职为主、专兼结合"的队伍建设思路，以专职教师带兼职教师的模式，加大对学生的培养力度，同时也要充分发挥教师的积极性和创造性，全力组建一支乐为、敢为、有为的育人队伍。七要协同"实践合力"。高校要以实践活动为载体，将思政课堂与社会课堂相结合，形成常态化、系列化思政课实践教学模式。

5.1.4 教师认真讲好

习近平总书记指出，"思政课的本质是讲道理，要注重方式方法，把道理讲深、讲透、讲活"①。那作为高校教师，讲什么道理？如何讲道理？首先，要信真理，即马克思主义真理，这是第一要求。要想给学生讲好思政课，教师得自己有坚定的政治信仰，始终与党中央保持高度的一致，全面贯彻党的教育方针，紧紧围绕习近平的重要讲话精神进行思想政治教育。同时，学深、学透才能讲深、

---

① 习近平. 坚持党的领导传承红色基因扎根中国大地 走出一条建设中国特色世界一流大学新路[N]. 人民日报，2022-04-26.

讲透，高校教师要读原著、学原文、悟原理，熟练掌握思政课教学规律，完整准确地把握教育理论。其次，要采取适当的讲课方式，善于从政治上看问题，创新课堂教学，探索多种教学方式相融合，开展多样化课堂建设。对道理进行深入、具体的纵横比较，用辩证唯物主义和历史唯物主义驳倒歪理，分析其危害，多注重启发式教育，引导学生形成辩证的思维方式，理论联系实际，从学生关心的具体问题入手，切勿讲"空道理"。最后，要付诸行动，做到言行一致。正所谓近朱者赤，近墨者黑，如果教师道理讲得一套一套的，自己却做不到，不仅会降低理论的可信度，还会造成学生的反感。因此，教师要在行为示范上做表率，学高为师、身正为范，树立良好的教风，用人格魅力感召人心，做学生的良师益友，在知行合一的践履中把道理讲深刻和透彻，让知识从入耳到入心。高校教师应该明确自身的定位，授课的直接目的是让学生学习专业知识，最终的目的是让学生在掌握专业知识的基础上拥有正确的观念。所以，高校教师应该从自身出发，认识到专业课程与思政课融合是必然的趋势，应该紧跟思想政治教育"潮流"，不断提升自己，与时俱进，不断地、主动地去学习思政相关理论知识，并且积极探寻专业课程与思政课程相融合的有效办法。无论思政课教师讲好思政课，还是专业课教师将思想政治教育融入专业课的讲授中，都需要教师有深厚的知识底蕴、坚定的理想信念、善于创新主动创新的实践精神。

首先，深厚的知识底蕴是高校教师必备的基本素质，增强这种知识底蕴，需要在学理论和学方法的统一中来实现，即善于学习和运用马克思主义的辩证法和方法论，将这种辩证法和方法论贯穿于专业知识学习全过程，将其渗透入日常生活、工作中，从而形成稳定的价值观和行为模式。习近平曾以"水"为例，说明"教师-学生"在知识"传授-接受"模式中的运行逻辑，即学生收获"一碗水"需要老师有"一潭水"。从"一潭水"到"一碗水"，可见知识在"传授-接受"模式中呈递减效应。所谓"水之积也不厚，则其负大舟也无力"。说明知识之"水"所承载和传递的力量在于一个"积"字，而这个"积"也规定了知识的储备是一项长期工程。因此，新时代教师要保持"一潭水"的知识储备，需常常"注水""加水"，以保证"水"在流动后的保有量，在润物无声中培根铸魂。

其次，坚定的理想信念关乎教师在"课程思政"中能否做到真学、真懂、真信、真用的问题。思政课具有鲜明的意识形态属性，发挥着思想引领与价值导向的重要价值。教师作为学生成长的指导者和引路人，是否具有正确的理想信念和崇高的信仰对学生成长具有重要的影响作用。在高校推行"课程思政"，就其本质而言，是向学生群体传播马克思主义，让学生树立马克思主义的世界观和方法论，让学生坚定马克思主义信仰、营建精神家园。就现状而言，当下依然还有部分教师不能做到"在马言马"，其原因归根结底就是信仰缺失，缺乏坚定的政治立场，对马克思主义理论没有正确的认知。让没有信仰的人跟学生说要讲信仰，无疑缺乏说服力，不能够让学生信服。坚信中国共产党的领导是原则，坚定理想信念是政治任务，因此，要切实做到让教育者先受教育，加强理论学习，筑牢其思想政治道德底线，防止信仰滑坡，时刻保证理论上和思想上的清醒，真正做到让有信仰的人讲信仰。作为新时代的思政课教师，不能将马克思主义作为谋生手段，要把"政治要强"置于首位，不断增强政治定力，勤力学习马克思主义理论，讲好思政课，成为学生的指路明灯，承担起学术责任和社会责任。

最后，"办好思想政治理论课关键在教师，关键在发挥教师的积极性、主动性、创造性"①。其中，积极性、主动性可分为内外两个视角。对内而言，教师要主动学习、善于学习、勤于学习，通过内在的自我提升，不断强化政治信仰、创新思维方式、开拓理论视野。对外而言，教师要加强与学生之间的课下交流，从生活、学习的视角对不同学生的认知规律和接受特点进行合理把握，因材施教，充分发挥教师为人师表的重要作用。教师应以创新课堂教学为导向，在教学中给予学生深刻体验，锻炼其思维、树立其理想。同时，也应善于运用辩证唯物主义和历史唯物主义来解读国内外重大理论和现实问题，并能用通俗易懂有趣的方式将其全面阐述清晰，使之成为具有个人特色的授课素材。在理论与实际相联系的过程中，教师既要向学生群体传播马克思主义，又要提高自身的学术涵养。创造性则要求教师要跟上时代发展步伐，深化思政课改革，更新育人理念，创新教学方法与模式，时刻充实自己，在"边干边学，边学边干"中寻求创新点。

---

① 习近平. 用新时代中国特色社会主义思想铸魂育人 贯彻党的教育方针落实立德树人根本任务[N]. 人民日报，2019-03-19.

5.1.5　学生积极学好

在"课程思政"建设的过程中，学生作为学习的主体理应"在场"，更应发挥自觉能动性，去学好思想政治教育知识点，清晰地认识自己的发展方向，运用这些思想指导实践，以全面地提升自己。习近平总书记指出，要"推动形成全党全社会努力办好思政课、教师认真讲好思政课、学生积极学好思政课的良好氛围"①。教师讲好需要学生积极学好来印证，学生学好需要老师讲好作为基本前提。在教师认真讲好的基础上，学生需要从理论与实践层面反映学好的程度。总之，高校做好思政育人，不仅需要老师们的努力，更需要学生主动去学去用，才能达到"立德树人"的目标，培养高素质技术技能型人才。

第一，要加强需要意识。作为新时代青年，应胸怀大梦想，志有大作为，首先要想明白自己想成为一个什么样的人？梦想从学习开始，学生要认识到，学习不仅仅是让自己获得安身立命的专业技能，更应该树立正确的政治格局和思想认识，从历史中"取经"，为社会主义事业作出贡献，因此，思想政治教育对于学生的成长和发展具有重要的作用。思想政治教育可以引导学生树立正确的思想品德，帮助学生树立正确的价值理念，筑牢理想信念根基。只有把价值观基础打好了，才能真正认识到自己要做什么，并为梦想奋斗，沿着正确的人生方向前进，进而收获硕果。理想信念是精神之"钙"，催生不懈奋斗的前进动力，提高精神境界，自觉将小我融入大我之中，把个人理想放在社会理想的大局中思考谋划，在建设祖国、服务人民的实践中奋斗；思想政治教育可以锻炼学生掌握科学的思维方法，培养学生系统的思维能力，使其掌握辩证的思维方式，运用所学知识全面客观地分析事实，增强探究问题的能力。在课堂中，学生在接受思想政治理论教育的同时，应该将其与自身实际相结合，在学理论的同时用理论解决自身存在的问题，看问题更具有全面性，进而形成对思想政治理论教育的认同感，真正爱上"真理的味道"。

① 习近平. 用新时代中国特色社会主义思想铸魂育人 贯彻党的教育方针落实立德树人根本任务[N]. 人民日报, 2019-03-19.

第二，要强化价值塑造。当代大学生处在思想纷繁、价值多元的时代，如何选择和吸收积极向上的思想和观点，是高校育人的重要任务，也是大学生自己必须具备的技能。"工欲善其事，必先利其器。"要想找到思想政治与青春人生的结合点，先要有正确的思维方式。大学生的思想和心理处于转型期，对事物开始有了自己独特的看法和判断，周围的环境对其思想行为也有很大的影响。当代大学生对新事物具有新奇感，会不断尝试接触新的事物，但是缺乏艰苦奋斗的精神，遇到困难容易退缩。处于竞争激烈的时代，大学生进取意识强烈，会将自己与他人进行比较，随之而来，如果缺乏辨别能力就会产生恶性竞争，会造成压力过大，甚至心理出现问题。大多数大学生自我意识较强，以自我为中心，对集体的事情抱着"事不关己高高挂起"的心态，觉得自己不做总会有人做，集体观念淡薄，很多时候只看到了眼前的利弊，缺乏长远的全局意识。思想政治教育作为学生的思想和行为的定向器，始终以学生全面发展为目标，帮助他们成才成人。学生作为学习的主体，要充分发挥自觉能动性去学习思想政治教育知识，去探索如何更好地强化思想和心灵的培育，避免精神上陷入空虚或迷茫，更应避免腐化堕落、走上邪路。

第三，要养成积极主动的态度，提高理论学习的自觉性。大学生学习思想政治理论教育的方式不能仅限于被动接受知识，要变被动为主动，以正确的态度对待思政课，深入学习马克思主义理论，认真配合老师教学，不负老师们的精心引导和栽培。在课堂上应积极主动提问，扫清知识盲点，本着对自己负责的态度，那些未能在课堂上解决的盲点可以在课下向教师请教或通过网络搜索的方式解决，进一步拓宽理论视野。要加强政治理论学习，提升自身的思想境界，将知识运用到实践中，学以致用，做到融会贯通。在自己理解的基础上善于总结知识，有针对性、选择性地学习，并通过制作课件的方式与教师、同学相互学习、相互交流，在思想碰撞中不断完善自身的思想政治理论素养，提高自身综合素质。教书和学习是一个整体，在课程思政中要发挥教与学的两个主体作用。课程思政并不是我们现在提它才存在，不仅教师要理解课程思政是落实立德树人的战略举措，深刻理解课程思政的内涵和育人目标，在专业教学中总结、提升和凝练课程思政的经验；同时，学生也要充分发挥自觉能动性，在教学过程中通过积极参与教学活动，让思政政治育人知识入脑、入心，并外化于行。

第四，要加大对所学专业的认同感。专业课与思政课协同育人，需要学生对自己所学专业有极强的认同感，这样才能有利于在专业课中融入思政育人元素，达到协同育人的效果。但是，专业认同感不是进入校园就有的，需要通过对专业知识的理解和感悟，以及在实践活动中对专业知识的运用才能形成。一般来说，个人兴趣、就业前景和专业教育质量是影响大学生选择专业最大的几个因素，因此，为了能选择满意的专业，要提前了解所选专业的专业发展历程、人才培养方案、就业前景等，找准自己努力的方向，为自己的人生规划奠定良好的基础。既然已经选择了某一专业，就要对这个专业有认同感，相信自己可以学好，也会尽力去学好。在目前严峻的就业形势下，要摆正心态不焦虑，可以利用学校的教学资源和优势，参加各种实践活动，尝试自主创业，培养专业知识的应用能力，以提升专业认同感。

5.2　横向交融：注重"思政学科—其他学科"的渗透整合

学术领域之间不宜划出森严的边界，应具有一定的开放性。黑格尔认为："一棵高大的古树不因为它长出了越来越多的枝叶而就成为一棵新树。"①由是观之，思政课既不会因为与其他学科进行交流与互动，学习、借鉴其他学科理论、研究方法而失去自身特色，也不会因为固守"单兵作战"的发展观念而取得学科建设水平及育人实效性的实质性提升。马克思主义理论学科自身是多学科的综合体，思政课自然也涉及与其他学科交叉的问题。思政课的功能和使命决定了其与其他学科交叉的必然，同时也促使高校认识到拓宽学科建设发展视野的广度、提升学科建设发展视野的高度的必要性。在坚持学科本位的同时，要充分认识到学科建设发展的开放性。要以合力育人为目标，通过与其他学科的交叉、融合，催生学科内部的学术生长点，推动学科体系建设的完善与发展，凝聚和提升育人合力。

---

① ［德］黑格尔. 法哲学原理［M］. 范扬，张企泰，译. 北京：商务印书馆，2019：257.

5.2.1 挖掘思想政治资源，发挥"一核二辅"圈层效应

专业课与思政课协同育人的价值逻辑，预示了学科之间在思想政治教育这一共同坐标系上的价值趋向。为此，需要从顶层设计、课程建构、机制创新等维度出发，构建一种以不同科学思想政治教育交叉的课程体系，挖掘不同学科蕴含的思想政治资源，形成一种示范集群效应，构建思政大阵地。具体而论，即构建以思政课为核心，以专业课和各级职能院部为辅助的"一核二辅"圈层课程体系；成立协同工作领导小组，推进思政实践、专业实践、社会实践同向同行；采用"线下实体教材+线上拓展资源"的思政育人模式；强化学校特色专业的思政育人优势，实现特色专业与思政育人的协同发力。高校应充分发挥思政课程的价值引领主导作用、不同部门分工协作的配套支持作用、平台资源适时补充的协同作用，形成"思政课程-课程思政"的圈层效应。

首先，成立协同工作领导小组，推进"三实践"活动同向同行。成立依托由马克思主义学院、各专业学院及学工团委等部门联合的协同工作小组，推进思政实践与专业实践、社会实践的同向同行，统筹推进实践育人协同创新。在这三种实践活动中，专业实践更注重对学生的技能锻炼，在某种程度上会忽略对学生进行思想政治教育，因此，需要花更多的心思去加入思政元素的活动。各二级学院开展专业实践和社会实践时可以加入至少一名马克思主义学院的教师或者研究生，帮助队伍实现思想政治教育工作与学生实践活动深度融合，负责实践过程中的价值引领和政策把握。学校要积极共建共享已有思政实践基地、专业实践基地和社会实践基地，挖掘三者之间的育人共性，实现良性互动，使思政教育内容更加丰富。还可以发挥企业人才的协同作用，统筹校企合作，让学生到企业开展社会实践，完成从学懂到弄通再到做实；以实践活动为主要载体，充分利用已有实践基地，不断补充建设校内外新实践基地，以点带面稳步推进，构建全方位实践育人模式；拓宽实践育人渠道，充分利用互联网技术推动高校思政育人实践建设，着力建设虚拟仿真思政体验教学中心，推动思政教育模式实现更大突破，使学生在实践中受教育、长才干。

其次，采用"线下实体教材+线上拓展资源"的思政育人模式。在教学内容

上，将自编教材和配套教材上的导入案例、应用案例和案例分析内容，以及超星学习通平台即时引入的社会热点和专业资讯内容，与每一讲的重要知识点融合，并适时提炼其中的课程思政内容，根据学习理解的难易程度进行课程内容重组。在教学设计上，采用"线上案例(融入拓展资源)+课程思政"和"线下案例(融入实体教材)+学科竞赛(融入小组任务)"的模式，线上教学促进积极探索、独立思考，线下教学促进学生创新应用、主动学习。在课程考核上，采用"线上过程评价+线下考察评价"的方式配合常规线下期末考查，线上借助超星学习通等平台对学生在线上完成主题讨论、课前预习、小组任务等过程实施积分评价，线下考查学生在案例讨论、学科竞赛中的表现和绩效。"线下实体教材+线上拓展资源"的思政育人模式作为教育信息化发展的产物，实行起来要遵循程序性原则：课前，老师将学习资料发布在线上平台上，学生进行自我学习和理解；课中，还是以传统的线下课堂教学为主；课后，学生在线上平台上完成学习任务，如果有不懂的知识可以寻找相应的课程资料，查缺补漏。作为一种新的教学模式必须体现出其科学性和实用性，这一教学模式的有效性只能通过学生的反馈来衡量，所以要聚焦社会热点，关注学生关心的问题，合理安排教学内容。

最后，强化学校特色专业的思政育人优势，实现特色专业与思政育人的协同发力。"线下实体教材+线上拓展资源"的思政育人模式旨在以学校教育教学战略为支撑，结合专业特色挖掘具有学科特色的思政元素，不断丰富和充实育人资源，深挖高校思政育人特色，发挥专业育人特长。以武汉纺织大学物流管理专业为例，其专业课程依托学校纺织服装产业背景优势，以"形成产业数字化转型下现代物流理念和模式的全面认知和理解能力"为产出导向。其专业教学目标为：能够阐释"互联网+物流"、数字化物流、智慧物流等现代物流理念和运营模式的内涵和外延；具有针对当前经济社会发展环境下产业物流发展现状和问题提出创新性见解的能力；形成对专业领域进行主动探索学习的习惯，独立思考、创新思维的养成。为此，该专业教学团队采用"案例教学+学科竞赛+课程思政"的"三驱"和"线上+线下"混合式的"二维"教学模式。其中，将案例教学作为兴趣驱动力，将学科竞赛作为创新驱动力，将课程思政作为内源驱动力，而课程思政则全程融入案例教学和学科竞赛等教学资源，作为专业教学中的原动力，如图 5-1 所示。在这一模式中，思政育人和专业育人相结合，将教学资源进行分配与整合，以形成协同育人联动机制，实现不同学科在教学上的互补，不断提升育人效果。

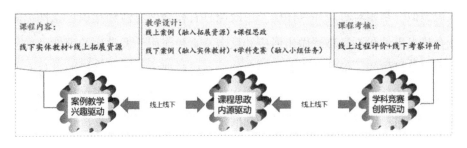

图 5-1　课程思政的驱动力结构

武汉纺织大学物流管理专业经过多年探索，将专业能力的强化与思想素质的提升结合起来，科学构建课程思政体系，积极发挥圈层效应，实现了思政课程和课程思政的有效衔接。

5.2.2　找准思想政治元素契合点，构建嵌入式"绿色通道"

课程思政是以发挥、利用各学科课程内容优势，探索、综合运用不同形式的相互融通的思政元素，按照嵌入式的方式进行体系化教学的育人活动。打造专业课与思政课协同育人机制是指对不同学科的资源进行整合利用，充分发挥不同学科的育人优势，打造思政育人新体系。这些机制的建立和运行是推进思想政治教育现代化的必要手段，是满足学生多样化需求的重要途径。专业课教师与思政课教师要树立共同的育人目标，在教学过程中同向而行、同频共振，寻找不同学科的协同点，进行课程内容的设计，打造一批协同育人精品课，提升思想政治教育实效。学生是学习主体，是开展协同育人的出发点和落脚点，因此在这个过程中要遵循以学生为本的原则，始终围绕学生成长的需求推进思政教育改革，创新育人机制，为学生的全面发展服务；要遵循理论与实践并重的原则，既要将协同育人理念深入人心，又要将这种理念运用到实际的教学过程中，让学生的知识能力和思政素质共同提高。高校要革新思政教育理念，找准思想政治元素契合点，优化教学内容，打造专业课与思政课协同育人格局。

一是推进专业课与思政课的耦合互动。专业课具有单向确定性，尤其是理工科，其内容往往具有唯一确定性，新的理论可以直接否定旧的理论，其形式与感性认识类似，是相对直观和具体的。思政课具有社会历史性和意识形态性，需要对社会热点事件和不良思潮做出回应和反击，直接作用于大学生的理性思维。其教学形式是具体的，但教学内容是抽象的。在思政课中，理性思维通过与专业课的衔接，可使抽象的内容更加具体和直观，使其更容易被大学生理解。专业课中确定的科学材料经过思政课的理性概念的延伸，有助于大学生形成正确的职业和价值导向。在创设课程思政话语体系时，应该遵循政治导向、价值信仰、专业知识、辩证思维、师德师风等方面的基本设定，绘制思政元素关键节点、路线图。根据专业课与思政课协同育人的特点、地位和作用，在课程标准要求方面，应在完成基本育人目标的基础上突出思想政治育人的重要性，把学生的思政素养作为教师教学效果的重要衡量标准，提升其思政教育能力；在课程教学方法方面，兼顾专业课育人与思政课育人需求，形成多样化的教学方法，突出思想政治教育的隐性育人方法；在课程教学内容方面，既要注重专业知识的传授，又要重视对学生进行正确的价值引领，两者都是为了实现学生的全面发展服务的，都应在相应的课程体系中显现出来。

二是畅通思政元素嵌入课程内容的"绿色通道"。嵌入思政课程的手段是多元的，包括"画龙点睛式""专题嵌入式""元素化合式""隐性渗透式"等多种选择，但在嵌入过程中，具体选择哪种需结合课程需要，根据不同学科的特点进行科学合理的安排，做到不生硬又有育人效果。具体而言，学科之间的知识结构存在巨大差异，其中所潜藏或蕴藏的思政元素存在程度上的差异，具体在哪个环节、哪个节点，选择哪种嵌入方式，以及怎样嵌入，都需要结合当时实际选用融合手段，这就要求不同学科的老师之间加强交流，挖掘本学科的思政元素，在思政课教师的帮助下将这些育人元素恰当地嵌入专业课教学过程。这种情况同专业课（知识流）和思政课（资源流）的融通属性是相合拍的，且决定了思想政治教育嵌入模式的价值黏性和引领功能。要充分利用模型建构、数据分析等手段，把握教学过程中精准嵌入与信息接收的实时数据，结合教学空间、教学内容、教学环节、思政目标等要求，探索国情分析法、时事动态法、横向比较法、历史隐喻法、学科规定法、道德伦常法、立体思维法等融入策略，推动思政元素在学科之间的嵌入、渗透；推进高校思政课改革创新，建立"专业课+思政课"育人格局，避免专业课与思政课"两张皮"现象。

在编写专业课程教材时，应注重推动思政元素在学科之间的嵌入和渗透，从案例分析、业态发展、行业现状等维度，挖掘民族传统与现代社会核心价值体系中映射的家国天下和民族认同的思政元素。以武汉纺织大学专业教材《现代仓储管理与实务》(第 3 版)的编写为例，该教材每一章分别将《礼记·大学》中所蕴含的思政元素与社会主义核心价值体系一一对应，从内容引导(案例或知识点)、展开讨论(思政内涵)、总结分析(思政升华)、嵌入渗透(思政落脚点)诸环节，展现传统与现代思政元素的耦合机理。表5-1展现了《现代仓储管理与实务》(第 3 版)中部分章节内容，通过分析该书中的案例，可以看出思想政治育人工作应该是贯穿于专业课教学的整个过程中的。向专业课中融入思政元素时，要根据该章该节的具体知识点，找到对应的思政元素。每部分的专业知识是环环相扣的，每部分融入的思政育人元素也是紧密相连的，知识点的设置最终都是有逻辑的、成体系的。

表 5-1　思政元素融入教材《现代仓储管理与实务》(第 3 版)（部分章节)

思政元素	内容引导 (案例或知识点)	展开研讨 (思政内涵)	总结分析 (思政升华)	思政落脚点
齐家治国	第 1 章知识点 仓储新形态"中联网仓"	(1)有没有听过"暴力分拣" (2)"暴力分拣"在"中联网仓"中是怎么解决的	良好的沟通协作、流程调整，配合团队合作，可以解决大部分存在的问题	敬业、诚信、友善
格物致知	第 3 章案例讨论 南通化轻仓储物流价值链优化	(1)财务的安全漏洞以及业务的安全漏洞可能有哪些 (2)对企业有什么影响	对企业经营活动中的各个价值环节进行控制，形成有力的监督、监察机制，从而实现企业价值链管理的精细化	爱国、敬业

思政元素	内容引导 （案例或知识点）	展开研讨 （思政内涵）	总结分析 （思政升华）	思政落脚点
致知治国	第 4 章知识点 仓储设施与设备 "仓储物流机器人"	(1)是不是感觉仓储作业比较辛苦、劳累 (2)能不能让机器去完成一些重复性、危险性的仓储作业	仓储物流机器人作为智慧物流的重要组成部分，顺应了新时代的发展需求，可以解决高度依赖人工、业务高峰期分拣能力有限等瓶颈问题，实现可持续发展	文明、和谐、平等、友善
正心修身齐家	第 5 章知识点 选址的意义 "仓储设施选址需要慎重决策"	(1)为什么选址要慎重决策 (2)应考虑的因素主要包含哪些方面	(1)从企业发展全局考虑，进行系统性分析和优化决策 (2)选址是一项体现专业性的管理活动	敬业、诚信
致知治国平天下	第 6 章知识点 仓储规划 "仓储数字化转型"	(1)什么是数字化 (2)身边有哪些数字化应用 (3)为什么要发展数字化经济和数字化仓储	数字化仓储有利于进行仓储物流资源的优化配置与布局，是智能物流、无接触物流发展的基础，在抗击新冠疫情中起到重要作用	富强、爱国、文明
格物诚意治国	第 7 章知识点 仓储金融 "我国仓储金融业务的发展"	(1)日常中哪些活动可以认为是金融活动 (2)金融活动中会出现哪些风险	诚信、信用是金融活动的基石。仓储物流企业和个人讲诚信、讲信用，金融风险会大幅降低	文明、和谐、诚信、友善

5.2.3　强化课程"显性-隐性"功效，塑造时代新人

在思想政治教育中，一般思政课程开展的是"显性教育"，专业课程则开展

的是"隐性教育"。强调思政课与专业课的协调育人，就是发挥二者育人特性即"显性-隐性"之间的互补，形成"显性教育"与"隐性教育"的辩证统一，为思政课程"亲和力"的增长逻辑拓展空间。

思想政治教育主要通过课堂教学活动、思想政治理论座谈会和宣讲会等"显性教育"方式来完成，对受教育者进行答疑解惑，更注重教育内容的理论性和思想性，使受教育者更直观地了解教学内容。"隐性教育"往往将教育目标隐藏起来，通过"润物细无声"的方式，使受教育者在充分发挥主体能动性的基础上接受思想政治教育，从而增强育人效果。"隐性教育"是一种开放的教育方式，教育主体多元化，如父母、教师、朋友等可以成为"隐性教育"中的教育者；教育载体则多样化，如家庭、学校、社会等可以成为"隐性教育"中的教育场所，具有主体性和实践性。教师通过思政课对学生进行显性教育，系统开展马克思主义理论教育教学，发挥显性教育的引领作用。在具体教学过程中，应做好纵向衔接，即中小学政治课与大学生思政课的衔接；做好横向贯通，即思政课内部结构的衔接，重点是厘清思政课主干课程与"形势与政策"课程之间的关系。教师要通过综合素养课程和专业教育课程对学生进行显性教育，在培育人的综合素养过程中牢铸理想信念，注重对学生进行科学思维和职业素养培养，发挥隐性教育的浸润人心的作用。

"显性教育"和"隐性教育"作为思想政治教育中的两种重要教育方式，两者既相区别又相联系。首先，思政课是思想政治教育的主要显性渠道，任何时候都不能混淆"显性教育"与"隐性教育"的区别。习近平总书记明确指出："思政课要做思想政治教育的显性课程。有人提出把思政课变成隐性课程，完全融入其他人文素质课程中，这是不对的。"①思政课与专业课在教学内容与育人目标上有着显著的差异，必须加以区别。我们所强调的专业课与思政课协同育人并不是毫无限制的，思政课教师与专业课教师都必须在"守好一段渠"的基础上打造"比翼双飞"的局面。要以思政课为思想政治教育的主战场，充分挖掘各门专业课中所蕴

---

① 习近平. 思政课是落实立德树人根本任务的关键课程[M]. 北京：人民出版社，2020：23.

含的思政元素，将协同育人的理念践行到日常教育活动中，切实提高课程教学质量。其次，两者又是相互促进、辩证统一的关系。"显性教育"大多停留在"知"的层面，为达到"行"的高度，就需要"隐性教育"进一步催化。"隐性教育"对"显性教育"有重要的推动作用和补充作用。

第一，要强化思政课"显性教育"中的隐性渗透。专业课教师可组织学生课堂讨论，引导学生以自己的专业知识去理解党和国家的理论和政策，将"显性教育"的教学内容融入专业课教学，使学生更容易理解思想政治教育的知识点，努力提升学生的思想境界，做到教书与育人相统一。教育者要将"显性教育"的教学内容，以更喜闻乐见的方式，以"隐性教育"的方式，传递给受教育者，以增强思想政治教育课的亲和力和有效性。同时，强化"显性教育"中的隐性渗透，让通俗易懂的文字转换成价值观和思想观念等内容，不仅能升华文字所表达的含义，也能使教学更具思辨性和深刻性。这一过程要求思政课教师和专业课教师在教育教学上有更深层次的交流和合作，在熟知彼此教学内容、教学方式的基础上充分发挥两种教育方式的优势，形成协同育人的教育教学体系。

第二，将思想政治教育过程中的隐性教育元素显性化。开展课程思政，对于专业课教师来说最大的难题就是专业课知识中蕴含了什么思政元素？挖掘思政元素已然成为一个难题，更别说隐性思政元素的挖掘和利用。因此，专业课教师要挖掘专业课程蕴含的思政元素，要在思政课教师的帮助下，结合学科背景，从不同的角度去理解和挖掘思政育人元素，同时需要深入挖掘那些容易被忽视的隐性育人资源，比如以积极向上、底蕴深厚的校园文化来进行文化教育，加强学校的学风校风建设，形成"以文化人、文化育人"的局面；但同时，应该明白这些元素本身含有显性教育的内容，显性与隐性元素是相互包含的。例如，教师渊博的学识和高尚的人格都是"隐性教育"的重要教学资源，容易对学生产生潜移默化的影响，因而必须加强师风师德建设。在育人过程中，应将隐性元素显性化，让更多的育人元素发挥价值，利用课堂教学主渠道作用，深入浅出，强化正面引导，统筹推进课程育人。

"显性教育"与"隐性教育"两者辩证统一、同向而行，在目标上具有同构性，最终都是为了实现立德树人的根本目标；在功能上具有互补性，"显性教育"的规范性和系统性和"隐性教育"的随意性和侧重性形成互补。因此专业课与思政课的协同方式和协同限度必须基于各个学校、各个学科、各个年级的一般特征进行设计和考量，要充分考虑大学的教学水平、教学能力和大学生的认知特点和认知水平的差别，要能够发挥学校和其自身专业的优势，使专业课和思政课的教学落到实处。不同的专业课教学理念、教学模式、教学要求存在区别，不同的专业课与思政课的协同方式也不尽相同，所以专业课与思政课的协同必须以实际情况为出发点，要重视教学效果而不能只重视教学的形式。各专业课教师和思政课教师只有从实际出发，才能促使大学生跳出课程本身的局限，进而站在实践的层面，加强大学生对于自身专业和思想政治理论的认识；只有根据自身的需要恰到好处地把握双方在自身实践中的尺度，才能在实践中采取正确的措施，将所掌握的知识加以运用。

在这一问题上，武汉纺织大学积累了相应的案例。在课程教学中，该校教师将课程中蕴含的教育元素和德育元素挖掘出来，并将其贯穿于专业课程中。从2017年起，该校艺术与设计学院陆续开展以"文化育人中国梦""文化自信中国梦""不忘初心，美美与共"为主题的"艺术思政"教学作品展；学院党团志愿队连续3年深入王要小学进行志愿活动，为留守儿童们开展疗愈实践活动；连续举办10届"廉洁书画展"，用书法、国画、摄影等丰富多彩的创作形式，鼓励各专业学生参与，在引导创作的同时，传播了廉政文化，夯实了课程德育育人的基础。

在社会实践教学方面，武汉纺织大学艺术与设计学院成立蓝灯志愿团队，鼓励大学生课后为山区儿童或自闭症儿童进行艺术课程辅导。这一活动获得中国青年志愿服务项目的最高奖项——金奖。该校举办的"长江之光"大赛、长江之光海峡两岸创意周"活动受到各方的好评，被中国政府网、新华社、等媒体报道达50余次。启动于2019年的"明远杯·国际家居纺织品创意设计大赛"，致力于促进亚洲国家和地区企业与高校之间最大范围、最大规模、最深入交流。在新冠疫情蔓延的2020年，联合武汉十余所高校，举办了以"疫去艺来，以艺载道"为主题的第四届"艺术思政"实践教学展活动。在中国共产党成立100周年之际，举办了2021大学生红色文化创意大赛，比赛范围扩大到全国高校。

5.2.4　建设课程思政教学案例库，推动学科之间同频共振

课程思政教学案例库在教学运用中具有工具属性，作为配套学科之间同频共振的思政资源，具有辅助性、便利性、快捷性、参考性、前瞻性等特征。建设教学案例库，可使课堂上的知识"有理有据"，用贴近生活的感性案例去支撑理性知识，则可提升学生的信服度，同时，使得生活中的故事"有理可循"，将育人平台扩大到中华大地，加深学生对知识的运用。建设案例库的现实意义在于，高校教师通过利用"线上+线下"的课堂空间，及时与学生分享不同领域的真实案例，使学生能够迅速从理论的抽象中捕捉日常生活中的相关经验，激发他们透过经验表象去理解抽象理论背后的一般规律，有利于提高学生的学习热情，同时减轻教师的工作任务，不用再花大量的时间去备课。

第一，注重校内外合作交流，推动课程思政教学案例库高质量建设。一是加强校内外间的合作交流，通过分享、学习、交流案例资源建设和完善丰富自身教学案例库。世纪之交，武汉七所"双一流"高校的通力合作，为后续高校加强教学案例库资源提供了参考。七所高校联合成立"武汉七校联盟"，联盟成员充分发挥它们在软件和硬件方面的显著优势，以资源共享、优势互补为理念，极大便利了师生的教学及学习。联盟高校的做法与经验，为一些有待建设或正在建设和完善中的思政课教学案例库提供了有益借鉴。除彼此共享学术资源、教学资源外，联盟高校还形成了一个以"七校联盟"为核心，资源成果辐射其他高校的课程思政资源案例库建设体系。在"核心主导—资源辐射—回应互动"的机制下，"七校联盟"与各高校以大型学术会议、学术活动、经验交流会为平台，增强高校之间的联系与互动，为相关学科、领域的专家、学者、学生等拓展了学术视界，增强了学术交流的分享欲与收获感。这些机会同时为专业课教师、思政课教师及其他教育工作者提供了分享教学成果、交流教学经验的开阔空间，在思想碰撞中擦出改进本校在建设课程思政案例库中正在面临或可能遭遇的难点的火花，结合本校实际进行整合与改进，充实本校课程思政教学案例库建设。这样做的优点在于，能够充分吸收不同高校的前沿教学资源和成功的做法。

二是加强学校各院系的合作交流，实现课程思政教学案例库共建共享。学校

内部院系及各部门的合作交流是课程思政教学案例库建设的重要环节。在合作交流方面，要发挥马克思主义学院的学科优势，与其他院系各部门开展"思政+"合作方式。譬如，"艺术+思政"是武汉纺织大学艺术与设计学院和马克思主义学院合作交流的基本经验；利用学院内部空间，摆放师生合作的具有思政元素的艺术作品，使"艺术+思政"的教学成果融入学生日常学习生活，使学生感受专业与思政元素的巧妙结合，在一个个鲜活教学案例中接受思想政治教育的浸润。院系之间合作，对学校学术氛围、教师学术沟通、学生思政自觉等起到了促进作用。这就表明思政课教学成果不是思政课教师单枪匹马的结果，不是某一学科知识传授过程的结果，不是某一课程立德树人的结果。其中，各部门之间层次递进的合作交流，与课程思政教学案例库建设互相支撑。当前很多高校已经建立了各自的思政课教学案例库，并且持续推进这一工作。但有几个问题不容忽视，即如何保证案例库的质量？如何持续优化案例？这就需要马克思主义学院的教师深入各学院内部，帮助他们对已有案例库进行挑选并补充，提升案例质量，打造整体化、系统化的案例库，并启动后续建设。在保证案例数量的同时，做好建设周期与成果验收工作，不断补充优质案例。

第二，加强教师团队建设，为课程思政教学案例库建设夯实人才基础。一是重视教师在建设高质量课程思政教学案例库中的重要作用。教师是建设高质量课程思政教学案例库的主要践行者。党的十八大以来，人们对教师队伍社会地位有着不同以往的认识，这是落实习近平总书记关于教师队伍建设的重要讲话精神的体现。习近平总书记关于"让教师成为让人羡慕的职业"的讲话，对教师工作队伍起到了主心骨的作用。从顶层设计和政治导向的层面对教师队伍建设做出制度安排，以及师德师风建设、教师教育体系建设等配套程序的推进，对于形成全社会尊师重道的氛围是有益的。推进课程思政教学案例库建设，是加强教师队伍建设的重要环节。需要注意的是，专业课教师与思政课教师参与案例库建设过程，必然存在一定的知识盲区，这是高校教师本身能力素养的客观事实。要克服该问题，需要勇于探索自己不熟悉的领域，自我提升，扫清知识障碍。在教学案例分享、筛选、收纳等一系列过程中，思政课与专业课教师"共筑"合作性思维，根据自身教学经验进行案例分析，从中挖掘思政元素与专业理论契合之处。此外，思政课与专业课相互契合一定要符合教学实际，让教学案例贴合本学科、本专业的育人规律、知识动态，既抓育人环节，又抓思政要素。二是加强教师工作团队补充。建设课程思政教学案例库是一项长期性工程，专业人才"血液"的及时补充相当重要。在这方面，不仅需要专业课教师与思政课教师队伍长期坚持、合作和补充，还需要学校各院部机构持续"输血"，加强对教师的思政培训，做好辅助工作。团队的补充重数量更重质量，如补充政治素养过硬的教师，做到以德立身和教学，使学生汲取精神养分；补充业务能力精湛的教师，增强学生的本领，培养学生高超的专业技能。东华大学在课程思政教学案例库中推行的是"领导垂范，以上促下；教师示范，自下而上"的工作机制。具体说来，"领导"指党委书记、校长的双重领导小组，党政一把手的齐抓共管为思政课教学案例库建设提供根本保障；在领导小组的推动下还成立了改革指导委员会，深入基层，走访一线教师和督查一线教学，找准问题、摸清规律、提出方案，形成以上促下的调查研究之风；思政课与专业课同向发力，同时借鉴校内外专家的建设经验，协同推进课程思政教学案例库建设。这些案例说明，加强师资队伍建设，为思政工作提供源源不断的优秀教师，要做好考核、评价和激励工作，制定相应的考核标准，将思政育人成效纳入其中，与教师的薪资相结合；还要从制度方面制定相应的约束机制，同时要制定奖励机制，提高学术水平和教学能力。

第三，挖掘不同专业课程思政教学案例的特色，丰富充实课程思政教学案例库。一是结合高校自身实际，彰显课程思政教学案例库特色。历史文化底蕴是不同高校特有的独特标识，也是高校自身发展的宝贵资源。从标识或资源的维度看，高校历史文化均可融入课程思政教学案例库。一方面，作为独特标识的历史文化，赋予了案例库不同于其他高校的深刻烙印，这是高校自身的特点和优势；另一方面，作为宝贵资源的历史文化，为案例库建设的多维度拓展、丰富、深化提供了有力支撑。武汉纺织大学利用"跟着书记校长唱校歌"活动的契机，向学生讲述该校校歌与"纺大人"的历史故事。作为历史悠久、目前中国唯一以纺织冠名的大学，自强不息是其灵魂风骨，经天纬地是其价值内核，努力培养具有致力于纺织经纬创新，为中华民族伟大复兴奋斗的经纬之材。该校校歌写出了肺腑之言，唱出了慷慨激昂之声，既有深厚的科学人文底蕴，也有高昂的格调、激越的情感。该校校歌对一些人来说还有另一层面的意义，它见证了一些教职工从求学到育人的角色转变，引领着他们扎根纺织行业，为建设美好"纺大"而奋斗，为现代纺织业的兴盛而育人。它还谱写了"纺大"精神和文化，吟唱了"纺大"校史和情怀，更唱出了"纺大人"的初心和使命，诉说了"纺大人"坚持立足中国、扎根湖北办大学的奋进历程，更立下了为党育人、为国育才的炙热誓言。

二是借助课程思政教学案例库建设，创新专业课和思政课教学形式。不同时代的大学生有着不同的时代印记，譬如"90后""00后"大学生群体明显不同，即便是"90后"内部，也存在不同的时代印记。因此，高校应根据不同时代群体大学生的特点，合理安排教学内容、创新授课形式。譬如，武汉纺织大学环境学院绿色环保协会通过走访调查的方式，始终围绕水做"大文章"。该协会引导和鼓励学生深入田野，利用课余与假期走访调查江河湖泊生态数据，为河湖"体检"，涉及水体污染物调查、污染途径、如何减少水体污染等内容，并开展环保宣教，将志愿服务、创新实践、科学研究与专业知识深度融合，近20年来足迹遍布11个省份、27个城市、67个江河湖泊。自2009年起，该协会作为学院第二课堂建设，纳入学生活动规范管理，体现了"专业+公益"的创新专业课和思政课教学形式。该协会开展活动与专业实践联系日趋紧密，反映的是协会聚焦国家战略、社会热点及地方实际需求，构建的是"环保志愿服务、环保科学研究、环保公益创业"三大模块的教学创新理念。在"专业引领、实践育人、党建领航"的指引下，该协会逐步从一支"草根"兴趣社团"单打独斗"，到配备专业老师，变身集专业性、公益性、科学性于一体的专业团队，再到成立团支部、党支部，创新建设理论研究、志愿服务、科学研究等功能型党小组。

三是结合专业课不同特色，丰富课程思政教学案例库内容。根据不同专业的特色，充分挖掘不同专业课程中的思政元素，有利于丰富各专业的课程思政教学案例库内容，特别是对各专业历史文化的挖掘更能有效地让学生了解所学专业。譬如，武汉纺织大学结合学校历史文化传统，建设服装专业课程思政教学案例库。思政通识选修课"尚美中国"，主要通过沉浸式教学的方式对学生进行课程思政教育。课程按照历史逻辑，给学生带来魏晋服饰豁达明快、唐代服饰开放多元、宋代服饰含蓄文雅、明代服饰端庄大气、清代服饰富丽华贵的深刻体验。通过解读这些服饰的"文化密码"，让学生"触碰历史"，从中华传统服饰文化的发展和变迁中，感知历史，以及感受背后的人文变迁。沉浸式服装课堂的背后，也有课程思政的考量，这是因为，服饰美能激发爱国情。具体而言，民族服饰代表了民族审美，它展示了民族自信的内容——现代科技让传统服饰走入日常、走进时尚，使文化得到传承和发展。同时，在教学案例库建设中，该校还重视思政实践。譬如，在以"中国传统文化与时尚话语表达"为主题的教学活动中，服装专业学生伴随着丝竹民乐的旋律，身着华服，走向舞台中央，把中华传统文化带进每一名观众的心里，让他们感受汉服和传统礼仪的蕴味。

5.3　长效保障：建立"评价-成效"的体制机制

在"大思政课"背景下，随着对思想政治教育的重视，课程思政已经成为一种很重要的育人方式。为了更好地践行专业课与思政课协同育人，需要建立"评价-成效"的长效机制，围绕多元化评价体系展开，建立健全课程思政建设质量评价体系和激励机制，完善机制制度保障。

5.3.1　以多元化评价体系对课程思政成效进行综合测评

课程思政成效有赖于评价体系的检验，而这个评价体系注定是"多元化"而非"一元化"的。对学生进行思想政治教育是一个全员、全过程、全方位育人活动，涉及多个方面，因此要打破学业评价单向化的模式，遵循评价内容多元化、评价主体多元化和评价方式多元化的模式，进而建立起多元化评价机制。

(1)评价内容多元化

评价必须有明确的内容，在内容选择上尽可能涉及学生的多元智能，不能采用一刀切的方式。第一，对学生和教师的综合素质进行评价。教师的教和学生的学是一对和谐发展、相互促进的事物，同时，教师的教学水平通过学生的成长反映出来。大学生的成长是全方位的，因此，评价内容也应该是涉及多方面的。如对学生的思想品德进行评价，包括爱党爱国、价值观念、法治素养、心理健康等内容；对学生的专业素养进行评价，包括学生的学习、实践和创新等方面的能力。第二，对课程思政教学进行评价。思想政治教育是一门铸魂育人的课程，需要投入大量的时间和精力，然而育人效果又不能短时间显现出来，需要一个厚积薄发的过程。因此，评价课程思政教学的质量，可以通过一些显性事物来反馈，比如在思政课上的抬头率更高了，同学之间的关系更和睦了。

（2）评价主体多元化

评价的主体主要由教师、学生以及其他教育工作者构成。需要特别注意，学生是被评对象，同时也拥有评价的权利，要让学生参与整个评价过程，要重视他们的意见。第一，重视学生参与评价。学生作为直接的受教育者，是教学效果的第一反馈者，能够比较真实和客观地反映出育人效果，是落实以人为本教学理念的要求。同时，学生参与评价，既尊重了学生的主体性，同时对教师也是一种监督。在这个过程中很可能出现从众、附和现象，要及时发现，并采取适当的措施进行正确的引导。让学生切实理解为什么要进行评价？评价能带来什么好处？让学生有更强的参与感，鼓励他们说出自己的真实想法，毕竟真实的问题才能出现有价值的措施。通过反思学生群体反馈出的共性问题，改进教学方式，提高育人水平。第二，开展教师自主评价。教师是教学活动的实施者和执行者，对教学情况和在教学过程中出现的问题是最了解的。但是，当前高校对教师自评环节重视程度不高，很少将自评结果纳入评价体系，很大原因是防止出现利己行为和恶意评价事件。这个问题肯定是不可避免的，但可以通过一定的方法降低其影响。如可以制定更加精细和科学的评分规则，降低主观成分，注重对教学方法、成果等方面来考核。第三，推进同行互相评价。这也是评价育人成果的有效手段，评价主体包括专职教师、辅导员、学校管理者。相对前两类评价主体，这一类主体的评价更具参考性，因为他们的评价相对于学生更具有科学性，相对于教师自评结果更具客观性，有利于加强老师之间的交流，帮助青年教师迅速找到问题，发现盲点，学习优秀教师的成功经验，打破壁垒。

（3）评价方式多元化

在对课程思政进行综合测评的过程中，可采取"自评+互评"的方式，使学生和老师都参与进来,尽可能得出真实、客观的结果。第一,对学生的评价方式。首先,通过期末成绩高低,重点考查学生对本学期所学内容的掌握程度,通过设置不同的题型检验学生用所学知识分析问题的能力。大学生期末考试主要分为卷面考试、讲演方式和文字报告等形式,教师可根据学科特点和重要性采取合适的考核方式。其次,通过课堂表现打分,主要考查大学生的出勤率以及课堂积极程度。思政课多以公共必修课的形式开展,且采取大班授课模式,一学期结束,可能老师和同学之间都没有交流,导致出现课堂上的互动不积极、抬头率普遍偏低甚至旷课时有发生等不良现象。通过对学生的课堂表现进行打分,一方面可以改善学生旷课现象,有利于教师开展教学活动;另一方面可以提高学生的自我约束能力,使其上课积极配合老师,汲取更多的知识,久而久之,就会养成一个良好的学习习惯。然后,通过平时作业的完成度,分单元来评定学生对每一部分知识点的掌握程度进行考核;采取小组形式或个人形式对学生进行阶段性的考查,根据知识结构的设置开展考核,有利于教师及时获取教学成果,进而通过学生的反馈进行自我检查和反思,发现存在的问题,采取适当的措施改善。最后是通过开展实践活动,考核学生的实践能力。如鼓励学生参加各类实践活动,引导学生将书本知识用于分析现实问题。

第二,对教师的评价方式。可选用"多元化"的评价体系,通过师生互评、学生互评、自我评价等方式,既认清该课程在学生内心的地位,又摸清学生在课堂学习中的具体表现,以及其对知识内容的掌握情况。例如,课程成绩评定采取"案例讨论绩效(1/3)+实训方案设计(1/3)+期末考试成绩(1/3)",以及成绩评定"生生互评(1/3)+小组评价(1/3)+教师评价(1/3)"的"三三制"方式,以此作为综合评价体系的标准,通过小组案例讨论、小组实训任务、期末考试成绩等环节,考查学生的分析问题和勇于创新能力、钻研问题和实践应用能力、知识储备和综合素质能力。

5.3.2 建立健全课程思政建设质量评价体系和激励机制

课程思政建设的质量和效益是保障课程思政建设的有效措施,因此,建立健全课程思政建设质量评价体系对课程思政建设能起到监督作用。评价的标准蕴含着对课程思政建设的内在欲求和价值取向，因此得出量化评价结果，做好查漏补缺工作，有助于提升教学的时效性；评价作为教育治理的工具，可以对教师的教学活动做出动态分析和跟进研判，有助于提升教师的积极性。思政课建设质量激励机制具有能动作用，促使课程思政建设不断革新发展模式，创新建设手段，实现在教学计划、教学效果等方面的新突破。课程思政激励机制有助于激发教师主体的主观能动性。因此，要提高认识，更新观念，重视对课程思政建设的研究，对其发展进行多样化的评价。同时，要健全机制，强化激励，协调与推进课程思政建设的实施与改革工作，制定完善的激励机制并落到实处。

课程评价反映的是教学双主体之间的良性互动，这种互动有助于诊断课程建设中存在的问题以及师生互动的彼此需要，摸清课程改革的方向。课程思政质量评价体系是一项整体性工程，具体包括：①设定评价目标及形式。设定评价目标可由浅入深地分为三个层次，第一层是利用访谈、问卷等形式，摸清课程思政的建设状态，了解学生关于课程思政的主观评价；第二层是通过构建模型、回归分析等技术手段，找准思政课质量的影响因素；第三层是通过交叉分析等方式研究课程思政教学及其影响因素的调节作用。②开展全过程、立体化课程思政教学评价。一方面在深度分析基础上开展诸如学生学习成效评价、教师教学质量评价、教师人才建设评价等量化研究，精准把握教学过程中的实然状态；另一方面，从"教师-学生""课程设计-课程规范"等维度开展考评，从全方位角度评判课程思政教学质量。

首先，建立课程思政质量评价多元介入形式。在前文中已指出要形成协同育人评价主体的多元化，对于课程思政质量评价依旧如此，要统筹协调各院系和部门参与，拓宽评价主体的范围，形成多元共治运作格局。其一，学校管理层面做好规划决策工作。对课程思政的质量做出科学合理的评价是一项重要且复杂的工作，需要学校党委及各部门形成系统的协同机制，对不协调因素进行准确分析，做好各项工作的计划和安排，同时也要做好综合管理工作。其二，二级院系要做好统筹协调工作。在学校党委的领导下开展课程思政质量评价工作，主动作为，根据各自实际情况制订方案，组建质量评价小组，并将最终结果反馈给任课教师。同时不同院系之间要建立良好的沟通平台，实现不同学科之间形成协同联动模式，增强高校课程思政管理的系统性。其三，全员要主动参与质量评价工作。教学和教工人员全程参加，以了解自己的优势与不足，促进课堂教学改革，改进教学效果，形成常态教学质量评价机制。

其次，建立课程思政质量评价动态完善机制。课程思政作为铸魂育人的重要工作，其育人价值要通过长时间的积淀才能彰显出来，需要一个动态缓慢的过程。对课程思政的质量评价要覆盖面广泛、重点突出，不能仅以"票数"和"分数"作为标准，而应形成"意见收集—集体评议—意见汇总—评议反馈—结果运用"的动态质量评价环节。意见收集环节要畅通发表意见的通道，以范围最大化为要求，可以通过发放收集问卷的方式尽量做到全员参评；集体评议环节重在交流互鉴，充分尊重每个人的主体性，对课程思政的育人效果做出最真实的评价；意见汇总环节必定头绪繁杂，要建立信息数据库，将大量的信息做分类汇总处理，既对前期工作进行总结，也为后续工作的展开提供数据支撑；评议反馈环节就是将评议结果向所涉及的教育主体进行反馈，将矛盾化解在摇篮里；结果运用环节就是将好的做法提炼出来进行推广，做得不好之处及时进行反思，找到症结所在，并进行改进。

最后，建立课程思政质量评价透明运作模式。保障课程思政建设评价体系中各个环节和各种信息的公开透明，有助于推动多方参与、协同共治课程思政，对其质量的评价结果更具公信力。第一，要将课程思政建设的各种信息进行公开，即公开"评价什么"的信息，包括教学目标与标准、课程设置与教学内容、师资队伍建设、教学方法与手段、教学资源与评估等信息。将思政课程建设信息进行公开，有助于评价主体对评价客体有一个整体详细的了解，进而做出客观公正的评价；同时，在评价过程中会发现问题，以完善课程思政的建设。第二，要将评价运作过程中每一个环节的进程进行公开，即公开"如何评价"的信息。"如何评价"是课程思政建设评价体系的重要部分，决定了评价工作是否能正常进行，涉及的人员多、信息多、流程多。越是复杂的过程越要公开透明，这就要求发挥群体的监督功能，使每个人都可以知道评价过程的细节，以保障评价主体的合理权益。同时，评价过程的公开透明又可以防止出现细节的纰漏，保证了评价信息的完整性，增强了评价体系的规范力。第三，要将评价结果反馈和运作情况进行公开，即公开"评价结果是什么"的信息。事情的结果一般是最关心的问题，关于的评价结果质量和效益是检验高校教师课程思政建设工作的最好凭证。公开评议意见信息，可以让相关老师发现问题，寻求解决措施。公开反馈信息，可以让老师们在教学中互相提醒和监督改正，以提高思政育人水平。总体来说，实行透明运作模式，公正公开各项工作信息，有助于课程思政建设质量评价工作的开展。

科学合理的激励机制是改进高校思想政治育人工作的有效措施，能有效调动教师的积极性和主动性。第一，实行目标激励。要注意在设定激励目标时不能偏高，尤其是对青年教师的要求要适度。很多青年教师是刚毕业或者参加工作没几年，经验少、资源少，还处于教学适应阶段，繁重的教学和科研工作已经是很沉重的负担，如果激励目标偏高，短时间很难达到，斗志也就会被磨灭，激励目标的初衷就无法奏效。因此，在制定激励目标时，可以根据不同群体设定标准。目标太低，激发不了积极性，譬如对老教师设定的目标可偏向于职称评定和国家级项目等；目标太高，同样发挥不出作用，譬如对青年教师，可偏向于设定发表论文的层次，以及省级项目、校级项目等目标。

第二，实行奖惩激励。出台具有针对性的思政育人奖惩制度，对达到要求的教师进行表扬和肯定，将育人成效和教师的晋升、晋级挂钩，给予正面刺激，并为他们提供进一步发挥作用的平台。人的需求是多方面的，包括物质上和精神上的需求，因此，在制定奖惩制度时，要充分考虑什么样的奖励是老师们想要的，什么样的激励最能够调动教师的积极性。其中，物质激励可以是生活用品、教学用品等实物，也可以通过发放育人奖金、岗位津贴等给予财富上的奖励。精神激励可以采用情感激励、期望激励、榜样激励、荣誉激励等方式。譬如在感情激励方面，可以让年长教师带着青年教师，进行一对一帮扶。关心青年教师的生活状况和心理状态，帮助他们解决教学过程中出现的问题，调动他们的工作积极性。但是，要记住"三分情、七分理"，要始终坚持原则，时刻按照规章制度办事。在榜样激励方面，可推行"拜师学艺"，树立典型榜样，以情感调动教师的工作热情和进取心。

首先，强化组织领导，制定科学合理的激励政策。高校党委各职能部门在大思政理念指导下推进课程思政激励机制建设，构建以提升教师课程思政育人意识和育人自觉为主轴的考核评价、岗位聘用、评优奖励、选拔培训等机制，破解高校教师在课程育人中的机制障碍。设计考核指标体系，在考核周期内达到量化指标的教师，要给予奖励。推动内部治理，改革报酬制度，规范并监督绩效薪酬体系，保证教师的稳定收入，激发教师的工作动力。确定责任机构，督促激励政策的和制定落实。

其次，优化服务管理，做好激励政策的保障工作。学校要为教师开展育人活动提供保障，扮演好服务者角色；强化经费保障，投入资金，帮助教师设立专项工作室，培养专业课与思政课协同育人的专业团队；加大时间保障，由于思政育人需要花费大量的时间，因此必须给予老师时间上的保证。让教师在做好科研和教学工作的基础上，保障教师有充足的时间对学生进行思政育人工作，不安排杂事。还要做好政策参与制定保障，创造民主参与环境，充分尊重教师的合法权益；建立教师协商机制，鼓励他们参与政策的制定，保证教师的办学参与权。

最后，构建德育环境，营造积极向上的激励氛围。教师激励工作比较复杂，要以德育为主导，处理好奖励与约束之间的关系，要明白奖励与约束是辩证统一的关系，两者互为存在的基础，做到奖赏分明，防止"搭便车"现象。总之，既要保证教学成果的数量，又要保证育人成效的质量。这就要求：一要处理好教学与科研之间的关系，由于在教师的晋升要求中，科研能力占比较大，导致在很多高校中出现了严重的"重科研，轻教学"现象。要明白，大学首先是一个教育机构，人才培养始终是根本任务，教师的首要任务是教学。在做好育人工作的基础之上，大学才是学术研究组织，才是教师从事科学研究、促进自身发展的平台。二要处理好竞争与合作的关系。协同育人要求教师之间合作，共同达成育人目标，天然具有协作特征。竞争无处不在，恶性竞争会导致专业课教师与思政课教师之间很难形成合力，良性竞争则有利于教师之间通过比较获得进步。因此，要处理好竞争与合作之间的关系，形成良好的竞争环境，以良性竞争促进育人工作的进行。

5.3.3　着力完善课程思政"评价-成效"机制制度保障

课程思政建设是各高校高度重视的一项系统工程。在机制制度保障方面，要充分认识教育教学规律和人才培养规律，结合各高校自身历史文化底蕴、不同学科专业特点的具体实际，分类指导，以满足统一性和差异性的具体要求。同时，要注重发挥教师主体的关键作用，以激发其积极性和主动性为原则作出相应的制度安排。因此，完善课程思政"评价-成效"机制制度保障，要遵循加强组织领导、加强支持保障、加强示范引领、加强推进落实的方向，全面规划，循序渐进，提高课程思政成效。

(1) 加强组织领导

由教育部成立的课程思政建设工作协调小组和课程思政建设专家咨询委员会，是全国各高校完善课程思政"评价-成效"机制的组织保障。地方高校要在组织领导下，因校制宜、因人而变，合理制订方案：健全工作机制，提升"评价-成效"机制的影响力，这是加强对高校专业课与思政课协同育人管理的重要途径；强化督查检查，确立合理科学的监督制度，这是预防出现不作为、乱作为的关键环节。因此，要形成党委统一领导、党政齐抓共管、教务部门牵头抓总、相关部门联动、院系落实推进、自身特色鲜明的课程思政建设工作格局。

(2) 加强支持保障

支持保障主要来源于自中央到地方的配套政策和教育资金。例如党和国家先后出台了相应的配套政策，加大了对协同育人工作的制度保障，使协同育人工作更加规范化和制度化。在这方面，中央部属高校或地方省属、市属高校，应该结合学校自身建设计划、统筹各类资源，加大对课程思政"评价-成效"机制的支持。例如，加大资金投入的力度，支持育人项目的开展，同时也改善育人条件，购置各类设施设备，引进更多优质人才，以"真金白银"助力开展思政育人工作。另外，各高校还要进行统筹规划，使教育经费使用效益最大化。

(3) 加强示范引领

要充分发挥辐射引领作用，让一些在完善课程思政"评价-成效"机制方面积累丰富经验的先行高校、课程思政教学名师和团队，悉心指导其他高校做好"评价-成效"机制制度保障工作，以点带面，抓典型、树标杆、推经验，从而起到示范效应。还可以展开互动、交流研讨，通过经验座谈会或者文字报告等各种形式，将相关成果和经验惠及不同层次高校、不同学科专业以及不同类型课程；同时，聚焦创新，在思维碰撞中寻求更好的做法的措施，促进思政课与专业课深度融合，共话"大思政课"建设。

(4) 加强推进落实

学校是统筹规划与协调课程思政"评价-成效"机制的主体和推动者。要强化责任意识，及时成立体制机制改革领导小组，为高校教师做好政策与制度保障，通过制度政策引导教师做好"评价-成效"机制制度保障工作，织密织牢思政育人保障网，营造安心从教的环境。要优化工作机制，完善教学研讨制度，以"研"促"教"，解决专业课与思政课"评价—成效"机制面临的各种问题，避免机制改革陷入形式化、空泛化、标签化的窠臼。

5.4　整体推进：构建"大思政课"协同育人格局

落实立德树人根本任务的必然要求要整体推进、协同联动、教师参与、以"研"促"教"；弄清干什么、找准怎么干、做实谁来干。构建"大思政课"的协同育人格局，需要站在高校层面上，以全局性、系统性的方法全面建立起专业课与思政课的协同机制，为专业课与思政课之间的协同提供理论、物质以及制度保障。这具体表现在：推动学科优势和教学优势的"双强化"和相互转化；坚持教学内容创新和教学方法改革的"双推进"和持续探索；深化线下教学与线上教学的"双创新"和优势互补；推进思政课程和课程思政"双发力"和有机融合。具体而论，就是从建设"大课堂"、搭建"大平台"、建好"大师资"入手，架设"大思政课"协同育人格局的主要渠道，整合"大思政课"协同育人格局的学科资源，发挥"大思政课"协同育人格局的人才优势。

5.4.1　建设"大课堂"：架设"大思政课"协同育人格局的主要渠道

架设"大思政课"协同育人格局的"大课堂"，要积极拓展课堂教学内容、创新课堂教学方法、构建实践教学工作体系。

（1）拓展课堂教学内容

在"大思政课"课堂中，教学内容是最基本的教学元素，要以把道理"讲深、讲透、讲活"为目标，采取各种手段，充实教学内容；同时要始终遵循教学内容的科学性、合理性和实用性，以高质量的教学内容推动专业课与思政课协同育人的开展。首先，用好已有教学资源。各地高校要在现有课堂资源基础上，用好上级主管教育部门组织制作的各种课件（譬如教育部制作的"思政课导学"）、讲义、专题片等，将其进行梳理筛选，对自身的教学内容进行查漏补缺，结合所在高校的特色和学生的情况，将思政案例融入其中，为专业课教师与思政课教师创造多元化课堂教学内容条件。在信息化时代，教学资源的获取和储存是比较容易的，难得的是如何使得这些育人资源发挥作用。因此，各高校要积极开展教学研究工作，将零散的资源进行汇总分类，充分利用现有的育人资源，消化现有资源后再去探寻新的资源；不能让育人资源"躺"在文件夹，只增加数量，倘若没发挥出作用，就得不偿失了。

其次，拓展教学内容的隐性信息。思政育人知识体系庞大、内容包罗万象，大学生所修的思政课教材上的知识点只是其中比较重要的部分，教师讲课更是在重点中挑重点讲，在很多情况下会忽略隐性信息。譬如，在《马克思主义基本原理》教材内容中，插入了很多马克思主义经典著作的论述；《中国近现代史纲要》教材中插入了许多历史图片。为什么要插入？这些论述和图片放在此处有什么作用？通过这些插图和经典语录我们能学到什么？很多教师没有关注过这些隐性信息。此外，很多教师授课课件常年不更新，讲的知识也是老一套，讲课激情也不高，学生听的效果就不佳。因此，教师要进一步加强教材研究能力，挖掘那些育人效果佳的资源，将隐性信息转化为显性信息，补充丰富教材内容。

再次，充分挖掘地方红色文化和校史资源。新时代的伟大成就与卓越实践是各地高校拓展课堂教学内容的生动教学资源，要建立"红色教育资源库"，用好身边的鲜活素材，多角度将其融入课堂教学。"历史就是身边"，引导学生以史为鉴，以优秀的革命先辈们为榜样，树立正确的理想信念，做出正确的价值判断，达到启智润心的目的，让思政课入脑入心，实现"隐性思政"。还要结合新时代各地、各校在教学改革、学科发展、人才培养等方面的实践精神，让教师走出学校，组织各种教学研究活动，在不忘本来、吸收外来、面向未来理念的指引下，推动地方经验、高校实践融入各学科各门思政课，让思政课有声有色。校史文化也是高校文化的重要成分，是高校经过长期时间积淀下来的文化结晶，对学生的举止言谈有着不可忽视的影响，是对学生展开思想政治教育最为厚重的宝贵资源。把握两者的内在逻辑，将校史文化融入思政课教学，引领思政育人发展方向。校史文化彰显出一个大学的文化底蕴与整体气质，会对学生的价值选择产生无形引导，有不可小觑的引领功能，是重要的德育资源。因此，要将校史文化融入思政课教学，把握两者的内在逻辑，从而引领思政育人发展方向。

（2）创新课堂教学方法和内容

在制定课堂教学方案时，要"以学生为本"，特别要加强对学生思想、心理等问题的关心、关注和关爱，在动态、及时管理学生生活、学习中掌握学生在不同时段的心理活动，做到早发现、早关注、早解决。学生始终是学习的主体，要注重发挥学生的主体性作用。譬如，利用"翻转课堂"方式，鼓励学生以团队合作的形式展示学习成果；利用"辩论交流"的方法，组织学生选取有争议的议题进行辩论，对知识的疑难处进行交流，通过思想碰撞激发他们对真理的渴望，在不断总结中提高学生的素养。还可以实施"先锋成长计划"，创新学生教育管理新模式、新思路、新举措，运用目标激励、成就激励、身份激励等方式，激发学生成为创先争优的榜样。在其他教学方法方面，可以利用质疑激励、课题研讨、自主探究等方式组织课堂实践。同时，采用多样化教学方法，比如情景教学、案例教学、活动教学等。如采取一群人打造一堂课的方式，打造一门精品思政课。队伍协同机制要求高校教师全员参与思政育人活动，集众人智慧必定能为协同育人工作提供有价值的建议。

大学生对思政课不重视，原因颇多，其中很大的原因是因为他们觉得思政课就是在讲大道理，对解决实际问题毫无用处，纯粹是浪费时间，还不如学专业课更加有用。他们的这种心态导致教学活动不能很好地展开，不能给学生带来实实在在的好处。因此，思政课的教学内容要与学生实际相联系，提高教学魅力，创新教学方法。譬如，考研是大学生当前讨论的一个热点问题。特别是 2020 年新冠病毒疫情蔓延以来，大学生的就业压力大，继续提高学历成为很多人的选择。考研竞争大，必须花更多的精力和时间，将备考战线无限拉长，甚至有的学生从大一开始准备考研。这种情况导致很多学生无心跟着老师的教学安排走，甚至出现恶性竞争情况，出现心理问题，等等。针对大学生的实际，教师要引导学生找准自己的人生方向，树立正确的竞争意识，珍惜大学时光。可以用"马克思主义基本原理概论"课程中的"否定之否定规律"告诉学生事物的发展前途是光明的，道路是曲折的；就像各种备考过程，尽管中间会出现短暂的懈怠时期，遇到很难跨越的阻碍，但不能因此对前途失去信心，就此放弃。要正确认识到当下只是处于曲折的前进阶段，处于量的积累阶段，只有打好坚实的基础，一点一点地冲破阻碍，才会看到质变的出现，也就是老话常说的"坚持就是胜利"。

(3) 构建实践教学工作体系

实践教学工作体系，是课堂由"学校"到"社会"的载体延伸。教学渠道的变化会加重教学工作的复杂性。在构建实践教学工作体系中，要形成"一核一协多辅助"的联动效应，"一核"即党委统一领导，"一协"是马克思主义学院积极协调，"多辅"即教务处、宣传部、学工部、团委等职能部门协同并进。这样一个由多部门多人员齐心合力构成的实践育人体系，定会发挥出高效且优质的育人成效。例如，成立理论研究、结对帮扶、志愿服务、科学研究 4 个党小组，积极打造理论有深度、帮扶有力度、服务有温度、科研有高度的教学体系。其中，由马克思主义学院指定实践教学工作体系负责人，建立健全安全保障机制，发挥思政课教师与辅导员队伍的队伍优势，推进思政课实践教学工作的展开。

一是建立实践教学目标体系，引领实践活动的发展方向。目标为实践教学工作提供了指导和依据，决定了最终要达到的育人效果。因此，要构建实践教学目标体系。在想清楚为什么要开展实践教学活动、通过实践活动培养学生什么能力之后，再根据育人目标设定实践教学工作的目标。即以学生的发展为主线，全面构建符合实际、可行性高的实践目标，提升学生获得知识的技能，其探索创新精神。二是建立实践教学内容体系，阐释实践活动的具体内容。内容是开展实践教学工作的前提和基础，解决的是实践活动做什么的核心问题。因此，要制订详细的育人计划，根据计划设定每次实践活动的内容，依据内容做好前期资料搜集和整理，对实践活动的内容有基本的了解后才能进行组织和安排工作。三是建立实践教学管理体系，保障实践活动的顺利进行。其一，打造分级管理模式。学校领导管理把控实践教育活动的大体方向，二级学院负责管理落实实践教育活动的展开运行，由各科教师将实践教学管理意见落到实处。其二，做好计划管理。在实践教学工作中，对时间和人员安排、场地和需求、方法和形式以及可行性等要有详细的计划，要坚持立足实际、与时俱进、科学合理、操作性强的原则。学校应加强督促指导创建团体并严格按照创建计划，持续开展志愿服务，确保实现预期目标，并及时总结，将好的经验做法向社会推广；做好运行管理，实践活动一旦开展就要时刻关注每个环节的运行，将经费、场地、设施等方面落实，为实践教学工作的顺利开展提供保障；做好质量管理，加强各个实践环节的检查与反思，重视管理手段的创新，对实践教学活动的成果进行检查和评价，使实践活动达到理想效果。

5.4.2　用好"大平台"：整合"大思政课"协同育人格局的学科资源

整合"大思政课"协同育人格局的学科资源，需要善用全国高校思政课教研系统、国家智慧教育平台思政教育资源、网络教育宣传云平台。

(1) 善用全国高校思政课教研系统

全国高校思政课教研系统是教育部及其所属机构搭建的大资源平台，包括：全国高校思政课教师网络集体备课平台、"青梨派"大学生自主学习系统、高校思政课教学创新中心资源开发系统、高校思政课教学指导委员会指导审核评估系统、高校思政课教师基础数据系统、高校思政课教师研修培训系统等。这些系统为教师网络集体备课、创新教学资源、研修培训和学生自主学习提供了丰富的平台资源。为此，各高校要善于运用平台资源优势，共享思政课优质课件，进行教学研修、教学评估，最终形成共建共享、系统集成、全面覆盖的全国高校思政课教研系统，补足自身"平台"资源的劣势，助力"大思政课"协同育人格局的发展。

（2）用好国家智慧教育平台思政教育资源

思政教育资源的形式是多样的，包括：教学案例库、教学重难点问题库、教学素材库、在线示范课程库等。上述资源形式表明，教育信息化是加强国家智慧教育平台思政教育资源的有效手段。

在具体应用中，可根据互联网的发展趋势和学生的成长需求，对课程进行创新。如充分发挥物联网、云计算、大数据、人工智能等教育资源的作用，将相关课程融入现有课程体系。可以与企业合作，提供真实的实践场景，让学生在实践中学习并感受实践环节的创新。各地高校应善于发挥各自在信息化方面的人才优势，在国家智慧教育平台思政教育资源的基础上，搭建符合本校实际的思政教育资源库，供一线专业课教师与思政课教师统一使用。

（3）重视网络教育宣传云平台

宣传是开展"大思政课"教育的重要手段，宣传云平台则是集"互联网+宣传"于一体的宣传新模式。要形成"大思政课"协同育人格局，需鼓励师生围绕专业课或思政课教学内容进行创新创造，以微电影、动漫、短视频、音乐等学生喜闻乐见的形式加以呈现，建设资源共享、在线互动、网络宣传等为一体的"云上大思政课"平台并利用其进行传播。当然，对社交平台虚拟化的过度投入和不健康的竞争，与当代社会所倡导的务实作风和踏实肯干的传统美德背道而驰，在价值观形成的关键时期，青少年需要的是正确的引导。

5.4.3　建好"大师资"：发挥"大思政课"协同育人格局的人才优势

进入新时代，人才在社会发展中发挥着越来越重要的作用，人才竞争已经成为综合国力竞争的关键。目前，国家人才队伍建设成果显著，发展环境持续优化，创新水平大幅提升。我们面临着新的历史考验和时代命题，比任何时期都渴求、需要人才。习近平总书记站在中华民族伟大复兴的战略高度，全面统筹新时代创新型人才建设工作，作出了"人才驱动创新""聚天下英才而用之"等一系列科学论断，因此要充分发挥教育、科技和人才的作用。如坚持党对于人才的全面领导，以科教兴国战略为主线，以人才强国战略为统领，以创新驱动发展为着力点，以文化强国建设为辅助，建好"大师资"，利用"大思政课"协同育人格局的人才优势。具体而言，即建设专兼结合师资队伍、搭建思政队伍研究平台、提升思政队伍综合能力。

第一，完善高校人才引进政策，建设专兼结合师资队伍。人才引进是高校教师人才队伍建设的有效手段。高校只有依托一批优秀的教师队伍，才能形成"大思政课"协同育人格局。因此，要合理制定人才引进标准，打造平台高、待遇好的引进政策。科学设置教师岗位，既要考虑到学生成长的需求，又要考虑教师队伍的整体情况，按需设岗、按岗任用，稳步有序落实人事管理政策。积极面对激烈竞争态势，发挥学校特色，为引进人才提供好的科研平台和可视化的发展前景；改革科研机构的人事制度，解决学术单位的行政化问题，形成科研机构内部决策、管理和监督机制。

所谓"专"包括两个层面的意思：一是专职思政课教师，这个群体即学校本来所具备的思政课教师团队。二是专家思政课教师，由于"专家"要求的特定性，这个群体注定是少数。通过集中培养培训、委托重大项目、加强实践锻炼、开展国际国内访学等方式，将他们培养成马克思主义理论家。"兼"包括校内校外两个层面：就校内而言，可邀请高校党委书记校长、院（系）党政负责人和辅导员队伍中具备理论素养的人才，充实到兼职教师队伍中来。就校外而言，可实行思政课特聘教授制度，选聘优秀地方党政领导干部、企事业单位管理专家、社科理论界专家、各行业先进模范以及革命博物馆、纪念馆、党史馆、烈士陵园等红色基地讲解员、志愿者经常性进高校参与思政课教学，打造一批稳定思政课兼职教师队伍。

第二，健全高校教师人才激励机制，留住人才并用好人才。具体举措包括：建立人才激励机制，鼓励自主创新，加快创新成果转化；建立创新容错机制，解决人才后顾之忧，激发创新活力；采取精神激励与物质激励相结合的方式，着重对教师进行精神激励，包括关怀激励、榜样激励和价值激励等精神激励，还包括给予更多培训机会，提高福利水平和薪资待遇等方法。对于不作为、工作责任心不强甚至对学生进行负面引导的教师要进行批评教育，情节严重者要对其进行重新培训或者清退。同时，要及时、按标准进行奖励，不能采取"事后补偿"的方式，这样只会降低教师的积极性，甚至会影响教师对育人工作的态度。

要建立校内人才流动机制和人才共享机制，协调创新人才生态布局，满足各领域各地域的人才需求。深化人才流动帮扶政策，既要向重点院系、重点科研领域倾斜，也要实现政策覆盖深度和广度的拓展。要以人才带动教育，促进协同育人工作的发展；要丰富人才选拔、评价体系；要拓宽人才选拔视野，不以科研成绩作为选拔人才的唯一标准，为具有育人潜质的人才开辟绿色通道。另外，可以将育人成果纳入人才考评体系，突出学术导向。如实行更加开放的人才政策，把不同领域、不同地区，党内、党外，国内、国外的人才都聚集到党和人民的教育事业中，同时加大对于海外高层次教育人才的引进力度，形成科学完善的引进、管理、保障体系，打造专兼结合师资队伍。

第三，优化人才发展环境，提升思政育人队伍综合能力。马克思主义认为，人与环境的关系是辩证统一的，"人创造环境，同样，环境也创造人"。人可以通过实践去改造自然环境，使其满足自己的需要，促进社会的发展。同时自然环境是人类生存的基础，人的发展要受自然环境的限制。为了适应社会发展需求，人们在遵循社会发展规律的前提下，有意识地去创造更好的社会环境来提升自己，强化内需。因此，各级党组织要加强人才培养意识，同党中央思想保持高度一致，积极整合各项社会资源，加大对优秀人才培养的投入力度，制定和完善科学有效的人才培养制度，做好统筹工作和具体规划，积极贯彻落实好党关于人才培养的各项方针，将政策方针具化为实践，落实到行动。同时，健全党对人才的领导体制和责任机制，把人才培养工作纳入党政机关的考核标准，细化考核方案，创造发掘人才、培养人才的驱动力。

优化人才发展环境，对于提高教师的素质意义重大。若要为教师创造具有良好支持力的学术环境，则高校要不断完善课程体系建设，加强基础科学、前沿技术和新兴学科的发展及应用，突出实践导向作用，将各种科学精神融入实践课程，逐步将其内化为创新人才的精神驱动力，外化为创新人才的创新活力；加强海内外各高校之间的互动与沟通，以开放、自由的学术交流推动科技创新能力的提升；鼓励采取多元视角，破除权威思维定式，培养独立思考能力和科学思维方式，为形成良好的人才培养风气，加大资金投入，提供物质基础保障，使得人人尽展其才，人人皆可成才。同时，积极举办各级别、各学段、各类别育人大赛，为教师提供展示自己的平台，提高创新型师资人才储备水平。

第四，完善高校教师人才培养机制，提高教师专业素质和教学水平。人才是社会主义事业建设主体，是国家发展的关键。我国的人才培养是一个长期性的永恒命题，在任何一个时代都起着举足轻重的作用，因而高校应坚持人才培养的理论创新、模式创新、技术创新。高校作为教书育人的场所，要培养社会主义事业的建设者和接班人，助推我国人才强国战略、科教兴国战略的落实和发展，就要先培养大批高素质师资人才队伍；进而完善高校教师人才培养机制，重视岗前培训，鼓励在职进修，提升教师的科研能力和思政素养。

建立"国家—地方—学校"三个层级培训体系，是提升思政育人队伍综合能力的有效方式。各地各校，应在教育部等10部门规定的"依托各级党校和高校马克思主义学院每3年对中小学思政课教师至少进行一次不少于5日的集中脱产培训"的要求下，结合各地各校实情，建立思政课教师轮训制度，要求专业课教师与思政课教师在上岗前应完成一定学时的专业培训，并考核合格。此外，还要实施"高校思政课教师队伍后备人才培养专项支持计划"和"高校思政课教师在职攻读马克思主义理论博士学位专项支持计划"，定期组织开展教学研讨、高校教师示范培训以及教学基本功展示等交流活动。教学与研究是专业课与思政课教师的双重职责，除教学之外，专业课教师与思政课教师要针对不同学科的基本理论和课程思政教学展开研究，特别是开展"大思政课"建设规律、学科教学难点及对策、课程思政等方面的研究。例如，发挥国家社科（自然/艺术）基金规划项目、教育部人文社科研究项目的保障优势，鼓励专业课教师与思政课教师利用教学之余，开展理论研究，推动专业课教师与思政课教师科研水平的逐步提升，最终提高师资整体水平。

附　　录

附录 I　思政课与专业课协同育人现状分析调查问卷
(专业课教师)

尊敬的老师：

　　您好！非常感谢您能抽出宝贵时间参加此次问卷调查。为了深入了解高校思政课与专业课协同育人的现状，我们进行此次抽样调查。此次调查问卷采取匿名方式，学术研究中不会存在个人信息，我们会对填写的信息严格保密，请您根据实际情况如实填写。

　　感谢大力支持！

"高校专业课与思政课协同机制研究"课题组

马克思主义学院

2022 年 11 月

基本信息：

1. 您的职称是

□ 教授

□ 副教授

□ 讲师

□ 助教

2. 您的政治面貌是

□ 中共党员

□ 民主党派

□ 无党派人士

□ 团员

□ 群众

3. 您授课的学科门类是

□ 文史类

□ 理工类

□ 艺术体育类

□ 其他

4. 您的年龄段是

□ 20~30 岁

□ 31~40 岁

□ 41~50 岁

□ 51~60 岁

□ 60 岁以上

5. 您的教龄是

□ 1~5 年

□ 6~10 年

□ 11~20 年

□ 20 年以上

以下问题为单项选择：

6. 作为专业课教师您是否跟思政课教师就课程思政进行过交流

□ 经常

□ 偶尔

□ 从未

7. 您是否与思政课教师进行过集体备课

□ 经常

□ 偶尔

□ 从未

8. 您是否去思政课教师课上观摩过

□ 经常

□ 偶尔

□ 从未

9. 据您了解,学校是否有课程思政教学研究中心

□ 有

□ 没有

□ 不清楚

10. 学校是否有组织开展与思想政治工作相关的学术报告、名家讲座活动

□ 是

□ 否

□ 不清楚

11. 您是否参加过思政相关讲座培训

□ 是

□ 否

12. 您在教学中是否会表达自己有关思想政治教育方面的观点和方法

□ 经常表达

□ 偶尔表达

□ 不表达

13. 您认为课程思政是否会对教学质量有所提升

□ 有很大提升

□ 有提升

□ 基本没有提升

☐ 没有提升

14. 您认为对学生进行思想政治教育是谁的责任

☐ 思政课教师

☐ 专业课教师

☐ 学校管理人员

☐ 每位老师

☐ 学生周边的每个人

15. 您认为专业课融入课程思政教学，学生的态度是

☐ 非常受欢迎

☐ 比较受欢迎

☐ 影响不大

☐ 不太喜欢

☐ 非常抵触

☐ 不清楚

16. 您认为课程思政进行过程中最应该把握学生哪方面的需求

☐ 对前途和定位的迷茫

☐ 爱国情怀和理想信念的教育

☐ 职业素养与专业知识的融合

☐ 对社会热点的关注与解读

17. 您认为课程思政的难度有多大

☐ 难度非常大

☐ 难度比较大

☐ 难度不大

☐ 没有难度

18. 您觉得专业课程中哪种方式讲授思政内容比较好

☐ 先讲思政内容，再讲专业课程内容

☐ 结合专业课程具体知识或案例穿插性地讲授思政内容

☐ 每次课程结束前，结合课程内容总结性地讲授思政内容

☐ 有意识地挖掘知识点中蕴含的思政元素

☐ 结合时事热点

19. 您通常在哪些教学环节进行课程思政

☐ 课前预习

☐ 课堂教学

☐ 课外活动

☐ 学生作业

20. 您在教学设计和课堂上涉及思政话题、素材等占总课堂教学时间的比例是

☐ 10%以下

☐ 10%~30%

☐ 30%~50%

☐ 50%以上

21. 您在教学过程中融入课程思政的观点是

☐ 每个知识点都要进行课程思政

☐ 选择几个有代表性的知识点进行课程思政

☐ 根据课程教学进程随机融入课程思政

☐ 有人听课就设计

22. 您在选择教材的过程中是否会优先考虑融入思政元素的教材

☐ 是

☐ 否

☐ 无所谓

23. 您认为进行课程思政过程对思政课教师是否有帮助

☐ 帮助非常大

☐ 有一定的帮助

☐ 帮助很小

☐ 没有帮助

24. 您当前在课上使用思政案例的频率为

□ 每节课都用

□ 根据课程内容使用

□ 几乎不用

25. 您在进行课程思政内涵挖掘的过程中是否顺利

□ 非常顺利

□ 顺利

□ 基本顺利

□ 不顺利

26. 开设关于思政课程的讲座(培训)，您最想听(学)的内容是

□ 课程思政的理念

□ 课程思政教学案例剖析

□ 课程思政元素的融合策略

□ 课程思政元素的挖掘策略

27. 您认为所教授的专业课是否已经通过课程思政的方式进行了思想政治教育

□ 是，潜移默化已经实现

□ 比较好，某种程度上起到引导作用

□ 一般，思政元素未得到充分挖掘，没有明显的效果

□ 没有，只是形式主义的完成

28. 您认为课程思政案例库资源是否能满足当前的课程需求

□ 不能满足

□ 基本能满足

□ 能满足

以下问题为多项选择：

29. 您所教授的专业课程，目前已经融入哪些思政课程内容

□ 爱国主义教育

□ 文化修养教育

□ 生态文明教育

□ 科学精神教育

□ 工匠精神教育

□ 法治精神教育

30. 您认为课程思政研究平台有哪些方面的作用

□ 避免各专业和学科的分化和疏离

□ 有利于深化思政课程体系的构建

□ 实现个体价值和社会进步的要求

□ 丰富社会主义大学课程体系建设

31. 您认为当前课程思政教育资源平台应该在哪些方面进行改善

□ 进一步丰富备课资源

□ 使相关"四史"教育的学习资料体系化呈现

□ 信息资源与教材知识点的融合更新更快

□ 完善中国精神等案例分析资料

32. 你认为目前高校专业课与思政课教师在协同育人方面存在的问题有哪些

□ 专业课与思政课教师在教育教学工作中各自为政

□ 专业课与思政课教师各自工作繁忙

□ 协同意识尚未完全形成

□ 体制机制尚未建立

□ 激励奖惩制度不够完善

□ 育人方式方法单一

□ 缺乏交流

□ 协同育人平台搭建不足

□ 其他

33. 您认为当前进行课程思政最大的难点有

□ 融入思政元素的教材欠缺

□ 教学理念的理解

□ 课程思政产生效果需要持续探索和长期积累

□ 课程思政如何将专业知识与思政元素有机融合

□ 不同专业在实行思政课与专业课协同育人过程中差异太大

□ 课程思政过程中与思政课教师无法形成合力

□ 教学时间有限，思政元素挖掘太费时

□ 没办法把课程思政内容讲得让学生感兴趣

□ 不清楚如何评价课程思政的学习效果

□ 团队较少一起讨论设计课程

34. 您认为影响专业课与思政课协同育人效果的深层因素有哪些

□ 课程思政理念尚未入脑、入心

□ 课程思政育人资源建设不够

□ 课程思政育人方式单一

□ 课程思政育人队伍能力不足

□ 课程思政协同育人机制尚未建立健全

35. 您认为协同育人机制的构建，对课程思政进行有哪些帮助

□ 有助于提高思政课与课程思政的协同效应，提升高校立德树人成效

□ 有助于进一步提升专业课的思想政治教育能力，不断加强和改进大学生的思想政治教育

□ 有助于进一步丰富"三全育人"的理论和实践

□ 有助于进一步丰富思想政治教育工作的内容和形式

□ 有助于进一步健全立德树人机制，扭转不科学的教育评价导向

36. 您认为您当前所授课程适合课程思政建设的教学方法是

□ 讲授式教学

□ 讨论式教学

□ 专题式教学

□ 案例式教学

□ 情景式教学

□ 翻转课堂式教学

□ 项目任务式教学

37. 您认为进行课程思政对学生有哪些帮助

☐ 有利于学生提升职业素养

☐ 有利于学生培养工匠精神

☐ 有利于学生树立正确的三观

☐ 有利于学生提高政治素养

☐ 有利于学生引领社会风气

38. 您在专业课程中融入思政教育的原因是

☐ 提高学生政治素养

☐ 为学生进一步深造做准备

☐ 帮助学生树立正确的三观

☐ 引领良好的社会风气

☐ 学校要求

39. 您认为学校从哪些方面能够帮助您开展课程思政

☐ 领导重视，不断督促和推进

☐ 制定科学的课程评价标准

☐ 提供政策支持，建立相关激励机制

☐ 加大课程思政相关培训与学习

☐ 加强专业课教师思想政治理论学习与培训

☐ 建立完善的课程思政实施细则

以下问题为开放式回答：(选答)

40. 您认为在高校专业课与思政课教师协同育人的工作中，存在的其他问题或今后需要改进和完善的方面有哪些?

_____

_____

_____

再次感谢您对此次问卷调查的支持与配合！祝您工作顺利、生活愉快！

附录 II　思政课与专业课协同育人现状分析调查问卷
(思政课教师)

尊敬的老师:

您好! 非常感谢您能抽出宝贵时间参加此次问卷调查。为了深入了解高校思政课与专业课协同育人的现状,我们进行此次抽样调查。此次调查问卷采取匿名方式,学术研究中不会存在个人信息,我们会对填写的信息严格保密,请您根据实际情况如实填写。

感谢大力支持!

"高校专业课与思政课协同机制研究"课题组

马克思主义学院

2022 年 11 月

基本信息:

1. 您的职称是

□ 教授

□ 副教授

□ 讲师

□ 助教

2. 您的政治面貌是

□ 中共党员

□ 民主党派

□ 无党派人士

□ 团员

□ 群众

3. 您授课的学科门类是

☐ 文史类

☐ 理工类

☐ 艺术体育类

☐ 其他

4. 您的年龄段是

☐ 20~30 岁

☐ 31~40 岁

☐ 41~50 岁

☐ 51~60 岁

☐ 60 岁以上

5. 您的教龄是

☐ 1~5 年

☐ 6~10 年

☐ 11~20 年

☐ 20 年以上

以下问题为单项选择：

6. 作为思政课教师您是否跟专业课教师就课程思政进行交流

☐ 经常

☐ 偶尔

☐ 从未

7. 您是否与专业课教师进行过集体备课

☐ 经常

☐ 偶尔

☐ 从未

8. 您是否去专业课教师课上观摩过

☐ 经常

□ 偶尔

□ 从未

9. 据您了解，学校是否有课程思政教学研究中心

□ 有

□ 没有

□ 不清楚

10. 学校是否曾组织开展与思想政治工作相关的学术报告、名家讲座活动

□ 是

□ 否

□ 不清楚

11. 您是否参加过相关思政讲座培训

□ 是

□ 否

12. 您在教学中是否会表达自己有关思想政治教育方面的观点和方法

□ 经常表达

□ 偶尔表达

□ 不表达

13. 您认为课程思政对教学质量是否会有提升

□ 有很大提升

□ 有提升

□ 基本没有提升

□ 没有提升

14. 您认为对学生进行思想政治教育是谁的责任

□ 思政课教师

□ 专业课教师

□ 学校管理人员

□ 每位老师

□ 学生周边的每个人

15. 您认为专业课融入课程思政教学，学生的态度是

□ 非常受欢迎

□ 比较受欢迎

□ 影响不大

□ 不太喜欢

□ 非常抵触

□ 不清楚

16. 您认为课程思政进行过程中最应该把握学生哪方面的需求

□ 对前途和定位的迷茫

□ 爱国情怀和理想信念的教育

□ 职业素养与专业知识的融合

□ 对社会热点的关注与解读

17. 您认为课程思政的教学难度有多大

□ 难度非常大

□ 难度比较大

□ 难度不大

□ 没有难度

18. 您认为专业课程中哪种方式讲授思政内容比较好

□ 先讲思政内容，再讲专业课程内容

□ 结合专业课程具体知识或案例穿插性地讲授思政内容

□ 每次课程结束前，结合课程内容总结性地讲授思政内容

□ 有意识地挖掘知识点中蕴含的思政元素

□ 结合时事热点

以下问题为多项选择：

19. 您认为课程思政研究平台有哪些方面的作用

□ 避免各专业和学科的分化和疏离

□ 有利于强化思政课程体系的构建

☐ 实现个体价值和社会进步的要求

☐ 丰富社会主义大学课程体系建设

20. 您认为当前课程思政教育资源平台应该在哪些方面进行改善

☐ 进一步丰富备课资源

☐ 使相关"四史"教育的学习资料体系化呈现

☐ 信息资源与教材知识点的融合更新更快

☐ 完善中国精神等案例分析资料

21. 您认为目前高校专业课与思政课教师在协同育人方面存在的问题有哪些

☐ 专业课与思政课教师在教育教学工作中各自为政

☐ 专业课与思政课教师各自工作繁忙

☐ 协同意识尚未完全形成

☐ 体制机制尚未建立

☐ 激励奖惩制度不够完善

☐ 育人方式方法单一

☐ 缺乏交流

☐ 协同育人平台搭建不足

☐ 其他

22 您认为当前进行课程思政最大的难点有

☐ 融入思政元素的教材欠缺

☐ 教学理念的理解

☐ 课程思政产生效果需要持续探索和长期积累

☐ 课程思政如何将专业知识与思政元素有机融合

☐ 不同专业在实行思政课与专业课协同育人过程中差异太大

☐ 课程思政过程中与思政课教师无法形成合力

☐ 教学时间有限，思政元素挖掘太费时

☐ 没办法把课程思政内容讲得让学生感兴趣

☐ 不清楚如何评价课程思政的学习效果

☐ 团队很少一起讨论设计课程

23. 您认为影响专业课与思政课协同育人效果的深层因素有哪些

□ 课程思政理念尚未入脑、入心

□ 课程思政育人资源建设不够

□ 课程思政育人方式单一

□ 课程思政育人队伍能力不足

□ 课程思政协同育人机制尚未建立健全

24. 您认为协同育人机制的构建,对课程思政进行有哪些帮助

□ 有助于提高思政课与课程思政的协同效应,提升高校立德树人成效

□ 有助于进一步提升专业课的思想政治教育能力,不断加强和改进大学生的思想政治教育

□ 有助于进一步丰富"三全育人"的理论和实践

□ 有助于进一步丰富思想政治教育工作的内容和形式

□ 有助于进一步健全立德树人机制,扭转不科学的教育评价导向

25. 您认为进行课程思政对学生有哪些帮助

□ 有利于学生提升职业素养

□ 有利于学生培养工匠精神

□ 有利于学生树立正确的三观

□ 有利于学生提高政治素养

□ 有利于学生引领社会风气

以下问题为开放式回答:(选答)

26. 您认为在高校专业课与思政课教师协同育人的工作中,存在的其他问题或今后需要改进和完善的方面有哪些?

_____

_____

_____

再次感谢您对此次问卷调查的支持与配合!祝您工作顺利、生活愉快!

参 考 文 献

1. 经典文献及专著

[1]马克思恩格斯选集(第1~4卷)[M]. 北京：人民出版社，2012.

[2]马克思恩格斯文集(第1~10卷)[M]. 北京：人民出版社，2009.

[3]列宁专题文集(第1~5卷)[M]. 北京：人民出版社，2009.

[4]毛泽东选集(第1~4卷)[M]. 北京：人民出版社，1991.

[5]邓小平文选(第1~3卷)[M]. 北京：人民出版社，1993，1994.

[6]江泽民文选(1~3卷)[M]. 北京：人民出版社，2006.

[7]胡锦涛文选(1~3卷)[M]. 北京：人民出版社，2016.

[8]习近平. 习近平谈治国理政[M]. 北京：外文出版社，2014.

[9]习近平. 习近平谈治国理政(第二卷)[M]. 北京：外文出版社，2017.

[10]习近平. 习近平谈治国理政(第三卷)[M]. 北京：外文出版社，2020.

[11]习近平. 习近平谈治国理政(第四卷)[M]. 北京：外文出版社，2022.

[12]习近平. 习近平著作选读(第一卷)[M]. 北京：人民出版社，2023.

[13]习近平. 习近平著作选读(第二卷)[M]. 北京：人民出版社，2023.

[14]中华人民共和国教育部，中共中央文献研究室. 毛泽东邓小平江泽民论教育[M]. 北京：中央文献出版社，2002.

[15]习近平. 论党的宣传思想工作[M]. 北京：中央文献出版社，2020.

[16]习近平. 高举中国特色社会主义伟大旗帜 为全面建设社会主义现代化国家而团结奋斗[M]. 北京：人民出版社，2022.

[17]教育部课题组. 深入学习习近平关于教育的重要论述[M]. 北京：人民

出版社，2019.

［18］沈壮海，等. 中国大学生思想政治教育发展报告·2014［M］. 北京：北京师范大学出版社，2015.

［19］沈壮海. 思想政治教育有效性研究［M］. 武汉：武汉大学出版社，2008.

［20］姜玲玲. 思想政治教育系统论［M］. 合肥：合肥工业大学出版社，2012.

［21］教育部社会科学司. 普通高校思想政治理论课文献选编（1949—2008）［C］. 北京：中国人民大学出版社，2008.

［22］教育部思想政治工作司. 加强和改进大学生思想政治教育重要文献选编（1978-2014）［C］. 北京：知识产权出版社，2015.

2. 期刊论文

［1］田贤鹏，姜淑杰. 新文科背景下的跨学科协同育人：内涵特征、逻辑演变与路径选择［J］. 教育发展研究，2022，42（21）：35-42.

［2］罗亚莉. 思政课程与课程思政协同育人的衔接机制［J］. 思想理论教育导刊，2022（9）：143-148.

［3］吕前，周秀娟. 课程思政与思政课程的协同育人探索［J］. 食品研究与开发，2022，43（20）：238.

［4］张剑. 环保理念下网络思想政治教育协同育人模式的路径研究［J］. 环境工程，2022，40（8）：322.

［5］蒋水莲. 大学生生态文明教育与思政教育的协同育人［J］. 环境工程，2022，40（10）：316-317.

［6］石初娟. 论劳动教育与思政教育协同育人体系构建［J］. 中学政治教学参考，2022（43）：108.

［7］王向华. 高校思政课和专业课教师协同育人策略探究［J］. 牡丹江教育学院学报，2022（7）：87-90.

［8］孔令云. 高校党建与思想政治教育协同育人模式构建［J］. 中学政治教学参考，2022（44）：101-102.

［9］刘镒铖. 思政教育与创新创业教育协同育人模式建构［J］. 中学政治教学

参考，2022(43)：106.

[10]周奇，李茂春. 论大中小学思政教育一体化建设[J]. 中学政治教学参考，2022(39)：33-36.

[11]张凯霞. 中华传统文化与思政教育的协同育人路径[J]. 中学政治教学参考，2022(38)：92.

[12]刘利君. 党史学习教育与思政教育协同育人实践[J]. 中学政治教学参考，2022(34)：86.

[13]刘经纬，金子郁. 高校专业课教师课程思政能力提升研究[J]. 中学政治教学参考，2022(31)：93-96.

[14]梁琳. 以"课程思政"实现协同育人的现实困境及应对策略——从高校专业课教师的角度[J]. 苏州科技大学学报(社会科学版)，2022，39(5)：18-24.

[15]张旭，贾书明. "课程思政"理念下思政课教师与专业课教师协同育人的困境与对策[J]. 中共太原市委党校学报，2022(4)：36-38.

[16]杨建豪，刘铁英，左晨琳. 高校"三圈三全"育人格局的协同路径优化研究[J]. 黑龙江高教研究，2022，40(1)：110-114.

[17]朱丽霞，吴棒. 论马克思主义生命观融入高校体育课程思政的价值意蕴及实践路径[J]. 武汉体育学报，2022，56(11)：54-60.

[18]朱丽霞，吴棒. 高校课程思政教学案例库建设研究[J]. 黄冈师范学院学报，2021，41(5)：92-96.

[19]卓毅. 旅游产业转型视域下协同育人平台的升级路径[J]. 社会科学家，2021(7)：156-160.

[20]熊校良. 大学生精准引领目标下的多学科协同育人平台构建[J]. 学校党建与思想教育，2021(5)：81-83.

[21]杨秀萍. 课程思政与思政课程协同育人：前提、途径与机制[J]. 黑龙江高教研究，2021，39(12)：87-91.

[22]何旭娟，梅兰英. 新时代高校思想政治理论课与日常思想政治教育协同育人的思考[J]. 长沙大学学报，2021，35(1)：104-108.

[23]张迪，李亚函. 课程思政与思政课程协同育人研究[J]. 中学政治教学

参考，2021（35）：106.

［24］刘侣萍. 思政课教师引领课程思政建设的优势与途径［J］. 学校党建与思想教育，2021（17）：75-77.

［25］周赟，徐玉生. 新工科背景下高校思政课育人体系建设的三重逻辑［J］. 教育理论与实践，2021，41（21）：28-32.

［26］朱丽霞，周晶容. 高校专业课与思政课教师协同育人理念的路径探析［J］. 武汉纺织大学学报，2021，34（5）：72-76.

［27］孙文礼，朱丽霞. 试论思政课实践教学的规范化建设［J］. 黄冈师范学院学报，2020，40（4）：91-95.

［28］丁学武，朱小闯. 发挥思政课程关键作用　推动课程思政同向发展［J］. 中学政治教学参考，2020（31）：18-20.

［29］涂刚鹏，刘宇菲. 思政课程与课程思政协同育人的三维路径［J］. 学校党建与思想教育，2020（21）：50-53.

［30］成洪波. 充分发挥高校思想政治教育协同育人力量［J］. 中国高等教育，2020（5）：35-37.

［31］马亮，顾晓英，李伟. 协同育人视角下专业教师开展课程思政建设的实践与思考［J］. 黑龙江高教研究，2019，37（1）：125-128.

［32］汪琼枝. 思想政治教育全过程融入专业社会实践协同育人模式初探［J］. 思想理论教育导刊，2019（8）：128-131.

［33］张华，张新惠，静行，等. 课程思政背景下专业课教师与思政课教师和辅导员协同育人机制探索与实践［J］. 教育现代化，2019，6（97）：101-103.

［34］张文强. 新时代构建高校思想政治教育协同机制研究［J］. 国家教育行政学院学报，2019（12）：75-80，89.

［35］朱丽霞，蒋辛. 论新时代"六要"思想政治理论课教师的培育［J］. 思想理论教育导刊，2019（10）：83-85.

［36］朱江. 论高校专业教师与思想政治教育工作者协同育人机制的构建［J］. 教育理论与实践，2018，38（15）：46-48.

［37］金爱国，吴加权，邢晖. 对高职院校思政教育协同育人的思考［J］. 教

育与职业，2018(14)：105-108.

[38]徐向飞."课程思政"视域下高职院校建构协同育人平台的逻辑理路[J]. 教育与职业，2018(22)：84-89.

[39]项久雨，石海君.高校思想政治理论课协同效应生成的三个维度[J]. 思想理论教育，2018(4)：66-71，86.

[40]陆道坤.课程思政推行中若干核心问题及解决思路——基于专业课程思政的探讨[J].思想理论教育，2018(3)：64-69.

[41]余江涛，王文起，徐晏清.专业教师实践"课程思政"的逻辑及其要领——以理工科课程为例[J].学校党建与思想教育，2018(1)：64-66.

[42]高锡文.基于协同育人的高校课程思政工作模式研究——以上海高校改革实践为例[J].学校党建与思想教育，2017(24)：16-18.

[43]童潇.非思想政治理论课专业教师应特别增强授课中的思想政治教育意识[J].红旗文稿，2017(14)：24-25.

[44]石书臣.同向同行：高校思想政治教育协同创新的课程着力点[J].思想理论教育，2017(7)：15-20.

[45]薛娟.专业课教师在高校德育中的地位、问题及对策[J].思想理论教育导刊，2017(4)：148-150.

[46]高德毅，宗爱东.课程思政：有效发挥课堂育人主渠道作用的必然选择[J].思想理论教育导刊，2017(1)：31-34.

[47]赵刚.关于高校思想政治理论课与专业课相结合的思考[J].思想理论教育，2016(6)：61-65.

[48]高远，李明建.论专业课教师与思想政治教育工作者的协同育人[J]. 江苏高教，2016(3)：135-137.

[49]王学俭，李晓莉.思想政治教育协同创新的育人机制探析[J].教学与研究，2015(10)：98-104.

[50]姜朝晖，于洋.思想政治教育视野下的艺术院校研究生导师育人机制创新研究[J].中国成人教育，2015(13)：79-81.

3. 报纸文章

［1］习近平. 在学校思想政治理论课教师座谈会上的讲话［N］. 人民日报，2019-03-19（1）.

［2］习近平. 在全国教育大会上的讲话［N］. 人民日报，2018-09-11（1）.

后　记

本书是在 2022 年结题经鉴定获得"优秀"等级的国家社科基金思政专项项目"高校专业课与思政课协同机制研究"课题成果的基础上修改而成的。

感谢我的导师武汉大学丁俊萍教授，无论是最初的选题，还是课题的论证，她给予了认真指导。感谢课题组成员孙文礼、汪书路、蒋辛，他们为调研报告的撰写付出了辛勤的努力。感谢研究课程思政的各位专家，他们的大量研究成果为我的研究提供了直接的参考和重要借鉴。感谢国家社科基金的评审专家对我的结题报告提出了很多很好的意见和建议，本书的撰写也是在吸收他们的研究成果和建议的基础上完成的。最后还要感谢参与课题研究、调研的几位研究生：华中师范大学马克思主义学院博士生周晶容同学不仅参与了课题的调研，还参与了调研报告的撰写；武汉大学马克思主义学院博士生吴棒同学积极参加调研，并帮助收集整理调研数据。

本书由朱丽霞和孙文礼共同撰写，力求为高校思想政治工作提供参考。本书以解决当前高校专业课与思政课协同育人出现的"问题"为出发点，把重点放在"七个协同机制"的意义阐释和构建路径探索上，旨在通过"七个协同机制"的构建，提升思政课程与课程思政的协同效应，提升高校立德树人成效。在这篇后记中，就几个相关问题作如下说明。

2022 年教育部等十部门印发《全面推进"大思政课"建设的工作方案》，要求聚焦立德树人的根本目标，在全范围落实"大思政课"建设，建立"大思政课"育人格局。党的二十大报告进一步强调要完善思想政治工作体系，继续推进大中小学思想政治教育一体化，形成"三全育人"格局。当前，推进专业课与思政课协同育人，对提升大学生思想政治素养和道德品质具有重要意义，有助于全面贯彻落实党的教育方针，推进高校教育教学改革的不断深化，增强高校思想政治教育的实效性。

思政课是高校思想政治工作的主阵地和主渠道，但从思想政治工作规律、教书育人规律和学生成长规律来看，其他课程也可以发挥以文化人、以文育人的思政功能。思政课与专业课在培养目标和培养对象上具有一致性，要坚持把立德树人作为根本任务，坚持全员、全过程、全方位育人；专业课所讲授的内容同样离不开价值立场的选择，任何学术研究都必然蕴含着价值立场、道德关怀和政治诉求。思政课在受到专业课的支撑和滋养后才能贴近学生实际，否则就会成为无源之水；构建中国特色、中国风格、中国气派的学术学科体系，离不开马克思主义基本立场、观点、方法的指导，否则就容易迷失方向。这两类课程是相辅相成、相得益彰的。

专业课与思政课之间的协同效应，主要是指高校不同教学学院、管理部门及不同课程都应围绕立德树人这项根本任务，各负其责、协同配合，构建全员、全过程、全方位的"大思政"育人格局，形成"1+1＞2"的整体效应。由于思政课的显性育人与专业课的隐性育人完全能够做到有机融合、协同共进，因而可以充分发挥思政课的主渠道作用，在学懂弄通做实上下功夫，融会贯通，让广大青年学生将马克思主义理论和习近平新时代中国特色社会主义思想入脑入心；同时，可以挖掘各个专业课程中所蕴含的思政元素，形成资源共享机制，实现专业课与思政课的融合，培育德才兼备的人才。

本书的核心内容是建立七个协同机制，以此为基础制定切实可行的方案，增强高校专业课与思政课的协同效应，扭转当前部分学科在发展中出现的不正确的评价导向，加强高校专业课教师与思政课教师队伍的交流合作，解决思政课与专业课"两张皮"的问题，推动构建"德智体美劳"全面发展的教育体系和全员全过程全方位育人的高校思想政治教育体系，实现其他各类课程与思政课同向同行，形成思政育人的协同效应。七个协同机制全面、系统地提出了专业课教师与思政课教师协同育人的举措，从理念、任务、方法、平台、资源、队伍、实践等不同方面提出了原则性规定。

理念协同主要指一线教师群体(不论专业课教师还是思政课教师)的育人目

标、方法、形式在观念上形成同频共振，形成强大的合力，奠定育人资源整合的思想基础。任务协同主要指专业课与思政课在落实立德树人根本任务上同向同行，帮助教师明确教学发展的方式和目标，保证协同合作的现实开展。任务协同是高校专业课与思政课协同育人的关键环节和行动指南，为高校开展协同育人工作提供育人方向、办学方向。方法协同主要指专业课和思政课在实际教学过程中形成耦合效应，利用彼此在教学方法上的显著优势进行互补。平台协同主要指利用高校自身的社会优势借助政府和社会资源，拓展专业课与思政课协同的深度和广度。资源协同主要指专业课与思政课的教学资源的相互协同，不断完善教育教学资源的管理和调度机制，建立案例教学资源库等以实现多种教学资源的整合。队伍协同主要指参与高等教育的全部人力资源的协同，可以加强多方交流和合作，调动资源来优化协调实际教学工作，改进不合理的评价机制。实践协同主要指高校专业课与思政课在教学具体实践层面的协同，用来调查和反馈实际教学中遇到的困难，推动专业课与思政课协同的良性发展。

　　这七个协同机制是一个有机整体，每一个机制的运行和落实都需要其他机制的协助，都在高校做好专业课与思政课的协同育人工作中起着重要作用。协同育人工作需要理念协同做先导，形成协同育人的教育意识；以任务协同为方向，在教学任务层面开展协同，明确日常教学工作的目标，为完成立德树人根本目标服务；以方法协同实现不同专业在教学方法上的互补，掌握协同育人的有效手段，践行多样化的教学方法，保证思想政治教育活动顺利进行并提质增效；以平台协同为专业课和思政课教师提供更多交流和展示的机会，拓宽学生的学习渠道；以资源协同实现协同育人教学资源的共享与互补；以队伍协同为保障，形成由高校领导、专业课教师、思政课教师、行政人员组成的协同育人教学合作队伍，凝聚共识，同向发力；以实践协同为关键，发挥出专业课与思政课协同育人的实效性。实践协同机制是其他协同机制开展的起点和终点，既要确保其他育人机制最终落实到教学实践中，又要通过反馈育人效果促进其他机制的改进和完善。用"七个协同机制"来统筹专业课与思政课，可使高校的思政育人作用在所有的专业课程中能得到最大限度的发挥，催化二者同向同行、协同育人力量，提升高校立德树人成效。

　　本书的写作不仅是高校教师提高思政育人能力、形成"大思政课"育人格局的需要，也是反思和解决当前高校思想政治工作出现的问题，提高思政育人实效的需要。这就要求文本内容具有真实性和有效性，因此，在这里对文本的撰写作出以下几点解释：

　　第一，资料收集和数据采集情况。本书收集的资料包括国内高校马克思主义学院、各二级学院和教务部门的官网信息资料，主要涵盖部属、省属一流高校及高职院校等，其中特别是以湖北省行业特色高校为主；通过《中国教育报》、全国高校思想政治工作网、教育部官网"教育部简报专栏"、学习强国平台中教育频道"思政与德育"专栏等，了解国内专业课与思政课协同育人典型案例报道。此外，还收集了近些年来《中国高等教育》《思想政治教育导刊》等核心期刊相关研究情况，对课题当前的国内研究现状及推进态势进行了充分的掌握。本书还通过召开专题会议，分享各自院校课程思政的教学研究、课程建设、案例挖掘等方面的经验与做法，组织教师开展示范课程讲授、"课程思政"教学竞赛、思政课教学展示等活动进行思政课教学交流，组织学生参与思政课学生座谈会、"我心中的思政课"微电影作品赛等活动了解学生的道德素养和思想政治理论知识掌握情况；单独设置"思想政治理论实践课教学部"、编撰教材《思想政治理论课实践教学导论》，发布《纺织类专业课程思政教学指南》等成果。同时，本书通过采用大样本问卷调查方法获得实证数据，文中所涉及的数据都是通过课题组成员发放收集并整理出来的。为了了解当前高校思政育人工作的实效及出现的问题，问卷的内容主要针对教师和学生这两类人员来设置。教师问卷全部为纸质问卷，一共发放300份，实际回收178份，有效问卷178份，调查对象为武汉纺织大学马克思主义学院思政课教师和其他二级学院的专业课教师。学生问卷中的调查对象为各高校大学四个年级的本科生，分为纸质问卷和网络问卷，一共3950份，其中纸质问卷发放400份，实际回收385份，有效问卷380份，网络问卷利用腾讯问卷发布，共回收3570份。同时，课题组访谈了高校教育管理干部、一线思政课教师和专业课教师共计40多人，召开了专业课与思政课协同育人专题研讨会。许多教师和学生针对如何推进专业课与思政课协同育人提出了很多可资借鉴的思考，我们将这些宝贵的建议写进文本。

第二，基本框架和内容主题。本书基于"发现问题—分析原因—解决问题"的研究思路，以构建高校专业课与思政课协同机制为出发点和落脚点，通过对湖北相关高校进行走访调研，获取相关资料，对武汉各类高校师生展开调查，考察当前高校专业课与思政课的建设与协同情况，分析问题及原因，以探讨高校专业课与思政课协同效应的理论逻辑，初步提出解决问题的原则与路径。

第三，课题成果及未来研究方向。课题组紧紧围绕"高校专业课与思政课协同机制研究"展开研究，共撰写了10篇论文，其中已发表7篇，待发表3篇。论文《论高校专业课与思政课协同的机理及其现实构建——基于马克思主义认识论的角度》《高校专业课与思政课教师协同育人理念的路径探析》《高校课程思政教学案例库建设研究》，主要探讨了高校专业课与思政课协同效应的理论逻辑，初步提出解决问题的原则与路径。论文《论马克思主义生命观融入高校体育课程思政的价值意蕴及实践路径》《体育课融入生命至上理念的实践路径分析》《新工科背景下高校思政教育协同育人的困境及策略》《立足艺术学科专业特色　构建"三全四维"育人体系》《整合课程思政的专业教材建设及教学改革》《课程思政驱动下的教学资源组织与协作策略》，重点围绕不同高校专业课与思政课的协同育人案例进行研究。本课题着力于高校专业课与思政课协同机制研究，提出"七个协同机制"，但因时间和精力有限，理论与实践相结合尚未得到充分检验。因此课题组下一步将深入推进研究成果的实践应用与推广，使之能够有效推进高校思政课改革创新和专业课课程思政建设，不断提升思想政治工作的实效性。

实践发展永无止境，理论创新永无止境。本书的撰写肯定还有很多考虑不周的地方，请大家多多批评指正。本书的出版仅仅是前段工作的总结，绝不是研究的终点，今后我们将持续关注这一领域，为这个课题的研究持续发力。希望本书的出版起到抛砖引玉的作用，期待该领域的研究有更多更优秀的成果不断出现。

朱丽霞

2023 年 8 月 29 日